MATCHBALL

Das mentale Erfolgsprogramm von

Nick Bollettieri

Nick Bollettieri / Charles A. Maher

MATCHBALL

Das mentale Erfolgsprogramm von Nick Bollettieri

BLV

Die Deutsche Bibliothek – CIP-Einheitsaufnahme

Bollettieri, Nick:
Matchball : das mentale Erfolgsprogramm von Nick Bollettieri / Nick Bollettieri/Charles A. Maher. [Übers. aus dem Amerikan.: Maria Zybak . . .]. – München ; Wien ; Zürich : BLV, 1995
Einheitssacht.: The mental efficiency program <dt.>
ISBN 3-405-14893-6
NE: Maher, Charles A.:

Umschlaggestaltung: Sander & Krause Werbeagentur, München
Umschlagfotos: Fotoagentur Zentralbild GmbH

Lektorat: Edith Ch. Kiel
Layout/Herstellung: Friedrich Wilhelm Bonhagen

Übersetzung aus dem Amerikanischen:
Maria Zybak, Hans Waldmann, Edith Ch. Kiel

BLV Verlagsgesellschaft mbH
München Wien Zürich
80797 München

DTP: Satz + Layout Fruth GmbH, München
Druck und Bindung: Friedr. Pustet, Regensburg

Gedruckt auf chlorfrei gebleichtem Papier

Printed in Germany · ISBN 3-405-14893-6

Titel der amerikanischen Originalausgabe:
The Mental Efficiency Program
Positive Self-Development for Tennis, Sport, and Life

erschienen bei International Merchandising Corporation, Cleveland, OH/USA

Inhalt

Zu den Autoren

Nick Bollettieri

Nick Bollettieri gilt als einer der besten Tennistrainer und -lehrer der Tennisgeschichte. Die *Nick Bollettieri Tennis Academy* (NBTA) ist die größte und anspruchsvollste Tennistrainingseinrichtung mit über zwanzig Niederlassungen in den USA und weltweit. Von ihm wurden u. a. Andre Agassi, Jim Courier, Monica Seles, Jimmy Arias und David Wheaton betreut, um nur einige zu nennen, sowie Tausende von Nachwuchsspielern und Tennishoffnungen. Gegenwärtig ist Nick Bollettieri der Trainer von Boris Becker und Mary Pierce sowie von mehreren Topspielern der Juniorenklasse.

Seine nahezu vier Jahrzehnte andauernde Karriere ist von vielen Erfolgen geprägt: 1988 wurde er zum weltbesten Tennistrainer gewählt, 1989 und 1990 erhielt er eine Auszeichnung als »Sharpshooter Professional Coach of the Year«, und 1991 wurde er zum »Special Advisor on Junior Tennis to the USTA« sowie zum »USPTA Pro of the Year« ernannt. Zusammen mit dem verstorbenen Arthur Ashe führte er auch das Ashe/Bollettieri-Städteprogramm ein, das für Jugendliche aus ärmeren Bevölkerungsschichten amerikanischer Großstädte Tenniseinrichtungen sowie Erziehungs- und Studienprogramme bereitstellt.

Stolzer Vater von fünf Kindern, ist Nick Bollettieri ein begeisterter Skifahrer und Bodysurfer, sofern er sich nicht auf den Tennisplätzen seiner Akademie in Bradenton, Florida, aufhält oder anderswo Trainerstunden gibt.

Charles A. Maher

Dr. Charles A. Maher beschäftigt sich seit vielen Jahren mit der Leistungssteigerung von Einzelpersonen, Gruppen und Organisationen. Er ist Professor für Angewandte Psychologie an der Rutgers-Universität, New Jersey, wo er einen Lehrstuhl innehat und Doktoranden der Psychologie begleitet sowie Forschungsarbeiten leitet. Er hat die Zulassung als Psychologe und ist als Sportpsychologe für die *Nick Bollettieri Tennis Academy (NBTA)* und das Baseballteam *Chicago White Sox* tätig.
Dr. Maher genießt internationale Anerkennung für seine Arbeit in Bereichen wie Leistungstraining für Führungskräfte, Sportpsychologie, Managementtraining, Teamentwicklung, Projektplanung und -wertung und anderes mehr. Zu seinen Auftraggebern gehören General Motors, Ford, Nabisco, General Electric, National Aeronautics and Space Administration, Martin Marietta und das Bildungsministerium der USA sowie Ministerien für Erziehung, Arbeit und Soziales von 38 Bundesstaaten der USA, Kanada, Großbritannien, Israel und der Ukraine.
Dr. Maher hat über dreihundert Artikel in wissenschaftlichen und anderen Fachzeitschriften verfaßt sowie sechzehn Bücher geschrieben. Er besitzt ein Diplom des American Board of Administrative Psychology und ist Mitglied der American Psychological Association, der American Association of Applied and Preventive Psychology sowie der American Psychological Society.

Geleitwort

Schon von Kindesbeinen an fühlte ich mich zur Leichtathletik, zum Sport im allgemeinen und zu Wettspielen jeglicher Art hingezogen. Gab es irgendwo eine Veranstaltung, wo es ums Laufen, Werfen, Schlagen, Kicken oder um das Notieren von Punkten ging, dann war ich dabei, als wäre es das Natürlichste auf der Welt. Das ist auch der Grund, weshalb es wie ein Schock für mich war und mich völlig überraschte, als ich mit dem Tennis begann, denn ich empfand es als ziemlich schwierig. Ich wußte nicht, wie ich den Tennisschläger halten, den Ball sauber treffen, den Platz verteidigen, einen Punkt herausspielen oder gar ein Match gewinnen sollte. Nur weil ich so gar nicht an sofortigen Erfolg im Sport gewöhnt war und mich selbst so entmutigt fühlte, arbeitete ich derart hart, um besser zu werden.

Mein ursprüngliches Ziel war ganz einfach, beim Tennis nicht unangenehm aufzufallen. Glücklicherweise wurde aus mir recht bald eine ganz gute Spielerin, was meinem Ego und meiner Selbstachtung half, aber die Einzigartigkeit des Tennisspiels hatte mich ein für allemal gepackt. Tennis ist ein Kampf Mann gegen Mann: keine Auswechslungen, keine Auszeiten, keine Hilfe seitens des Trainers, keine Uhr, die das Ende des Spiels anzeigt. Der Gegner kann einem technisch, läuferisch oder mental überlegen sein – es gibt so viele Möglichkeiten, zu gewinnen oder zu verlieren. Ich nahm Stunden, las Tennisbücher und Tennismagazine, und ich sah mir alle Tennismatches im Fernsehen an. Ich glaube, daß ich meine Eltern damals verrückt machte.

Was meine Faszination für diese Sportart noch vertiefte, war die Tatsache, daß drei Häuser weiter ein Junge, der zwei Jahre jünger war als ich, bereits ein müheloses, herrliches und raffiniertes Tennis spielte und dabei viel weniger Zeit auf dem Tennisplatz verbrachte. Sein Name war John McEnroe. Ich wuchs zusammen mit ihm auf. Er machte Dinge ganz instinktiv, für die ich viele ermüdende Stunden brauchte, in denen ich versuchte, ihn zu kopieren. Lange Zeit war er recht klein – sein Spitzname im Douglaston-Club war »Runt« –, aber immer wieder schlug er Kinder im Tennis, die größer waren als er, bei weitem stärker, viel engagierter und viel älter. Er faszinierte mich.

Das Spielniveau von John McEnroe konnte ich nie erreichen, aber ich wollte dennoch eine so gute Tennisspielerin werden, wie es in meiner Macht lag. Ich war bei weitem nicht so begabt wie John, aber ich war eine gute Arbeiterin und spielte ein ziemlich gewitztes Tennis. Drei Jahre lang spielte ich professionell, aber nie ohne schmerzende Knie, und als ich aufhören mußte, plagte mich lange Zeit die Frage danach, wie ich diese Verletzungen hätte vermeiden können. Ich glaube, der Grund meiner andauernden Liebe und die Faszination für dieses Spiel ist der, daß ich irgendwie fühle, es könnte mehr in mir schlummern, als ich gegeben habe. Tennis hat mich nie ganz verlassen.

Wenn Sie dieses Buch lesen, dann haben auch Sie wahrscheinlich Tennis im Blut. Vielleicht gehören Sie schon zu den ziemlich guten Spielern. Vielleicht sind Sie ein guter Sportler, technisch fundiert, oder möglicherweise sind Sie ein geschickter und gerissener Wettkämpfer. Vielleicht sind Sie alles zusammen, womit Sie auf dem richtigen Weg wären. Sollte es Ihnen jedoch an einigen Fertigkeiten fehlen oder wollen Sie die bereits vorhandenen Fertigkeiten noch steigern, dann lesen Sie dieses Buch von Nick Bollettieri und Dr. Charles Maher. Es handelt sich dabei um einen ernstzunehmenden, sehr durchdachten und systematischen Zugang zum Tennis. Die Lektüre wird es Ihnen ermöglichen, sich über sich selbst und Ihr Spiel klarzuwerden. Das Buch wird Ihnen dabei helfen, Ihre Leistungen genau unter die Lupe zu nehmen, sie zu überprüfen und neu zu überdenken. Es kann dazu beitragen, gute Eigenschaften zu entwickeln bei allem, was Sie zu erreichen versuchen – auf dem Tennisplatz oder anderswo.

Das in diesem Buch vorgestellte mentale Erfolgsprogramm ist unterteilt in sachliche, sehr pragmatische Kapitel, die Sie dazu herausfordern, Ihr Bestes zu geben. Die Durchführung der Programme ist praxisnah

und eignet sich für Spieler jeglichen Spielniveaus. Die hier vorgestellten Verfahren fördern ein konsequentes Wachstum und die Fähigkeit der Problemlösung.
Wenn Sie ein ernsthafter Tennisspieler sind oder werden wollen, so nutzen Sie die in diesem Buch vorgestellten Informationen und nehmen Sie die Herausforderung an, die es anbietet. Es kann sein, daß Sie immer wieder darauf zurückgreifen. Wenn Sie am Ende des Buches sagen können, daß Sie alles befolgt und alle darin enthaltenen Aufgaben begriffen haben, dann werden Sie ein gutes Gefühl haben. Und Sie werden sich nicht fragen müssen, wie ich es immer noch tue: »Was wäre, wenn . . .?«

Mary Carillo
Tenniskommentatorin

Vorwort

In diesem Buch geht es um die Mobilisierung vorhandener geistiger Ressourcen: um mentale Effizienz, d. h. um mentale Leistungsfähigkeit oder Stärke, und positive Persönlichkeitsentwicklung – und es geht um Sie.

Was ist mentale Leistungsfähigkeit?

Mentale Leistungsfähigkeit ist die Fähigkeit, seine Gedanken und Emotionen bei allem, was man tut, in der besten Art und Weise zu nutzen. Was den Tennissport angeht, so beinhaltet mentale Stärke die Koordination dessen, wie man beim Tennisspiel denkt, fühlt und sich verhält, aber auch, wie man in allen anderen Aspekten des Lebens agiert, wie Schule und Arbeit. Vor allem trägt mentale Leistungsfähigkeit zur positiven Entwicklung der Persönlichkeit bei.

Das in diesem Buch vorgestellte mentale Erfolgsprogramm lehrt Sie, wie Sie für Ihre persönliche Entwicklung selbst die Verantwortung übernehmen. Für Eltern oder Lehrer ist das Buch eine Anleitung, um an das Kind oder den Schüler und Studenten Informationen weiterzuvermitteln, die ihm helfen, das Beste zu geben bei allem, was die betreffende Person tut. Das mentale Erfolgsprogramm macht es möglich, sich auf positive Dinge zu konzentrieren wie Leistungssteigerung, individuelles Lernen und Problemvermeidung. Es handelt sich dabei um eine vorausschauende Methode unter Anwendung der Psychologie im Sport – in diesem Fall im Tennissport. Dieses Programm steht in Kontrast zu der vorherrschenden Einstellung, mit welcher psychologische Maßnahmen erst dann zum Einsatz kommen, nachdem bereits Leistungsprobleme im sportlichen wie im persönlichen Bereich aufgetreten sind.

Mentale Leistungsfähigkeit ist erlernbar. Sie läßt sich einem Tennisspieler aber nicht mittels eingeschränkter Techniken aufzwingen. Am besten wird sie auf natürliche Art und Weise gefördert und zwar während des Lern- und Entwicklungsprozesses eines jeden einzelnen – eingebettet in das Training und in Übungssequenzen in der Schule sowie in alltägliche Lebensabläufe. Sie (oder Ihr Kind oder Schüler beziehungsweise Student) sind deshalb für Ihre eigenen mentalen Fertigkeiten und Ihre persönliche Entwicklung verantwortlich. Sie sind nicht lediglich eine »Fallstudie«, sondern Sie nehmen am Lern- und Entwicklungsprozeß aktiv teil. Dies stellt eine vorausaktive Annäherung zur Sportpsychologie dar im Gegensatz zu den heute üblichen reaktiven Methoden. Das heißt, man lernt, sich auf die Reaktion des anderen vorzubereiten, um vorbeugend aktiv (= vorausaktiv) zu sein.

Mental leistungsfähig sein

Wenn Sie mental leistungsfähig sind, dann sind Sie eins mit sich. Sie verschwenden keine Gedanken und Emotionen. Folglich sind Ihre körperlichen Aktionen, beispielsweise ein Topspin-Passierball mit der Rückhand, von größerem Erfolg. Auch Ihre Selbstgespräche sind positiv; Sie ermutigen sich sowohl auf dem Tennisplatz wie anderswo. Es fällt Ihnen leicht, sich als Wettkampfteilnehmer zu visualisieren und wie Sie in einem entscheidenden Spiel oder Satz gut spielen.
Des weiteren glauben Sie daran, daß Sie in der Lage sind, einen Schritt nach vorn zu machen, was Ihr Spiel und Ihr Leistungsvermögen angeht, und die Fertigkeiten zu meistern, die dazu erforderlich sind. Wenn Sie mental stark sind, dann lassen Sie sich von einem Gegner auch nicht einschüchtern; rasch zerstreuen Sie Furcht, Ängste und Zweifel über Ihr Spiel.
Mangelt es Ihnen jedoch an dieser mentalen Effizienz, dann verschwenden Sie wahrscheinlich Ihre Gedanken und Emotionen. Beispiele einer solchen mentalen Schwäche sind negative Selbstgespräche über die eigene Spielweise, die Vorstellung von vielen unerzwungenen Fehlern, der Glaube an die eigene Unfähigkeit, ein Match zu gewinnen, und die Wahrscheinlichkeit, sich vom Gegner einschüchtern zu lassen.

Sind Sie jedoch mental stark und leistungsfähig, dann befinden Sie sich in einer sehr gesunden persönlichen Position und lassen keine negativen Gedanken und Emotionen aufkommen. Vielmehr sind Sie in der Lage, diese bereits im Keim zu ersticken. Das wiederum trägt dazu bei, daß Sie einerseits Ihre positive Verfassung aufrechterhalten und andererseits sich vor Problemen sowohl sportlicher wie persönlicher Natur schützen. Sie sind besser vorbereitet und verfügen über ein hohes Leistungsvermögen, was bedeutet, daß Sie so spielen, wie es der gegenwärtige Stand Ihres Könnens zuläßt. Auch entwickeln Sie die Fähigkeit, für andere sportliche Aktivitäten fit zu sein, ebenso für alle Lebensbereiche. Alles in allem kommt eine solche mentale Stärke Ihrer positiven Persönlichkeitsentwicklung zugute – sowohl den Sport wie alle anderen Lebensbereiche betreffend.

Was Sie in diesem Buch lernen

Mit Hilfe dieses Buches werden Sie einiges Wissenswerte über besondere Qualitäten, Fähigkeiten, zielgerichtete Schritte und Aktivitäten lernen. Diese Informationen sollen dazu beitragen, daß aus Ihnen der bestmögliche Tennisspieler wird. Obendrein werden Sie Freude an Ihrem eigenen Entwicklungsprozeß empfinden. Letztendlich werden Sie zu folgendem in der Lage sein:

- Die eigenen Stärken und Grenzen sehen sowie die Notwendigkeit der Entwicklung sowohl im Tennis wie in anderen Lebensbereichen erkennen (Bewußtheit über die eigene Person).
- Die Erkenntnis darüber gewinnen, was Sie im Tennis erreichen wollen und wieso (Selbstmotivation).
- Daran glauben, auf dem Tennisplatz eine gute Leistung zeigen zu können und sich ein gutes Spiel mit den Konkurrenten zu liefern (Selbstvertrauen).
- Sich sorgfältig vorbereiten auf das Spiel sowie Trainingsregeln und Ziele befolgen (Selbstdisziplin).
- Wertvolle Beziehungen aufbauen zu Menschen, die an der eigenen Entwicklung beteiligt sind (Qualität der zwischenmenschlichen Beziehungen).

- Sich selbst als einzigartiges Individuum und wertvolle Persönlichkeit betrachten (Selbstwertgefühl).
- Informationen über die eigene Leistung verwerten, um sein Spielniveau zu steigern (Fortwährende Leistungsentwicklung).

Der Aufbau des Buches

Um die oben genannten Qualitäten und Fähigkeiten zu erreichen, gilt es, bestimmte Schritte und Aktivitäten zu befolgen. Diese Schritte und Aktivitäten bilden den Hauptteil dieses Buches. Dem einleitenden Kapitel »Entwicklung einer persönlichen Perspektive« folgen diese Themen:

- Erkennen der eigenen Fähigkeiten und Fertigkeiten
- Verstärkung der Selbstmotivation
- Aufbau und Stabilisierung von Selbstvertrauen
- Erarbeitung und Erhalt von Selbstdisziplin
- Qualität zwischenmenschlicher Beziehungen
- Entwicklung positiven Selbstwertgefühls
- Lernen ist ein lebenslanger Prozeß
- Vorteile der persönlichen Leistungsfähigkeit

Das Buch stellt in seiner besonderen Anordnung das notwendige Handwerkszeug zur Verfügung, um eine rasche und erfolgreiche Entwicklung zu gewährleisten. Die einzelnen Kapitel behandeln Themen wie die persönlichen Eigenschaften mentaler Leistungsfähigkeit, den persönlichen Gewinn, den Sie haben, wenn Sie diese Eigenschaften besitzen, sowie persönliche Probleme, die sich dadurch fernhalten lassen. In Verbindung damit behandeln die Kapitel ausführlich die nötigen Schritte und ergänzenden Aktivitäten, um ein mental leistungsfähiger Tennisspieler zu werden und eine gleichermaßen fähige Persönlichkeit.
Jedes Kapitel besteht aus grundlegenden Ausführungen sowie aus wichtigen Extrakten, die neben den Text gestellt sind. Der grundlegende Text liefert die ausführliche Information, die dazu dient, Ihre mentale Stärke zu steigern; die Marginalien dienen als Bezugspunkte, um sicherzustellen, daß Sie das Material lernen.

Jedem Kapitel ist eine persönliche Begebenheit vorangestellt, die etwas mit dem nachstehenden Text zu tun hat. Diese recht persönlichen Kapiteleinleitungen werden ergänzt von Zitaten bekannter und erfolgreicher Persönlichkeiten aus Tennis, Sport und anderen Lebensbereichen, die im Zusammenhang mit dem jeweiligen Kapitelinhalt stehen. Dieses Material soll dazu beitragen, daß Sie Ihre Aufmerksamkeit auf das Kapitel richten, und es soll auch helfen, den Lernprozeß zu maximieren.

Im Anschluß an das letzte Kapitel folgen ausführliche Literaturhinweise, welche dazu dienen, das in unserem Buch vorgestellte Material zu vertiefen. Im Anhang beschreiben wir, wie wir beim Anlegen und bei der Durchführung unseres mentalen Erfolgsprogramms vorgegangen sind.

Mentale Leistungsfähigkeit ist ein den ganzen Menschen umfassender Prozeß, um Tennis zu spielen. Das Programm verbindet alle Aspekte Ihres Lebens: Tennis, Schule, Studium, Familie und Persönlichkeitsentwicklung. Wir möchten Sie ermuntern, das Buch nicht nur zu lesen, sondern es auch mit Ihrem Tennistrainer zu besprechen, mit Ihren Eltern und anderen Personen Ihres Vertrauens. Wir glauben, daß Sie mit diesem Buch eine solide Grundlage in Händen halten, die nicht nur Ihren Tennisfertigkeiten dient, sondern Sie auch im Sport und im Leben insgesamt fördert. Erfreuen Sie sich an diesem Prozeß.

Nick Bollettieri
Dr. Charles A. Maher

September 1994

Entwicklung einer persönlichen Perspektive 1

Als ich das Spring Hill College abgeschlossen hatte, sollte ich nach den Wünschen meines Vaters auf die juristische Fakultät gehen, denn er hatte beschlossen, daß ich Anwalt werden würde. Als gehorsamer Sohn bewarb ich mich an der Universität von Miami um einen Studienplatz, um mit meiner Ausbildung weiterzumachen.

Zu jener Zeit dachte ich überhaupt nicht daran, Tennistrainer zu werden. Ich begann im Victory Park in North Miami Beach den Sommer über stundenweise Tennisunterricht zu geben. Ich hatte zwei Courts sowie eine Kühltasche und einen Sonnenschirm, unter dem ich mir einen Pro-Shop einrichtete – ein ziemlich bescheidener Anfang.

Mit der Zeit merkte ich, daß das, was ich auf dem Tennisplatz machte, für mich mehr war als nur ein Sommerjob. Ich hatte wirklich das Gefühl, daß ich dazu »berufen« war, Menschen – vor allem jungen Menschen – zu helfen, nicht nur daß sie bessere Tennisspieler wurden, sondern auch bessere Menschen, und daß sie vom Tennisplatz etwas mit nach Hause nahmen, etwas für ihr Leben profitierten.

Ich wußte, daß diese »Begabung« für mich – und andere – viel wertvoller war als das, was ich möglicherweise durch ein Studium erreichen konnte. Ich mußte eine Entscheidung treffen und entschied mich, meinem Herzen zu folgen – es hat mich nie im Stich gelassen.

Ich richtete alle meine Ziele und die verfügbare Zeit darauf aus, meinen Traum zu verwirklichen, etwas noch viel Größeres als den Victory Park aufzubauen. Ich probierte allerhand Sachen aus und mußte so

Die Lebensqualität eines Menschen steht in direktem Verhältnis zu dem Engagement, das er aufbringt, um Herausragendes zu leisten, egal auf welchem Gebiet oder bei welcher Sache.

Vince Lombardi
Football-Trainer der NFL

Zu sein, was wir sind, und zu werden, was wir werden können, ist der einzige Sinn des Lebens.

Robert Louis Stevenson
Schottischer Schriftsteller und Dichter

Es ist so facettenreich, daß man erst richtig perfekt spielen kann, wenn man eine gewisse Reife und Lebensperspektive entwickelt hat.

Virginia Wade
Tennisspielerin, Kommentatorin

manche Schlappe einstecken, aber ich habe jedesmal etwas dazugelernt. Viele Leute im Tennisgeschäft fanden meine Ideen »irre« – Tennis als Breitensport, ein Sommer-Trainingscamp mit Verpflegung und allem, ein Tennisinternat mit erstklassigen Trainern und Lehrern –, aber heute sind diese Einrichtungen eher schon die Norm als die Ausnahme.
Wenn ich so zurückschaue, dann weiß ich, daß ich die richtige Entscheidung getroffen habe, und ich würde nichts anders machen. Mein Vater wollte zwar, daß ich Jura studiere, aber er sagte auch immer: »Wenn du daran glaubst, mein Sohn, dann mach es.« Ich entschloß mich, beim Trainerberuf zu bleiben, und richtete mein Leben und alle wichtigen Dinge so ein, daß dafür genug Zeit blieb. Trotz aller Stolpersteine standen meine persönlichen Ziele unverrückbar fest.
Ich habe mir eine Lebensperspektive geschaffen und meine Entscheidung nie bereut.

Nick Bollettieri

Seinen Weg gehen

Was Sie in diesem Kapitel erwartet

Sie lernen hier unser Konzept von der positiven Entwicklung der Persönlichkeit und mentaler Leistungsfähigkeit beim Tennis kennen und die Grundlagen unseres mentalen Erfolgsprogramms. Sie bekommen auch Empfehlungen von uns, wie Sie die Informationen in diesem Buch so für sich verwerten, daß Sie sich als Tennisspieler steigern und menschlich wachsen.

Wenn Sie sich in einen größeren Zusammenhang eingebunden sehen, werden Sie erkennen, daß Tennis alle Aspekte Ihres Lebens beeinflußt, so wie alle Erfahrungen in anderen Lebensbereichen Ihre Entwicklung als Tennisspieler beeinflussen.

Sehen Sie sich nicht nur als Tennisspieler, sondern als einzigartiges Individuum, das auch außerhalb des Tennisplatzes existiert.

Das Gesamtbild

Wir wollen Sie ermuntern, für sich als Tennisspieler eine persönliche Perspektive zu entwickeln. Diese Art Vision wird Ihnen helfen zu erkennen, daß Tennis alle Aspekte Ihres Lebens beeinflußt, so wie alle Erfahrungen in anderen Lebensbereichen Ihre Entwicklung als Tennisspieler beeinflussen. Sehen Sie sich deshalb nicht nur als Tennisspieler, sondern als einzigartiges Individuum, das auch außerhalb des Tennisplatzes existiert. Diese persönliche Perspektive ist Basis oder Fundament Ihrer mentalen Stärke. Denken Sie beim Lesen dieses Buches nicht nur daran, wie Sie das Material für Ihr Tennisspiel umsetzen können, sondern auch in anderen Lebensbereichen, als da sind: Schule und Universität, Familie, Arbeitsplatz und soziales Umfeld.
Die meisten Menschen, die wir kennen, die Tennis spielen und das gerne tun, sind in der Lage, diese Art von persönlicher Perspektive zu entwickeln – sich in einem größeren Zusammenhang zu sehen. Das können Weltklasse-Champions sein, aber auch gute Spieler auf Tennisclub-Niveau bis zu solchen, die diesen Sport erst seit kurzem intensiv betreiben.
Tennis hat eine lange, sehr interessante Tradition und ist inzwischen zu einem international beliebten Sport geworden. Einige Leute verdienen als Profis damit ihren

Tennis kann eine große Bereicherung in Kindheit und Jugend sein und ein Teil Ihres Lebens werden, auf den Sie nicht mehr verzichten möchten.

Lebensunterhalt. Genau betrachtet kann Ihnen Tennis aber auch noch vieles andere geben. Tennis kann vor allem eine sinnvolle Freizeitbeschäftigung für Kinder und Jugendliche sein und ein Teil Ihres Lebens werden, auf den Sie nicht mehr verzichten möchten.

Tennis kann eine positive Herausforderung sein, insbesondere wenn Sie es als ein Spiel betrachten – und Spaß daran haben –, das schnelle Entscheidungen und Reaktionen erfordert – sowohl körperlich wie mental. Ohne diese Einstellung aber wird ein Spieler, vielleicht auch Sie, fast automatisch nervös werden, die Konzentration verlieren und keinen Spaß am Tennis mehr haben.

Wenn Sie eine Perspektive entwickeln, wird das Ihrer Persönlichkeit insgesamt in vielfältiger Weise zugute kommen.

Wenn Sie beim Tennis eine Perspektive für sich entwickeln, wird das Ihrer Persönlichkeit insgesamt in vielfältiger Weise zugute kommen. Damit werden Sie störende persönliche Probleme oder negative Zustände, wie zum Beispiel Zornausbrüche, reduzieren – oder sogar ganz abbauen – können. Um es auf den Punkt zu bringen: Sie werden dadurch ein mental leistungsfähiger Tennisspieler und Mensch werden und bleiben.

Positive Persönlichkeitsentwicklung

Positive Persönlichkeitsentwicklung bedeutet, zu wachsen und reifer zu werden.

Positive Persönlichkeitsentwicklung bedeutet, zu wachsen und reifer zu werden. Es bedeutet, sich im Tennisspiel immer mehr zu steigern und auch in anderen Lebensbereichen wie Schule, Familie und Gesellschaft allgemein seinen Teil beizutragen.

Was Ihre positive Persönlichkeitsentwicklung betrifft, so gibt es verschiedene Eigenschaften, die Ihrer mentalen Leistungsfähigkeit zugute kommen, und zwar sind das:

- Selbstbewußtheit
- Selbstmotivation
- Selbstvertrauen
- Selbstdisziplin
- Pflege guter zwischenmenschlicher Beziehungen
- Selbstwertgefühl
- Fortwährende Leistungsentwicklung

Wir werden jede dieser Eigenschaften im folgenden noch kurz erläutern. Die einzelnen Schritte, die dazu notwendig sind, werden wir in den späteren Kapiteln ausführlicher behandeln.

Selbstbewußtheit

Selbstbewußtheit bedeutet, daß Sie Ihre derzeitigen Stärken und Handikaps als Tennisspieler wie als Mensch kennen und wissen, wo Sie sich noch verbessern sollten. Selbstbewußtheit bedeutet auch, daß Sie eine persönliche Vision haben, wie Sie sich beim Tennis und in anderen Bereichen weiterentwickeln wollen.
Sie wissen zum Beispiel, daß Sie einen starken Aufschlag haben, daß Sie aber Ihre Beinarbeit verbessern müssen, wenn Sie ein wirklich guter Serve-und-Volley-Spieler werden wollen. Oder Sie wissen, daß Sie sich beim Aufschlag gut konzentrieren können, merken aber, daß Sie vor dem Match und beim Seitenwechsel ruhiger und gelassener werden müssen.
Selbstbewußtheit ist auch in anderen Lebensbereichen sehr wichtig. Wenn Sie Ihre Stärken und die notwendigen Entwicklungsschritte besser kennen, wird sich das vor allem in der Schule und im Berufsleben positiv auswirken. Wenn Sie sich Ihrer selbst bewußt sind, sind Sie auch konzentrierter und besser in der Lage, notwendige Veränderungen und Korrekturen vorzunehmen, auf dem Tennisplatz wie auch außerhalb.

Selbstbewußtheit bedeutet, daß Sie Ihre derzeitigen Stärken und Handikaps als Tennisspieler wie als Mensch kennen und wissen, wo Sie sich noch verbessern sollten.

Selbstmotivation

Selbstmotivation hat mit dem Wunsch zu tun, ernsthaft auf seine Ziele hinarbeiten zu wollen. Diese Ziele sind bei den meisten Menschen ziemlich ähnlich, werden sich aber je nach Entwicklungsstand, Bedürfnissen und Wünschen in Art und Dimension unterscheiden. So könnten Ihre persönlichen Ziele darin bestehen, sich in der Spieltechnik zu verbessern, Ihre Leistung beim Matchspiel zu steigern, oder ein besserer Schüler zu werden.
Wenn Sie motiviert sind, haben Sie den Wunsch und die notwendige Konzentration, die Sache möglichst gut

Motivation hat mit dem Wunsch zu tun, ernsthaft auf seine Ziele hinarbeiten zu wollen.

zu machen. Dieser starke Wunsch und die Konzentration ergeben sich aber nicht per Zufall, noch werden sie einem in die Wiege gelegt. Sie entwickeln vielmehr eine gesunde Motivation, wenn Sie aus einem vernünftigen Grund heraus Tennis spielen – also Spaß am sportlichen Engagement und der Herausforderung haben –, und weniger, weil Sie Trophäen einheimsen, sich Anerkennung verschaffen oder anderen gefallen wollen.

Sie können sich zur Steigerung Ihrer Motivation bestimmte Ziele setzen, die eine Herausforderung für Sie darstellen und die Sie wirklich erreichen wollen.

Sie können sich zur Steigerung Ihrer Motivation bestimmte Ziele setzen, die eine Herausforderung für Sie darstellen und die Sie wirklich erreichen wollen. Motivation ist auch eine wichtige Eigenschaft, um in der Schule gut zu sein und in Familie, Gesellschaft oder Beruf einen wertvollen Beitrag zu leisten.

Selbstvertrauen

Selbstvertrauen heißt, auf seine Fähigkeiten zu vertrauen – entspannt und kontrolliert Tennis zu spielen, ohne sich während des Spiels allzusehr zu analysieren.

Selbstvertrauen bedeutet, daran zu glauben, daß Sie auf dem Tennisplatz wie außerhalb gute Leistungen bringen können. Selbstvertrauen zeigt sich außerdem in dem Wunsch, Hindernisse auf dem Weg zum Ziel zu überwinden und während des Matches Gelassenheit und Selbstbeherrschung zu bewahren. Selbstvertrauen heißt gewissermaßen, auf seine Fähigkeiten zu vertrauen – entspannt und kontrolliert Tennis zu spielen, ohne sich während des Spiels allzusehr zu analysieren. Auf seine Fähigkeiten vertrauen heißt lockerzulassen, Spaß am Training und Spiel zu haben.

Selbstdisziplin

Selbstdisziplin bedeutet, mit einem bestimmten Ziel vor Augen ins Training zu gehen, es durchzuziehen und dabei immer wieder die notwendigen Korrekturen vorzunehmen.

Selbstdisziplin bedeutet, mit einem bestimmten Ziel vor Augen ins Training zu gehen, es durchzuziehen und dabei immer wieder die notwendigen Korrekturen vorzunehmen.
Selbstdisziplin ist wichtig für die Vorbereitung und Durchführung kurzfristiger Ziele beim Tennis – dem Gewinnen von Punkten, Spielen, Sätzen, Matches, bei Übungsspielen –, aber auch bei langfristigen Zielen. Selbstdisziplin bedeutet, daß Sie Ihre Pläne konsequent verfolgen und nicht gleich aufgeben, wenn es nicht so

läuft, wie Sie es gerne hätten, daß Sie dabei immer konzentriert und gelassen bleiben.
Selbstdisziplin ist nicht nur beim Tennis eine wichtige Eigenschaft, man braucht sie auch in anderen Lebensbereichen, zum Beispiel um sein Studium gut zu machen, seine familiären Verpflichtungen zu erfüllen oder in einen neuen Beruf einzusteigen.

Qualität der zwischenmenschlichen Beziehungen

Gute zwischenmenschliche Beziehungen entstehen dadurch, daß Sie zu anderen Menschen und Gruppen eine Beziehung aufbauen, die für alle Beteiligten positiv ist. Das bedeutet, daß dieser Austausch sowohl für Sie selbst als auch für die anderen bereichernd ist. Das kann zum Beispiel hilfreich sein, wenn Sie einen bestimmten Schlag verbessern wollen, wenn es um die Spielstrategie bei einem bestimmten Gegner geht, oder wenn Sie eine Beziehung zu einem Trainer oder Team aufbauen wollen.
Gute zwischenmenschliche Beziehungen zeigen sich bei der Zusammenarbeit mit Teamkameraden, mit einem Doppelpartner, wenn man einem Freund zuhört oder seine Leistungen bei einem Match mit dem Trainer bespricht. In anderen Lebensbereichen zeigen sich gute zwischenmenschliche Beziehungen darin, daß Sie Lehrern und Gleichgestellten mit Respekt begegnen und mit Ihrer Familie, Ihrem Partner oder dem Chef gut auskommen.

Gute zwischenmenschliche Beziehungen entstehen dadurch, daß Sie zu anderen Menschen und Gruppen eine Beziehung aufbauen, die für alle Beteiligten positiv ist.

Selbstwertgefühl

Ein gutes Selbstwertgefühl oder Selbstkonzept bedeutet, daß Sie sich als Mensch positiv beurteilen. Wenn Sie ein gutes Selbstwertgefühl haben, sehen Sie sich selbst als einzigartiges Individuum und sind zufrieden mit dem, was Sie sind und was Sie tun.
Mit einem guten Selbstwertgefühl können Sie Ihre Leistungen beim Tennis objektiv beurteilen und erkennen, wo Sie gut und wo Sie weniger gut sind. Das gelingt Ihnen deshalb, weil Sie Ihre Leistungen auf sich als Tennisspieler und nicht auf sich als Persönlichkeit übertra-

Wenn Sie ein gutes Selbstwertgefühl haben, sehen Sie sich selbst als einzigartiges Individuum und sind zufrieden mit dem, was Sie sind und was Sie tun.

gen. Wenn Sie zum Beispiel nicht so gut sind, wie Sie erwartet hatten – Sie verlieren ein Match oder machen zu viele unerzwungene Fehler –, dann können Sie diese Leistungsschwäche als etwas von Ihrer Person Getrenntes sehen, das Sie nicht gut finden, sich aber dennoch Ihr Selbstwertgefühl als Mensch bewahren. Wenn Sie dagegen eine gute Leistung bringen, akzeptieren Sie das als Tatsache und freuen sich darüber, aber sie »steigt Ihnen nicht zu Kopf«.

Fortwährende Leistungsentwicklung

Sich der fortwährenden Leistungsentwicklung verpflichten heißt, sich nie selbstzufrieden zurückzulehnen, nicht stehenzubleiben, sondern ein immer noch höheres Niveau erreichen zu wollen.

Sich der fortwährenden Leistungsentwicklung verpflichten bedeutet, daß Sie Ihr Wissen, Ihre Fertigkeiten und Fähigkeiten ausbauen wollen, auf dem Tennisplatz wie außerhalb.
Das heißt, daß Sie kontinuierlich an sich arbeiten, sich nie selbstzufrieden zurücklehnen, nicht stehenbleiben – sondern ein immer noch höheres Niveau, Ihre Bestform erreichen wollen. Es geht vor allem darum, sich immer weiter zu verbessern, beim Tennis wie in anderen Bereichen, und Spaß zu haben am Spiel, am Lernen und am Leben.

Mentale Leistungsfähigkeit

Mentale Leistungsfähigkeit oder Stärke umfaßt die sieben obengenannten Charakteristika. Mentale Stärke ist ein erstrebenswerter und wichtiger Aspekt für die positive Persönlichkeitsentwicklung. Mentale Stärke hat mit Ihrer Fähigkeit zu tun, Ihre Gedanken, Gefühle und Bewegungsabläufe beim Training und beim freien Spiel möglichst gut zu koordinieren.

Wenn Sie mental stark sind, sind Sie innerlich ausgeglichen und haben sich unter Kontrolle.

Wenn Sie mental leistungsfähig sind, denken Sie produktiv, haben Ihre Gefühle angemessen unter Kontrolle und sind körperlich voll da. Mentale Leistungfähigkeit ist für alle Aspekte Ihrer Entwicklung als Tennisspieler wichtig, für die Vorbereitung auf ein bevorstehendes Match bis zum Matchablauf selbst, für optimales Training und für viele andere Lebensbereiche (z. B. Verpflichtungen im Alltag, Freizeit).

Die positive Wirkung mentaler Leistungsfähigkeit

Wenn Sie mental leistungsfähig sind, sind Sie innerlich ausgeglichen und haben sich unter Kontrolle. Sie können zum Beispiel lernen, sich selbst wieder positiv aufzubauen, wenn sich während des Trainings eine negative Einstellung einschleicht, sich weiter auf jeden einzelnen Punkt konzentrieren und während eines Matches gelassen bleiben. Kurz: Wenn Sie mental stark sind, vergeuden Sie nicht unnötig Ihre Energien – weder psychisch noch physisch.
Mentale Leistungsfähigkeit hat zur Folge, daß Sie viel effektiver trainieren, Ihre langfristig geplanten Vorhaben durchziehen, mit einer positiven Einstellung ins Match gehen, auch in schwierigen Situationen Gelassenheit bewahren und selbst nach einer schlechten Leistung oder einer unerwarteten Niederlage weiter an Ihrer Spielweise arbeiten können.

Leistungsfähig und erfolgreich sein

Wenn Sie mental stark sind, sind Sie sich Ihrer selbst bewußt, motiviert, haben sowohl Selbstvertrauen als auch Disziplin, freuen sich an Ihren guten zwischenmenschlichen Beziehungen, haben ein gutes Selbstwertgefühl und arbeiten stets daran, immer besser zu werden. All das trägt dazu bei, daß Sie auf dem Tennisplatz wie außerhalb leistungsfähig und erfolgreich sind, weil Sie

- Ihre Stärken, Handikaps und die notwendigen Entwicklungsschritte beim Tennis und in anderen Bereichen Ihres Lebens kennen (Selbstbewußtheit);
- wissen, was Sie im Tennis erreichen wollen und weshalb Sie es wollen (Selbstmotivation);
- daran glauben, daß Sie auf dem Platz eine gute Leistung abliefern und im Wettkampf erfolgreich sein können (Selbstvertrauen);
- sich gründlich auf Ihre Spiele vorbereiten und konsequent auf Ihre Ziele hinarbeiten (Selbstdisziplin);

Wenn Sie mental stark sind, sind Sie sich Ihrer selbst bewußt und motiviert, haben Selbstvertrauen und Disziplin, freuen sich an Ihren guten zwischenmenschlichen Beziehungen, haben ein gutes Selbstwertgefühl und arbeiten daran, immer besser zu werden.

- Ihre Kontakte zu anderen Menschen – Trainer, Teamkameraden, Medien etc. – positiv gestalten (Qualität der zwischenmenschlichen Beziehungen);
- sich als einzigartiges Individuum und liebenswerten Menschen betrachten (Selbstwertgefühl);
- alle Erkenntnisse über Ihre Spielleistung dazu einsetzen, sich immer weiter zu verbessern (fortwährende Leistungsentwicklung).

Sie erfahren in diesem Buch, wie Sie sich diese Eigenschaften aneignen und sie ausbauen können, wie Sie sich die Fertigkeiten erwerben können, die die mentale Leistungsfähigkeit beim Tennis ausmachen.

Wir werden in den folgenden Kapiteln ausführlich erläutern, wie Sie sich diese Eigenschaften aneignen und sie ausbauen können, und wie Sie sich die Fertigkeiten erwerben können, die die mentale Stärke beim Tennis ausmachen. Vorher möchten wir Ihnen aber noch einen Überblick über die Grundlagen unseres mentalen Erfolgsprogramms geben, damit Sie wissen, was es ist und was es nicht sein will.

Die Grundlagen des mentalen Erfolgsprogramms

Diese Grundlagen werden nachfolgend erläutert und in Arbeitsbogen 1: »Übersicht über das mentale Erfolgsprogramm« auf Seite 29 noch einmal zusammenfassend dargestellt. Die Tabelle ist in vier Spalten unterteilt:

- **Bereich/Eigenschaft:** In dieser Spalte finden Sie die für Ihre positive Persönlichkeitsentwicklung und mentale Stärke wichtigen Eigenschaften.
- **Fähigkeit:** Hier sehen Sie, wozu Sie mentale Stärke in dem jeweiligen Bereich befähigt.
- **Vorteile:** In dieser Spalte finden Sie die positiven Folgen, die es für Sie hat, wenn Sie sich die jeweilige Eigenschaft und Fähigkeit aneignen und sie ausbauen.
- **Vermiedene Probleme:** Hier sehen Sie, welche Probleme Sie von vornherein vermeiden können, wenn Sie mental leistungsfähig sind.

Sie bauen Ihre mentale Stärke insgesamt auf, indem Sie sich die jeweilige Eigenschaft und Fähigkeit aneignen und sie ausbauen.

Wenn Sie die Tabelle von links nach rechts durchgehen, werden Sie feststellen, daß jedem Bereich oder jeder Eigenschaft eine Fähigkeit gegenübersteht, die Sie sich

Programm 1: Übersicht über das mentale Erfolgsprogramm

Bereich/ Eigenschaft	Fähigkeit	Vorteile	Vermiedene Probleme
1. Bewußtheit über die eigene Person	Erkennen der eigenen Stärken und Grenzen sowie der Notwendigkeit zur Entwicklung	• Wissen • Vision	• Unklarheit • Richtungslosigkeit
2. Selbst-motivation	Das Wissen, was man erreichen will und weshalb	• Verlangen • Fokus	• Desinteresse • Zersteutheit • Langeweile
3. Selbstvertrauen	Der Glaube daran, auf dem Tennisplatz eine effiziente Leistung zu zeigen und gegen den Mitspieler gut zu spielen	• Selbstvertrauen • Glaube • Sicherheit	• Furcht • Gefühl der Unzulänglichkeit • Einschüchterung
4. Selbstdisziplin	Sorgfältige Vorbereitung auf das Spiel und Beibehaltung der geplanten Spieltaktik	• Information • Konzentration • Ausdauer	• Zeitverschwendung • Kontrollverlust • Gleichgültigkeit
5. Gute zwischenmenschliche Beziehungen	Aus Kontaken zu anderen wertvolle Erfahrungen machen	• Zusammenarbeit • Persönlicher Einsatz und Beitrag • Respekt	• Ichbezogenheit • Mißachtung • Respektlosigkeit
6. Selbstwert-gefühl	Betrachtung der eigenen Person als einzigartig und wertvoll	• Freude • Persönliche Wertschätzung	• Negative Grundhaltung • Schlechte Meinung von sich selbst
7. Fortwährende Leistungs-entwicklung	Nutzung von Informationen über die eigene Leistung, um sein Spiel zu verbessern	• Tatkraft • Veränderung • Begeisterung	• Selbstgefälligkeit • Stillstand • Hilflosigkeit

aneignen und die Sie ausbauen können. Mit allem, was Sie dafür tun, bauen Sie Ihre mentale Leistungsfähigkeit insgesamt auf.
Ein ganz wichtiger Gesichtspunkt bei diesem Programm ist, daß, wenn Sie sich diese Eigenschaften angeeignet haben, Sie daraus bestimmte Vorteile ziehen und viel besser gegen sonst eventuell auftretende Probleme gewappnet sind. Das ist die vorausaktive Basis der mentalen Stärke. Diese Eigenschaften, Fähigkeiten, Vorteile und eventuellen Probleme betreffen nicht nur Ihr Tennis, sondern auch andere Bereiche Ihres Lebens, obwohl es uns in diesem Buch schwerpunktmäßig um Tennis geht.

Die sieben Erfolgspunkte

Die Tabelle macht im wesentlichen sieben Punkte im Zusammenhang mit mentaler Leistungsfähigkeit deutlich. Diese sieben Punkte könnte man als die Grundlagen des mentalen Erfolgsprogramms bezeichnen. Es sind dies im einzelnen:

Wenn Sie sich Ihrer selbst bewußt sind, kennen Sie Ihre Stärken, Ihre Schwächen und die notwendigen Entwicklungsschritte.

- Wenn Sie **sich Ihrer selbst bewußt** sind, kennen Sie Ihre Stärken, Ihre Schwächen oder Handikaps und die notwendigen Entwicklungsschritte als Tennisspieler und als Persönlichkeit. Sie profitieren also davon, wenn Sie sich gut und genau kennen. Sie haben insgesamt eine Vorstellung davon, wo Sie heute stehen und wo Sie hinkommen wollen. Innere Verwirrung und Orientierungslosigkeit werden durch diese Selbstbewußtheit bekämpft und verhindert.

Wenn Sie motiviert sind, wissen Sie, was Sie erreichen wollen und weshalb.

- Wenn Sie **motiviert** sind, wissen Sie, was Sie erreichen wollen und weshalb Sie das wollen. Das hat den Vorteil für Sie, daß Sie den starken Wunsch haben und auch die nötige Konzentration, Ihrer Motivation entsprechend zu handeln.
Durch richtige Motivation können Sie verhindern, daß Sie das Interesse an dem verlieren, was Sie tun, von anderen Dingen oder Menschen abgelenkt und mit sich selbst unzufrieden werden.

▶ Wenn Sie **Selbstvertrauen** haben, vertrauen Sie darauf, daß Sie beim Training und im Wettkampf gute Leistungen bringen können. Dieses Selbstvertrauen hat für Sie den Vorteil, daß Sie an das glauben, was Sie tun, und innere Gelassenheit bewahren. Damit verhindern Sie, daß Sie Angst bekommen, sich unzulänglich fühlen oder vom Gegner einschüchtern lassen.

Wenn Sie Selbstvertrauen haben, vertrauen Sie darauf, daß Sie gute Leistungen bringen können.

▶ Wenn Sie **diszipliniert** sind, bereiten Sie sich sorgfältig auf Training und Matches vor, ziehen Ihre Vorhaben durch und nehmen immer wieder notwendig werdende Korrekturen vor. Der Vorteil für Sie ist, daß Sie damit immer gut vorbereitet sind auf das, was Sie tun und was Sie auf dem Platz erwartet (d. h. sich den Spielbedingungen, einer bestimmten Spieltaktik des Gegners etc. anpassen).
Diese Fähigkeit hilft Ihnen also, sich besser zu konzentrieren und trotz Hindernissen und Rückschlägen durchzuhalten – und verhindert, daß Sie Zeit vergeuden, ein Gefühl von Kontrollverlust bekommen und gleichgültig werden.

Selbstdisziplin hilft Ihnen, sich besser zu konzentrieren und trotz Hindernissen und Rückschlägen durchzuhalten.

▶ **Gute zwischenmenschliche Beziehungen** zu denen, die mit Ihrer Entwicklung als Persönlichkeit und als Tennisspieler zu tun haben, kommen Ihnen stets zugute und sind aus mehreren Gründen bereichernd:
Erstens werden Sie dann von anderen Leuten viel eher Unterstützung bekommen, was natürlich auf Gegenseitigkeit beruhen sollte. Und die Leute, die Ihnen helfen, profitieren auch von dieser Erfahrung und Beziehung. Der unmittelbare Gewinn für Sie sind Respekt, Bewunderung und Freundschaft. Zweitens verhindern Sie damit eine zu große Ichbezogenheit, mangelnden Respekt gegenüber anderen, verantwortungsloses Verhalten und Isolation.

Gute zwischenmenschliche Beziehungen zu denen, die mit Ihrer Entwicklung als Mensch und als Tennisspieler zu tun haben, kommen Ihnen stets zugute und sind bereichernd.

▶ Wenn Sie ein gutes **Selbstwertgefühl** haben, sehen Sie sich als einzigartiges Individuum und liebenswerten Menschen, ganz gleich, wie gut Sie auf dem Tennisplatz oder in einem anderen Lebensbereich sind.
Sie profitieren davon, weil Sie viel mehr Spaß am Leben insgesamt haben. Sie schätzen sich dann als Mensch

Wenn Sie ein gutes Selbstwertgefühl haben, sehen Sie sich als einzigartiges Individuum und liebenswerten Menschen, ganz gleich, wie gut Sie auf dem Tennisplatz oder in einem anderen Lebensbereich sind.

und können dadurch Probleme wie eine negative Einstellung zu sich selbst, eine zu geringe Selbstachtung oder Abwertung Ihrer Person verhindern.

Verpflichtung zur ständigen Leistungsentwicklung bedeutet, daß Sie Ihre Leistungen objektiv beurteilen, sich so immer weiter verbessern und ein höheres Spielniveau erreichen.

▶ **Verpflichtung zur fortwährenden Leistungsentwicklung** bedeutet, daß Sie Ihre Leistungen objektiv beurteilen, sich so immer weiter verbessern und ein höheres Spielniveau erreichen können. Das kommt Ihnen zugute, weil Sie dadurch sehr engagiert an alles herangehen sowie auf positive Veränderung und Fortschritte hinarbeiten. Sie verhindern damit auch Probleme, die daraus entstehen könnten, daß Sie sich mit dem bisher Erreichten zufriedengeben, in Ihrer Entwicklung Rückschritte machen (Stagnation) oder ein Gefühl der Hilflosigkeit entwickeln.

Wie Sie dieses Buch am besten benützen

Wir empfehlen Ihnen, dieses Buch erst einmal von vorn bis hinten durchzulesen.

Wir empfehlen Ihnen, dieses Buch erst einmal von vorn bis hinten durchzulesen. Das wird Ihnen einen guten Überblick geben, was mentale Leistungsfähigkeit ist, wie Sie sie sich aneignen und was Sie davon profitieren können. Wenn Fragen auftauchen, können Sie sich dazu Notizen machen und unter dem entsprechenden Stichwort noch einmal nachlesen. Haben Sie das Buch ganz gelesen, sollten Sie sich die einzelnen Kapitel nochmals vornehmen und die dort empfohlenen Schritte und Methoden regelmäßig praktizieren. In Kapitel 9 erläutern wir, wie Sie das mentale Erfolgsprogramm konsequent nutzen und einsetzen können.

Je mehr Sie das ganze »Team« einbeziehen – sich selbst, den Trainer und die Eltern –, um so schneller und besser werden Sie Ihre mentale Leistungsfähigkeit aufbauen können.

Mentale Leistungsfähigkeit ist ein dynamischer und andauernder Prozeß, der entsprechend Ihrer Weiterentwicklung als Tennisspieler und als Persönlichkeit verläuft. Sprechen Sie auch mit Ihrem Trainer, Ihren Beratern und Ihren Eltern über mentale Stärke. Je mehr Sie das ganze »Team« einbeziehen – sich selbst, den Trainer und die Eltern –, um so schneller und besser werden Sie Ihre mentale Leistungsfähigkeit sowohl im sportlichen Bereich wie in allen anderen Lebensbereichen aufbauen können.

Erkennen der eigenen Fähigkeiten und Fertigkeiten 2

Aaron Krickstein war gerade mal 14, als er das erste Mal in meine Tennis Academy kam, begleitet von seinem Vater Herb – ein Arzt, passionierter Golfspieler, dazu ein cleverer und einflußreicher Geschäftsmann. Aaron war in jeder Hinsicht ein sehr schüchterner Junge, auf dem Tennisplatz wie draußen. Er war extrem in sich gekehrt – ließ beim Spielen die Schultern hängen, führte Selbstgespräche, lief oft mit gesenktem Kopf herum und so weiter. Und als einziger Junge in einer Familie mit drei Schwestern wuchs er sehr beschützt und behütet auf.

Er war zwar stark in den technischen Aspekten des Tennis, hatte aber ein so schwaches Selbstwertgefühl, daß er sehr schwer zum Weiterlernen motiviert werden konnte. Er hatte auch Probleme, mit den anderen Schülern in Kontakt zu kommen – ganz im Gegensatz zu Jimmy Arias und Carling Bassett, die zur gleichen Zeit bei mir waren. Ich konnte beim Training mit Aaron nicht zwischendurch einmal brüllen oder ärgerlich werden wie bei ihnen. Er wäre sicherlich zusammengebrochen. Er brauchte eine positive Verstärkung.

Aber ich wußte, Aaron würde einer der Besten werden, wenn es uns gelänge, ihn aus seinem Schneckenhaus herauszuholen. Und ich wartete.

Witzigerweise passierte es, als wir bei einem Turnier in Italien waren, in Florenz. Er war damals 16, dabei waren sein Vater, mein Sohn Jimmy und ich. Meine Exfrau Kellie und ich hatten Aaron vor der Reise ein

Der menschliche Geist schrumpft nie wieder auf seinen ursprünglichen Umfang, wenn ihn ein neuer Gedanke hat wachsen lassen.

Oliver Wendall Holmes
Amerikanischer Essayist

Wichtig ist, was man lernt, nachdem man alles weiß.

John Wooden
Trainer (UCLA), Basketball Hall of Fame

Ich wollte kein Leben, das von Angst geprägt war und immer knapp am Erfolg vorbeilief.

Arnold Palmer

Legendärer Golfspieler

Buch geschenkt: »Der wunderbare Weg« von Scott Peck. Die Kapitelüberschriften und ein Zitat, auf das wir ihn aufmerksam gemacht hatten, schienen eine tiefgreifende Wirkung auf ihn zu haben.
Er wollte es gar nicht mehr aus der Hand legen! Es löste einen Umschwung in ihm aus und änderte seine ganze Lebenseinstellung zum Positiven. Ein Buch! Nachdem ich jahrelang versucht hatte, ihm Selbstvertrauen zu geben, hatten das die Worte, die er in dem Buch las, für mich getan. Die Lektion, die ich damals gelernt habe, werde ich nie vergessen.
Heute stehen Aaron und ich uns sehr nahe. Wir haben durch dieses gemeinsame Erlebnis viel voneinander gelernt – über Menschen und was es braucht, sich seiner selbst bewußt zu werden. Wir schätzen uns immer noch sehr und nehmen Teil am Leben des anderen.

Nick Bollettieri

Sich seiner selbst bewußt werden

Was Sie in diesem Kapitel erwartet

Unter Selbstbewußtheit ist Ihre Fähigkeit zu verstehen, sich selbst als Tennisspieler und als Persönlichkeit zu kennen. Wenn Sie diese Eigenschaft besitzen, sind Sie sich Ihrer Stärken, Handikaps beziehungsweise Einschränkungen oder Grenzen und der notwendigen Entwicklungsschritte bewußt. In diesem Kapitel geht es vor allem um die Selbstbewußtheit als Eigenschaft eines mental leistungsfähigen Tennisspielers. Wir sagen Ihnen, was Sie tun können, um Ihre Stärken, Handikaps und die notwendigen Entwicklungsschritte zu erkennen.

Selbstbewußtheit meint Ihre Fähigkeit, sich selbst als Tennisspieler und als Persönlichkeit zu kennen.

Stärken, Handikaps und notwendige Entwicklungsschritte

Stärken sind die mentalen und körperlichen Fertigkeiten, die Sie beim Training und im Wettkampf gute Leistung bringen lassen. Dazu gehören Konzentrationsfähigkeit, sich entspannen können, Geschicklichkeit beim Serve-und-Volley-Spiel, und andere.

Handikaps haben mit Fertigkeiten zu tun, über die Sie heute noch nicht verfügen, die Sie aber brauchen, um Ihr Tennisspiel und Ihre Leistung zu verbessern. Sie könnten, zum Beispiel, bei der Verbesserung Ihrer Vorhand durch Ihre langsame Beinarbeit gehandikapt sein, so daß Sie gleichzeitig auch daran arbeiten müssen.

Handikaps haben auch etwas mit Ihrer physischen Ausstattung wie Körpergröße, Gewicht, Kraft, Koordinationsfähigkeit und anderen körperlichen Faktoren zu tun, die Ihr Spiel bestimmen oder einschränken (»im Rahmen seiner Möglichkeiten spielen«).

Notwendige Entwicklungsschritte sind die speziellen

mentalen und körperlichen Fertigkeiten, an denen Sie arbeiten müssen, um ein anderes Niveau zu erreichen und ein besserer Tennisspieler zu werden. So müssen Sie vielleicht Ihre Konzentrationsfähigkeit verbessern, um beim ersten Aufschlag eine höhere Trefferquote zu erreichen.

Sie können Ihre Stärken noch weiter ausbauen.

Auch wenn Sie schon bestimmte mentale und körperliche Fertigkeiten besitzen und sie als Stärken einstufen, müssen Sie sie möglicherweise noch weiter ausbauen, um ein höheres Leistungsniveau zu erreichen. Was auf einem bestimmten Spielniveau eine Stärke ist, zum Beispiel Ihre Netzangriffe, kann noch eine weitere Entwicklung erfordern, wenn Sie es mit erfahreneren Gegnern zu tun bekommen.

Weshalb Selbstbewußtheit so wichtig ist

Eine gesunde Selbstbewußtheit zu entwickeln hilft Ihnen, Ihre Stärken, Handikaps und die notwendigen Entwicklungsschritte zu erkennen.

Eine gesunde und solide Selbstbewußtheit zu entwickeln – sich selbst gut zu kennen – hilft Ihnen, Ihre Stärken, Handikaps und die notwendigen Entwicklungsschritte zu erkennen. Wenn Sie dann über Ihre Erkenntnisse nachdenken, anschließend mit Ihrem Trainer und/oder den Eltern darüber reden, können Sie besser entscheiden, wie Sie weitermachen sollen, um sich im Tennis und anderen Lebensbereichen zu verbessern.

Diese Entscheidungen werden leichter zu treffen und fundierter sein, weil Sie eine Art »Gesamtbild« entwerfen können davon, wo Sie heute stehen und wo Sie beim Tennis hinkommen wollen. Gleichzeitig tun Sie damit etwas für Ihre mentale Stärke als Tennisspieler.

Der persönliche Gewinn

Sie gewinnen in verschiedener Hinsicht, wenn Sie eine umfassende Bewußtheit und ein Verständnis Ihrer Person entwickeln.

- Erstens erfahren Sie eine ganze Menge über Ihre Stärken und die notwendigen Entwicklungsschritte. Zu diesem Wissen kommen Sie, wenn Sie sich Fragen zu Ihrem Spiel stellen und sie beantworten, sich fragen, warum Sie diesen Sport betreiben und was Sie tun müssen, um besser zu werden. Dieser Prozeß, sich immer wieder Fragen zu stellen und sie zu beantworten, ermöglicht es Ihnen, sich auf sich selbst zu konzentrieren und ehrlich mit sich zu sein. Dieses Wissen wiederum stärkt Ihre Motivation, an Ihrer Weiterentwicklung zu arbeiten.

Konzentrieren Sie sich auf sich selbst, und seien Sie ehrlich mit sich.

▶ Zweitens hat es den Vorteil, wenn Sie sich Ihrer Stärken und der notwendigen Entwicklungsschritte bewußter sind, daß Sie besser planen und entscheiden können, wohin Sie beim Tennis kommen wollen (Ziele setzen), und wie Sie sich darauf vorbereiten (persönliche Planung).
Wir haben festgestellt, daß Tennisspieler, die ein wirklich klares Bild von sich selbst im Hinblick auf ihre Rolle und Ziele beim Tennis formulieren können, sich nicht nur von ihrer Vision angespornt fühlen, sondern ihre Vorhaben auch eher durchziehen und ihre Ziele erreichen. Wenn Sie Ihre Stärken und Handikaps kennen und Ihr Ziel zum Beispiel ist, die Nummer eins Ihres Clubs zu werden, dann werden Sie mit einer genauen Vorstellung im Kopf wahrscheinlich viel besser planen und auf dieses Ziel hinarbeiten können, als wenn Sie keine haben.

Sie können besser planen, wenn Sie eine genaue Vorstellung haben.

Desinteresse am Spiel vermeiden

Durch eine umfassende Bewußtheit Ihrer selbst können Sie auch verhindern, daß sich persönliche Probleme negativ auf Ihr Spiel auswirken. So verhindern Sie auch, daß Sie das Interesse am Spiel und am Training verlieren, weil Sie erkannt haben, was Ihre Stärken, Handikaps und die notwendigen Entwicklungsschritte sind.
Lassen Sie erst gar kein Desinteresse aufkommen, sondern machen Sie es sich zur Aufgabe, ein besserer Spieler zu werden. Dadurch werden Sie auch eine klare Vorstellung davon haben, wie Sie weitermachen sollen, um sich zu steigern und ein so guter Spieler zu werden,

Lassen Sie kein Desinteresse aufkommen, sondern machen Sie es sich zur Aufgabe, ein besserer Spieler zu werden.

Konzentrieren Sie sich auf das Wesentliche und die Dinge, an denen Sie arbeiten müssen.

wie Sie nur werden können. Sie wissen dann, wo Sie hinkommen möchten, und Sie wissen auch genau, wie Sie dorthin kommen.
Im Laufe der Zeit werden sich, neben dem Tennisspielen, auch andere Interessen herauskristallisieren und Ihnen wichtiger werden, was Ihnen wiederum hilft, zu erkennen, ob Sie in Zukunft eher noch mehr, genausoviel oder weniger Tennis spielen wollen.

Ablenkungen vermeiden

Wenn Sie sich Ihrer selbst bewußt sind und von sich ein »Selbstkonzept« haben, können Sie noch ein Problem verhindern: Sie lassen sich nämlich nicht so leicht von Dingen oder Menschen ablenken, die Ihrer Weiterentwicklung und Ihrer Leistung abträglich sind. Vor einem großen Turnier eine Prüfung in der Schule zu schreiben, würde Sie zum Beispiel nicht besonders ablenken. Ohne Selbstbewußtheit sind Sie sehr leicht abzulenken, weil Sie keine klare Vorstellung davon haben, was wichtig ist und was Sie tun müssen, um das zu erreichen, was Sie erreichen möchten.
Wenn Sie sich Ihrer selbst bewußt sind, lassen Sie sich weniger von Dingen ablenken, die im Moment vielleicht ganz interessant sind, Sie aber den gesetzten Zielen nicht näherbringen. Sie werden sich dann einer bestimmten Schwäche viel bewußter sein, an der es zu arbeiten gilt, etwa dem Topspin-Lob. Da Sie das wissen, ist zu hoffen, daß Sie sich ausreichend Zeit geben, diesen neuen Schlag zu erlernen und einzuüben.

Entwicklungsstufe 1
Entwickeln Sie ein Verständnis für Ihre Stärken, Handikaps und die notwendigen Entwicklungsschritte

Entwickeln Sie ein Verständnis für Ihre Stärken, Handikaps und die notwendigen Entwicklungsschritte.

Mit diesem Schritt tun Sie schon eine ganze Menge dafür, eine umfassende Bewußtheit Ihrer selbst zu entwickeln, was wiederum Ihrer mentalen Leistungsfähigkeit insgesamt zugute kommt. Natürlich müssen Sie auch einiges dazu tun, um zu dieser Selbstbewußtheit als Tennisspieler wie als Persönlichkeit ganz allgemein zu kommen. Es ist wichtig, daß Sie die hier empfohlenen Dinge regelmäßig und das ganze Jahr über praktizieren. Am besten fangen Sie gleich zu Beginn Ihres Trainingsprogramms damit an:

1. Sammeln Sie Informationen über sich.
2. Entwerfen Sie ein Persönlichkeitsprofil.
3. Besprechen Sie Ihr Persönlichkeitsprofil mit anderen.
4. Formulieren Sie ein persönliches Programm.
5. Arbeiten Sie weiter an sich.

Sie können Informationen über sich selbst sammeln, indem Sie sich gezielte Fragen stellen.

1. Sammeln Sie Informationen über sich

Sie können Informationen über Ihre Stärken, Handikaps und die notwendigen Entwicklungsschritte als Tennisspieler wie als Mensch sammeln, indem Sie sich einige sehr wichtige und gezielte Fragen stellen und sie beantworten. Auf diese Weise bekommen Sie genaue Informationen, mit deren Hilfe Sie ein Persönlichkeitsprofil von sich entwerfen können, das Ihnen wiederum hilft, sich besser auf sich selbst zu konzentrieren und sich verstehen zu lernen.

Stellen Sie sich gezielte Fragen

Es gibt ein paar grundsätzliche Fragen, die für Sie als Tennisspieler und Persönlichkeit wichtig sind, und zwar:

- Was sind gegenwärtig meine Stärken?
  - Fertigkeiten beim Tennis (physisch und mental)
  - Körperliche Fitneß und Kondition
  - Fertigkeiten im Alltagsleben
- Woran muß ich arbeiten, um mich als Tennisspieler und als Mensch weiterzuentwickeln?
  - Fertigkeiten beim Tennis (physisch und mental)
  - Körperliche Fitneß und Kondition
  - Fertigkeiten im Alltagsleben
- Was behindert meine Weiterentwicklung als Tennisspieler und als Mensch, so daß ich etwas dagegen tun muß?

Programm 2 berücksichtigt sowohl die mentalen wie die physischen Fertigkeiten beim Tennis.

- Unzureichende Kenntnis meiner selbst
- Ineffektives oder unzureichendes Training
- Eine nachteilige oder negative Einstellung

Füllen Sie den Arbeitsbogen »Bestandsaufnahme der Tennisfertigkeiten« aus

Wir empfehlen Ihnen, diesen Arbeitsbogen selbst auszufüllen.

Programm 2 ist so angelegt, daß Sie die Fragen zu Ihren Stärken, Handikaps und den notwendigen Entwicklungsschritten leicht beantworten können. Wir empfehlen Ihnen, diesen Arbeitsbogen selbst auszufüllen. Nehmen Sie sich dazu bitte ausreichend Zeit, damit Sie die Fragen möglichst genau beantworten können.
Wie Sie sehen, ist dieser Arbeitsbogen in verschiedene Bereiche unterteilt, die sowohl die physischen wie die mentalen Aspekte des Spiels abdecken. Diese Bereiche sind: Grundschläge, Angriffsspiel, Netzspiel, Aufschlagreturn, Bewegung, Spezialschläge, Aufschlag, Spielweise und mentale Einstellung.

Bewerten Sie Ihren Leistungsstand

Besprechen Sie Ihr Persönlichkeitsprofil mit dem Trainer.

Wenn Sie den Arbeitsbogen zu Ihren Fertigkeiten im Tennis ausgefüllt haben, können Sie anhand dieser Daten ein Persönlichkeitsprofil entwerfen und es mit Ihrem Trainer und/oder Ihren Eltern besprechen.

Füllen Sie den Arbeitsbogen »Bewertungsskala der körperlichen Fitneß und Kondition« aus

Bewerten Sie Ihre körperliche Fitneß: Ausdauer, Schnelligkeit, Kraft, Beweglichkeit, Gewicht und Ernährung.

Den folgenden Arbeitsbogen auf Seite 42 (Programm 3) füllen Sie genauso aus wie den vorstehenden über Ihre Tennisfertigkeiten. Sie bekommen dadurch Informationen über Ihre körperliche Fitneß und Kondition, die Sie anschließend mit den aktuellen Daten Ihres Trainers vergleichen können.

Füllen Sie die »Checkliste der im Alltag notwendigen Fertigkeiten« aus

Bewerten Sie Ihre Fertigkeiten und Verhaltensweisen im Alltagsleben.

Mit Hilfe des Programms 4 auf Seite 44 erfahren Sie einiges über Ihre Fertigkeiten und Verhaltensmuster in

Programm 2: Bestandsaufnahme der Tennisfertigkeiten

Bewerten Sie entsprechend Ihrer persönlichen Einschätzung den Grad Ihres derzeitigen Leistungsstandes in den einzelnen Fertigkeiten und tragen Sie das Ergebnis links neben jeden Punkt ein. Die Bewertungsskala ist wie folgt:

1 = ausgezeichnet 2 = gut 3 = durchschnittlich 4 = mäßig 5 = schwach

Grundschläge

______ VH cross
______ VH longline
______ RH cross
______ RH longline
______ VH-Lob
______ RH-Lob
______ Umlaufene RH, mit VH cross auf die RH des Gegners gespielt

Angriffsspiel

______ VH-Angriffsball cross
______ VH-Angriffsball longline
______ RH-Angriffsball cross
______ RH-Angriffsball longline

Netzspiel

______ VH-Volley cross
______ VH-Volley longline
______ RH-Volley cross
______ RH-Volley longline
______ Überkopfball

Aufschlagreturn

______ VH in die VH-Ecke
______ RH in die VH-Ecke
______ VH in die RH-Ecke
______ RH in die RH-Ecke

Bewegung

______ Bei seitlich weit hinausgespielter VH
______ Bei seitlich weit hinausgespielter RH
______ Bei kurzer VH
______ Bei kurzer RH
______ Bei eigenen Angriffsbällen
______ Bei eigenen Volleys
______ Bei eigenen Überkopfbällen

Spezialschläge

______ Extremer VH-Cross
______ Extremer RH-Cross
______ VH-Stop
______ RH-Stop
______ VH-Volleystop
______ RH-Volleystop

Aufschlag

______ Harter 1. Aufschlag ohne Spin
______ 1. Aufschlag mit Slice
______ 1. Aufschlag als Topspin
______ 2. Aufschlag mit Slice
______ 2. Aufschlag als Topspin

Spielweise

______ Serve und Volley
______ Aggressiver Grundlinienspieler
______ Grundlinienspieler
______ Allroundspieler

Mentale Einstellung

______ Persönliche Ziele setzen
______ Deren Fortschritte beobachten
______ Freude am Wettkampf haben
______ Spaß am Tennis haben
______ Vertrauen i. d. eigenen Schläge und i. d. Spielstrategie haben
______ Konzentriert und aufmerksam bleiben
______ Gelassen bleiben
______ Auf Matches vorbereiten
______ Sich im Training voll einsetzen
______ Mit Trainern gut auskommen
______ Mit Teamkameraden gut auskommen
______ Sich nicht selbst herabsetzen
______ Sich der Leistungsentwicklung verpflichtet fühlen
______ Motiviert bleiben.

Programm 3: Bewertungsskala der körperlichen Fitneß und Kondition

Bei der Beurteilung Ihrer körperlichen Stärke und Kondition betrachten Sie folgende Punkte: Durchhaltevermögen, Schnelligkeit, Stärke, Beweglichkeit, Gewicht und Ernährung. Bewerten Sie entsprechend Ihrer persönlichen Einschätzung den Grad Ihres derzeitigen Leistungsstandes nach folgender Bewertungsskala:

1 = ausgezeichnet 2 = gut 3 = durchschnittlich 4 = mäßig 5 = schwach

Durchhaltevermögen

______ Laufvermögen
______ Atmung
______ Pulsfrequenz

Schnelligkeit

______ Startschnelligkeit
______ Schnelligkeitsausdauer
______ Bewältigung von ermüdenden Situationen
______ Rasche Erholung

Stärke

______ Muskeltonus
______ Ausdauer
______ Kraft

Beweglichkeit

______ Allgemeine Dehnfähigkeit
______ Spreizfähigkeit der Beine
______ Beweglichkeit im Schultergelenk
______ Gelenkigkeit

Gewicht und Ernährung

______ Derzeitiges Gewicht
______ Körperfettsubstanz
______ Ernährung vor dem Match
______ Nahrung während des Matches
______ Ernährung nach dem Match

verschiedenen Bereichen, die auch mit Ihrer Leistung und Entwicklung im Tennis zu tun haben. In dieser Checkliste sind diese Bereiche mit Schule, Familie und soziales Umfeld sowie Lebensführung überschrieben. Nach der Bewertung können Sie diesen Informationen entnehmen, wo Sie stark sind und wo Sie sich noch verbessern sollten.

Füllen Sie den Arbeitsbogen »Untersuchung der persönlichen Handikaps« aus

Wo Ihre persönlichen Handikaps und Grenzen Ihrer Meinung nach gegenwärtig liegen, können Sie mit Programm 5 auf Seite 45 festhalten. Sie werden sich dadurch bewußter, welche Faktoren Sie bislang daran gehindert haben, so gut zu sein, wie Sie sein möchten – auf dem Tennisplatz wie auch außerhalb.
Es wird Ihnen dadurch auch bewußter, welche Faktoren Sie selbst nicht beeinflussen beziehungsweise verändern können, zum Beispiel Ihre Körpergröße. Das wiederum hilft Ihnen, im Training wie im Wettkampf mental leistungsfähiger zu werden.

Machen Sie sich bewußt, was Sie bislang daran gehindert hat, so gut zu sein, wie Sie sein möchten, auf dem Tennisplatz wie auch in anderen Lebensbereichen.

2. Entwerfen Sie ein Persönlichkeitsprofil

Nachdem Sie beim Beantworten der vorangegangenen Arbeitsbogen vielfältige Informationen über sich gesammelt haben, können Sie jetzt ein genaues Persönlichkeitsprofil entwerfen.

So entwerfen Sie Ihr Persönlichkeitsprofil

Gehen Sie wie nachfolgend beschrieben vor, um Ihr Persönlichkeitsprofil zu entwerfen:

1. Schritt
Gehen Sie die verschiedenen Arbeitsbogen noch einmal durch, um zu sehen, wo Ihre Stärken liegen. Als Stärken können Sie alle Bereiche ansehen, wo Sie sich mit »ausgezeichnet« oder »gut« bewertet haben.
Notieren Sie Ihre Stärken in Arbeitsbogen 6 auf Seite 47 neben der entsprechenden Ziffer. Wichtig ist, daß

Stellen Sie fest, wo Ihre Stärken liegen.

Programm 4: Checkliste der im Alltag notwendigen Fertigkeiten

Betrachten Sie folgende Bereiche Ihres Alltags: Schule, Familie und soziales Umfeld sowie die persönliche Lebensführung. Bewerten Sie sich selbst in jedem einzelnen Bereich in bezug zu den jeweiligen Punkten und Fertigkeiten innerhalb jeder Kategorie. Wie gut stufen Sie sich derzeit ein? Schreiben Sie Ihre Bewertung jeweils daneben.

Bewertungsskala:
1 = ausgezeichnet 2 = gut 3 = durchschnittlich 4 = mäßig 5 = schwach

Schule

______ Naturwissenschaften und Mathematik

______ Deutsch und Fremdsprachen

______ Sozialkunde

______ Lernfähigkeiten

______ Erledigung von Klassenarbeiten und Hausaufgaben

Familie und soziales Umfeld

______ Verhältnis zu den Geschwistern

______ Verhältnis zu den Eltern

______ Engagement in Freizeitbetätigungen

______ Erledigung von häuslichen Arbeiten und Verpflichtungen

______ Teilnahme an gesellschaftlichen Verpflichtungen (z. B. im Geschäftsbereich, ehrenamtlich)

Persönliche Lebensführung

______ Produktive Nutzung der Zeit/Zeitplanung

______ Bewältigung von Streßsituationen (z. B. in Beziehungen zu anderen Menschen, bei Tod einer nahestehenden Person)

______ Geschick im Umgang mit anderen Menschen

______ Finanzielle Planung und Lenkung

______ Ausgleich zu Tennis und anderen Lebensbereichen

Programm 5: Untersuchung der persönlichen Handikaps

Bei der Beantwortung folgender Fragen erfahren Sie mehr darüber, was Sie im Tennis und in anderen Lebensbereichen von größeren Erfolgen abgehalten hat. Mit Hilfe des Ergebnisses sind Sie in der Lage, entsprechende Schritte zu unternehmen, um diese Einschränkungen zu verringern oder zu beseitigen.
Bei der Beantwortung dieser Fragen berücksichtigen Sie bitte die vergangenen 6–12 Monate.

1. Welche Information fehlt mir, die mir helfen kann, mein Tennisspiel zu verbessern (z. B. wie ich mentale Fertigkeiten anwende; wie ich mit anderen Menschen auskomme; Strategie und Taktik auf dem Platz etc.)?

2. Welche Faktoren – persönliche und anderweitige – haben sich für mein Spiel als hinderlich erwiesen (z. B. Mangel an Training; Beschäftigung mit Preisen und Prämien; Streit mit meinem Trainer)?

3. Gibt es noch irgendwelche anderen Dinge, die mich in meinem Spiel behindert haben und die ich konstruktiv ändern kann?

Sie alle Fragen zu Ihren Stärken ehrlich beantworten und keinen der einzelnen Bereiche auslassen, nämlich: Fertigkeiten im Tennis, körperliche Fitneß und Kondition sowie die Fertigkeiten im Alltagsleben, also außerhalb des sportlichen Bereichs.

2. Schritt

Stellen Sie die Bereiche fest, die der Entwicklung bedürfen.

Gehen Sie die Arbeitsbogen noch einmal durch, um zu sehen, in welchen Bereichen Sie noch an sich arbeiten müssen, so daß Sie Ihre Leistung im Tennis steigern. Dieser Bereich kann sich auf Erkenntnisse, Fertigkeiten oder Einstellungen beziehen, die Sie sich aneignen oder aber wo Sie sich verbessern müssen, um sich als Tennisspieler zu steigern.

Wichtig ist hierbei, sich bewußtzumachen, daß Sie eine bestimmte Stärke (z. B. den Rückhand-Volley) möglicherweise vom Spielstil und der Technik her ausbauen sollten, um auch auf dem nächsthöheren Spielniveau zu bestehen. Aus einer Stärke kann also auch ein neuer Entwicklungsschritt werden. Diese Erkenntnisse können Ihnen dabei helfen, daß Sie weiter an sich arbeiten und sich nicht selbstzufrieden »auf Ihren Lorbeeren ausruhen«.

Notieren Sie die notwendigen Entwicklungsschritte auf dem Arbeitsbogen »Persönlichkeitsprofil«.

Bei den Fragen, wo Sie sich eine relativ niedrige Bewertung gegeben haben, also »mäßig« oder »schwach«, sind Sie auf Punkte gestoßen, wo Sie sich verbessern sollten. Gehen Sie die Arbeitsbogen noch einmal durch und notieren Sie diese notwendigen Entwicklungsschritte auf dem Arbeitsbogen »Persönlichkeitsprofil«, wie in Programm 6 beschrieben.

3. Schritt

Stellen Sie fest, wo gegenwärtig Ihre Handikaps liegen.

Finden Sie anhand dieser Informationen heraus, wo gegenwärtig Ihre Handikaps liegen. Ein Handikap kann alles sein (Wissen, Fertigkeiten, Einstellungen), was Sie daran hindert, so gut zu sein wie erwartet, und woran Sie arbeiten können (bis es irgendwann ganz beseitigt ist), indem Sie das jeweilige Handikap als notwendigen Entwicklungsschritt erkennen.

Nähere Informationen über Ihre persönlichen Handikaps können Sie ebenfalls auf dem Arbeitsbogen 6 »Persönlichkeitsprofil« festhalten.

Programm 6: Persönlichkeitsprofil

Name: **Datum:**

Meine derzeitigen Stärken sind (nennen Sie, bezogen auf Ihr Tennisspiel, sowohl physische wie mentale Fertigkeiten; physische Fitneß und Kondition; Fertigkeiten des Alltags):

1.
2.
3.
4.
5.

Nach derzeitigem Stand bedarf folgendes der Entwicklung und Steigerung (nennen Sie, bezogen auf Ihr Tennisspiel, sowohl physische wie mentale Fertigkeiten; physische Fitneß und Kondition; Fertigkeiten des Alltags):

1.
2.
3.
4.
5.

Persönliche Grenzen oder Einschränkungen, die ich erkennen muß, um eine Verbesserung herbeizuführen oder sie zu beseitigen, sind (insbesondere Wissen, Fertigkeiten, Einstellungen):

1.
2.
3.
4.
5.

Ich werde mein Profil mit folgenden Personen besprechen:

Überprüfen Sie Ihr Persönlichkeitsprofil

Sie haben jetzt ein umfassendes Persönlichkeitsprofil erstellt, in dem Ihre Stärken, Handikaps und die notwendigen Entwicklungsschritte als Tennisspieler festgehalten sind. Stellen Sie sich bei der Überprüfung Ihres Persönlichkeitsprofils folgende Fragen:

- Inwieweit bin ich sicher, daß die hier zusammengefaßten Informationen über mich selbst zutreffend sind?
- Wenn diese Informationen zutreffend sind, worauf beruhen sie, abgesehen von meiner eigenen Einschätzung (z.B. konkrete Leistungen, Beurteilung des Trainers, Feedback von anderen)?
- Wenn die Informationen nicht ganz zutreffend oder vollständig sind, was kann ich tun, um sie noch genauer zu machen?

Je nachdem, wie Sie diese Fragen beantworten, werden Sie über den einen oder anderen Punkt noch einmal nachdenken oder andere Informationen mit einbeziehen müssen, die Sie vorher übersehen haben.

3. Besprechen Sie Ihr Persönlichkeitsprofil mit anderen

Prüfen Sie durch Gespräche mit anderen, wie zutreffend Ihre persönliche Einschätzung ist.

Wenn Sie Ihre persönlichen Stärken, Handikaps und die notwendigen Entwicklungsschritte erarbeitet haben, sollten Sie sie mit anderen Leuten besprechen, zum Beispiel Ihrem Tennistrainer, den Eltern, vielleicht auch mit einem Lehrer oder Berater/Mentor.
Der Zweck solcher Gespräche mit anderen ist, ein »Feedback von außen« darüber zu bekommen, wie zutreffend Ihre persönliche Einschätzung ist. Dabei werden oft noch andere Aspekte in bezug auf Ihr Tennisspiel, die körperliche Fitneß und Kondition oder die Fertigkeiten im Alltagsleben deutlich, die Sie vorher nicht gesehen haben. So könnte Ihr Trainer zum Beispiel der Meinung sein, daß Sie sich beim Grundlinienspiel zu hoch eingestuft, die Qualität Ihres Aufschlags aber unterbewertet haben. In einem solchen Fall können Sie mit Ihrem Trainer noch über die Gründe für seine Einschätzung sprechen. Daraus können sich dann

noch ein oder zwei Punkte als notwendige Entwicklungsschritte ergeben, und vielleicht müssen Sie auch Ihre Stärken und Handikaps anders bewerten.
Ähnliche Diskrepanzen können sich ergeben, wenn Sie mit anderen Leuten – einem Fitneßtrainer oder Ernährungsexperten und anderen, die Sie kennen – über Ihre körperliche Fitneß und Kondition oder auch Ihre Verhaltensweisen im Alltagsleben sprechen.

4. Formulieren Sie ein persönliches Programm

Formulieren Sie in einem persönlichen Programm, was Sie in den nächsten beiden Jahren als Tennisspieler und als Mensch erreichen wollen.

Ein persönliches Programm zu formulieren ist hilfreich, weil Sie darin sozusagen in konzentrierter Form wichtige Informationen über sich selbst festhalten. Sie werden sich dadurch Ihrer selbst bewußter und gleichzeitig mental leistungsfähiger.
Vielleicht haben Sie schon selbst daran gedacht, alle bisher gesammelten Informationen über sich in einer Art Übersicht festzuhalten, und genau das meinen wir mit einem persönlichen Programm. Ein solches persönliches Programm besteht normalerweise aus einigen Sätzen, in denen Sie »mit sich selbst« darüber reden, was Sie im kommenden oder den nächsten beiden Jahren als Tennisspieler und in anderen Bereichen Ihres Lebens erreichen wollen. Anschließend schreiben Sie nieder, was Sie zu sich gesagt haben.

Formulieren Sie ein ausführliches Programm

Ihr persönliches Programm sollte ausführlich und klar sein.

Ihr persönliches Programm sollte ausführlich sein und die für Sie wichtigsten Dinge enthalten. Hier als Beispiel das persönliche Programm eines aufstrebenden jungen Spielers:
»In den nächsten beiden Jahren möchte ich die Highschool fertig machen und ein Tennisstipendium fürs College bekommen. Ich möchte mich im Spiel insgesamt verbessern, vor allem aber auch meine Beinarbeit und Schlagkraft. Ich möchte in der Rangliste weiter nach vorne kommen. Ich habe Spaß am Tennisspielen, weiß, daß es mir in vieler Hinsicht gut tut, und möchte auch weiterhin spielen.«
Mit einer solch klar umrissenen Aussage legen Sie fest,

was Sie wollen, wann Sie es erreichen werden, und weshalb Sie es wollen.

Verzichten Sie auf egoistische Gründe

Ihr persönliches Programm sollte nicht auf äußeren oder egoistischen Faktoren beruhen.

Konzentrieren Sie sich bei Ihrem persönlichen Programm auf die Dinge, die mit dem Tennisspiel zu tun haben und mit Ihrer Weiterentwicklung als Tennisspieler und als Mensch. Ein persönliches Programm sollte sich nicht auf äußere oder egoistische Faktoren beziehen wie Trophäen einheimsen, seinen Namen in die Zeitung bringen und von allen Leuten bejubelt werden. Der Grund ist, daß solche äußeren Dinge sehr kurzlebig oder gar nicht erreichbar sind, oder daß sie Sie nicht über längere Zeit tragen können.

Fördern Sie Ihre positive Persönlichkeitsentwicklung

Sie können Ihr persönliches Programm auch in vielfältiger Weise dazu einsetzen, Ihre positive Persönlichkeitsentwicklung und mentale Stärke zu fördern:

Das persönliche Programm ist nur für Sie selbst, nicht als Gesprächsstoff für andere gedacht.

▶ Sie können Ihr persönliches Programm zum Beispiel irgendwo hinhängen, wo Sie es immer wieder sehen und darüber nachdenken können. Das kann ein Platz in Ihrem Zimmer sein, in Ihrem Spind im Tennisclub oder über dem Schreibtisch, an dem Sie regelmäßig arbeiten – überall, wo es Ihnen immer wieder ins Auge fällt. Allerdings sollte es ein Platz sein, der nur Ihnen zugänglich ist und nicht irgendwelchen anderen Leuten. Ein persönliches Programm ist nur für Sie selbst bestimmt und soll Ihnen allein etwas bringen. Es ist nicht als Gesprächsstoff für andere gedacht.

Visualisieren Sie die Realisierung Ihrer Vorhaben.

▶ Nehmen Sie sich hin und wieder ein bißchen Zeit, wenn Ihr Blick auf Ihr persönliches Programm fällt, um über Ihre Ziele nachzudenken oder zu visualisieren, wie Sie sie realisieren. Visualisieren Sie, wie Sie Ihre Vorhaben durchziehen, gute Trainingsleistungen bringen, bei Matches Gelassenheit bewahren, mit Ihrem Trainer über Spielstrategien sprechen und viele andere Dinge mehr, die damit in Zusammenhang stehen.

Korrigieren Sie Ihr persönliches Programm bei Bedarf

Sie können Ihr persönliches Programm jederzeit korrigieren, wenn Sie das Gefühl haben, daß Ihnen irgendwann der rechte Bezug zu Ihren Zielen und Plänen abhandenkommt, wenn Sie anfangen, sich herunterzuziehen, oder wenn Ihre Stärken, Handikaps und noch notwendigen Entwicklungsschritte sich irgendwann ändern. Das persönliche Programm kann Ihnen eine Quelle der Inspiration sein und ein gutes Mittel, sich Ihrer selbst bewußter und mental leistungsfähiger zu werden. Sie fördern Ihr inneres Wachstum, wenn Sie Ihr persönliches Programm entsprechend korrigieren.

5. Arbeiten Sie weiter an sich

Nehmen Sie sich hin und wieder Zeit – vielleicht zwei- oder dreimal im Jahr –, um Ihr Persönlichkeitsprofil auf den neuesten Stand zu bringen. Sie bleiben dadurch immer engagiert und konzentriert und haben Spaß an dem, was Sie tun. Sie entwickeln sich weiter und lernen sich als Tennisspieler und als Persönlichkeit immer besser kennen.

Bringen Sie Ihr Persönlichkeitsprofil zwei- bis dreimal im Jahr auf den neuesten Stand.

Zusammenfassung

Wir haben uns in diesem Kapitel vor allem mit der Selbstbewußtheit als Eigenschaft eines mental starken und leistungsfähigen Tennisspielers beschäftigt. Und wir haben darüber gesprochen, wie wichtig es ist, daß Sie sich Ihrer Stärken, Handikaps und der notwendigen Entwicklungsschritte im Hinblick auf Ihre Entwicklung und Leistung beim Tennis bewußt werden. Dann haben wir über die Grundlagen unseres mentalen Erfolgsprogramms gesprochen, nämlich ein Verständnis für seine Stärken, Handikaps und die notwendigen Entwicklungsschritte zu entwickeln. Als letztes haben wir ausführlich erläutert, wie Sie mit Hilfe verschiedener, jedoch miteinander zusammenhängender Einzelschritte zu einer gesunden Selbstbewußtheit kommen. Unsere Empfehlung war:

- Sammeln Sie Informationen über sich.
- Entwerfen Sie ein Persönlichkeitsprofil.
- Besprechen Sie Ihr Persönlichkeitsprofil mit anderen.
- Formulieren Sie ein persönliches Programm.
- Arbeiten Sie weiter an sich.

Mit diesem Material als Grundlage wollen wir uns im nächsten Kapitel nun der Motivation zuwenden.

Verstärkung der Selbstmotivation

3

Als ich mit Jugendlichen zu arbeiten begann – erst im Victory Park in North Miami Beach und später in unserem ersten Sommer-Tenniscamp in Beaver Dam, Wisconsin, das jetzt seit 28 Jahren besteht –, wußte ich, daß ich eine gottgegebene Begabung hatte, ihnen zu helfen, das Beste aus sich herauszuholen. Aber ich wußte auch, daß ich, wenn ich ihnen schon helfen konnte, ihre Ziele zu erreichen, öfter mit ihnen arbeiten müßte – jeden Tag –, und zwar in einer Umgebung, wo sie die Möglichkeit hatten, sich voll auf ihre Tennisziele und -träume zu konzentrieren. Ich wußte, daß es eine geschützte Umgebung sein mußte, und daß wir, ergänzend zu unserem Tennisprogramm, die besten schulischen Möglichkeiten brauchten.

Ich dachte an nichts anderes mehr, als mir diesen Traum zu verwirklichen – es war mein allergrößter Wunsch, aber auf dem Weg dorthin waren viele Hindernisse zu überwinden. Die Kritiker (und es gab eine ganze Menge) sagten, so etwas sei nicht gut und würde nie klappen. Sie sagten, die Kinder bräuchten ihre gewohnte Umgebung, den Einzelunterricht bei ihrem vertrauten Trainer, müßten mit den Eltern oder dem eigenen Trainer reisen, und so weiter.

Ich brauchte auch finanzielle Unterstützung, um die Sache zu realisieren. Wie schon früher, glaubten meine Freunde auch jetzt voll und ganz an mich und mein Vorhaben. Sie kannten mich gut genug, um zu wissen, daß ich, wenn ich etwas unbedingt wollte, es auch schaffte. Also kniete ich mich weiter in die Sache hinein.

Inzwischen war uns »The Colony« auf Longboat Key, mein eigenes Haus und die Bungalows, die wir zusätzlich angemietet hatten, zu klein geworden, irgendwann auch das Motel und der Club an der 75. Straße.

Oft braucht es nur noch ein kleines bißchen Mühe, damit nicht viel gute Arbeit umsonst ist.

E.H. Harriman
Amerikanischer Eisenbahnmagnat

Auch wenn du auf dem richtigen Weg bist, wirst du überfahren, wenn du einfach sitzen bleibst.

Will Rogers
Amerikanischer Humorist

Der Wunsch ist der Schlüssel zur Motivation, aber es sind Entschlossenheit und ein nie nachlassendes Engagement in der Verfolgung eines Ziels – eine innere Verpflichtung zur Höchstleistung –, was einem den ersehnten Erfolg bringt.

Mario Andretti

Rennfahrer-Champion

Deshalb machten wir uns im Gebiet um Bradenton ernsthaft auf die Suche nach einem geeigneten, größeren Platz. Was wir fanden, war eine alte Farm, wo man früher Tomaten angebaut hatte. Wir kauften sie und begannen mit den Bauarbeiten. Die Leute hielten uns für völlig verrückt; ein knallharter Kerl, der von kleinen Kindern Disziplin und Höchstleistungen verlangt. Wir hatten so viele Hochs und Tiefs, daß ich mir schon wie auf der Achterbahn vorkam.

Manchmal schien überhaupt nichts zu klappen, aber ich war geradezu besessen davon, meinen Traum zu verwirklichen, selbst wenn ich deswegen in der Klapsmühle gelandet wäre. Es ist schwer zu begreifen, daß wir wirklich alles getan hätten, um unsere Tennis Academy zu bauen, aber es kam nicht in Frage für mich, die Sache aufzugeben, ohne es wenigstens versucht zu haben.

Der Rest ist Geschichte. Wo vorher alte Tomatenstöcke standen, sind einige der besten Talente in der Geschichte des Tennissports herangewachsen, und es entstand das größte und niveauvollste Trainingscenter der Welt.

Nick Bollettieri

Seine Motivation verstärken

Was Sie in diesem Kapitel erwartet

Motivation ist der Aspekt der mentalen Stärke, der Ihnen hilft, an allem, was Sie tun, interessiert und aktiv beteiligt zu bleiben. Motivationen werden zu Zielen. Wenn Sie motiviert sind, haben Sie den starken Wunsch und Interesse daran, wichtige Ziele zu erreichen.
Deshalb helfen Ihnen solche Ziele, Ihre Handlungen sinnvoll zu koordinieren. Diese Ziele und Handlungen machen Ihnen immer wieder bewußt, was Sie als Tennisspieler erreichen wollen, weshalb Sie das wollen, und wie die einzelnen Schritte auf dem Weg zu Ihrem Ziel aussehen. Und auf diese Weise fördert Motivation Ihre mentale Leistungsfähigkeit.
In diesem Kapitel befassen wir uns damit, wie Sie sich diese Motivation aneignen können, um der beste Tennisspieler und Mensch zu werden, der Sie werden können. Sie erfahren hier, wie Sie sich selbst motivieren können, beim Training und bei Matches gute Leistungen zu bringen, und neue Spielvarianten zu erlernen. Sie werden anhand des hier vorgestellten Materials erkennen, daß Motivation eine Eigenschaft ist, die auf Ihrer Selbstbewußtheit basiert – und darauf aufbaut. Je mehr Sie sich Ihrer selbst bewußt sind, um so motivierter sind Sie. Das ist deshalb so, weil Sie sich bestimmter Ziele und Handlungen immer bewußter werden, auf denen Sie dann aufbauen.

Wenn Sie motiviert sind, haben Sie den starken Wunsch und Interesse daran, wichtige Ziele zu erreichen.

Je mehr Sie sich Ihrer selbst bewußt sind, um so motivierter sind Sie.

Motivation ist wichtig

Zur Definition des Begriffes Motivation müssen wir auf zwei wichtige Eigenschaften zurückgreifen, die ein Mensch braucht:

Motiviert sein bedeutet, daß Sie sich aus eigener Initiative heraus Ziele gesetzt haben und alles Notwendige tun, um sie zu erreichen.

▶ Erstens hat der motivierte Tennisspieler das, was man ein »Motiv« nennt – einen Grund dafür, etwas zu tun, um sein Spiel insgesamt zu verbessern und ein höheres Spielniveau zu erreichen. Diese Motivation ist normalerweise ein Ziel – vorzugsweise ein schriftlich festgehaltenes –, und zwar ein bestimmtes, meßbares und erreichbares Ziel.

▶ Zweitens ist der Tennisspieler entschlossen, sein Ziel konsequent zu verfolgen – alles Notwendige zu tun, um das Ziel zu erreichen –, zum Beispiel einen bestimmten Schlag zu üben. In einem solchen Fall sprechen wir von einem motivierten Spieler (d. h. er hat eine Motivation für sein Tun).
Wenn wir von einem motivierten Spieler sprechen, meinen wir damit, daß er sich aus eigener Initiative heraus ein oder mehrere Ziele gesetzt hat und alles Notwendige tut, um sie zu erreichen.

Machen Sie Tennis zu Ihrem ganz persönlichen Spiel

Wenn Sie motiviert sind, werden Sie an allen Aspekten des Tennisspiels mehr Spaß haben und sich auf die Herausforderungen beim Training und Wettkampf freuen. Mit der Entwicklung dieser Motivation wird auch Ihr Interesse daran zunehmen, Ihr Spiel zu verbessern und bei diesem Sport zu bleiben, auch wenn es schwierige Situationen oder Rückschläge gibt.

Sie wollen nicht in erster Linie durch andere motiviert werden.

Wenn Sie darauf »brennen«, gut zu sein, sich im Tennis und in anderen Bereichen immer weiter zu verbessern, dann verlassen Sie sich auf sich selbst und warten nicht darauf, daß andere Leute wie der Trainer oder die Eltern Sie motivieren. Eine Motivation, die nicht von innen kommt, ist eine schwache und kurzlebige Motivation. Sie brauchen natürlich schon Hilfe, Anleitung und Unterstützung von anderen Personen, wollen aber nicht in erster Linie von ihnen motiviert werden.
Wenn andere Leute der Grund dafür sind, daß Sie Tennis spielen, dann werden Ihr Wunsch, gut zu sein, und Ihr Interesse an diesem Sport nur von kurzer Dauer

Liebe Leserin, lieber Leser,

wir freuen uns, daß Sie eines unserer Bücher besitzen. Ihre Meinung darüber ist für unsere Verlagsarbeit sehr wichtig. Bitte schreiben Sie uns, wie Sie auf dieses Buch aufmerksam geworden sind und wie es Ihnen gefallen hat! Vielen Dank für Ihre Mithilfe!

____

Autor/in und Titel des Buches

Meine Meinung:

____

____

____

____

Ich bin auf dieses Buch aufmerksam geworden durch:

____

Wir hoffen, daß Sie weiterhin zum Leserkreis unserer Bücher gehören werden, die Sie bei Ihrem Buchhändler erhalten.

BLV

sein. Denn wenn Sie wirklich Freude an etwas haben – zum Beispiel gut Tennis zu spielen –, dann kommt das hauptsächlich von innen heraus. Etwas für sich selbst zu tun und nicht für andere Leute ist ein Kennzeichen mentaler Leistungsfähigkeit, nicht nur im Tennis und im Sport allgemein, sondern auch im Leben.

Es liegt ganz an Ihnen

Sie bekommen immer mehr Spaß an der Sache und fühlen sich gut, wenn Sie sehen, daß Sie Fortschritte machen, neue Fertigkeiten entwickeln, schwierige Spielsituationen gut bewältigen und ein höheres Leistungsniveau erreichen.
Trainer, Lehrer, Eltern und andere Personen können Ihnen helfen, die Bedingungen für diese Leistungssteigerung zu schaffen. Das können Informationen sein, Ausrüstung, Spielmöglichkeiten und Zeit, die sie Ihnen zur Verfügung stellen; aber nur Sie selbst können diese guten Bedingungen nutzen oder aus eigener Initiative heraus neue schaffen.

Die anderen können Ihnen helfen, die richtigen Bedingungen zu schaffen, damit Sie besser werden, aber nutzen müssen Sie sie selbst.

Der persönliche Gewinn

Sie profitieren in doppelter Hinsicht davon, wenn Sie in der Lage sind, sich zu motivieren:

- Der erste Vorteil für Sie ist, daß Sie den Ehrgeiz entwickeln, gute Leistung bringen zu wollen und wichtige Ziele zu erreichen, die Sie zu einem immer besseren Tennisspieler machen. Sie entwickeln Ehrgeiz, weil Ihre Motivation zum Handeln vor allem aus Ihnen selbst kommt, nicht von außen. Diese Art »innerster Wunsch« hilft Ihnen, weiterhin gute Leistungen bringen und Fortschritte machen zu wollen, selbst wenn es manchmal nicht so läuft, wie Sie es gerne hätten.

Sie entwickeln Ehrgeiz, weil Ihre Motivation zum Handeln vor allem aus Ihnen selbst kommt, nicht von außen.

- Der zweite Vorteil der richtigen Motivation ist, daß Sie eine erhöhte Aufmerksamkeit für all die Dinge entwickeln, die für Ihr Weiterkommen wichtig sind. Vor

Entwickeln Sie eine erhöhte Aufmerksamkeit für alle die Dinge, die Ihnen wichtig sind, auf dem Tennisplatz wie außerhalb.

allem werden Sie den Wert richtiger und geeigneter Einstellungen, Gewohnheiten und Fertigkeiten schätzen lernen.

Um diese Dinge – wir bezeichnen sie als persönliche Ziele – wird es in diesem Kapitel gehen. Diese persönlichen Ziele haben mit Prozessen zu tun – wie Sie denken, fühlen und handeln –, und zwar nicht nur an irgendeinem Tag, sondern über Wochen und Monate hinweg, beim Training wie auch bei Ihrer persönlichen Weiterentwicklung.

Problemen vorbeugen

Wenn Sie motiviert sind, haben Sie eine positive Energie, die Ihnen hilft, alle Aspekte Ihres Trainings bewußt zu steuern.

Wenn Sie motiviert sind, können Sie Probleme, die beim Spiel, beim Training und beim Wettkampf auftreten könnten, schon im Vorfeld besser erkennen und lösen:

- Erstens können Sie eher verhindern, daß Sie das Interesse und den Bezug zu dem verlieren, was Sie tun und weshalb Sie es tun, sowohl beim Training als auch langfristig beim Tennis überhaupt.

Wenn Sie motiviert sind, können Sie negative Ablenkungen besser abblocken.

- Zweitens lassen Sie sich, wenn Sie motiviert sind, nicht so leicht von irgendwelchen Dingen ablenken (z. B. Unruhe unter den Zuschauern, Wetterbedingungen, Ansagen des Schiedsrichters), weil Sie genau wissen, was Ihnen wichtig ist, und weil Sie sich voll darauf konzentrieren wollen.

- Drittens können Sie dadurch körperlicher Erschöpfung, aufkommendem Desinteresse und dem Gefühl des »Ausgebranntseins« vorbeugen. Solche psychischen Zustände bauen sich, wie wir wissen, über längere Zeit nahezu unbemerkt auf.

Motiviert zu sein gibt Ihnen mehr körperliche und geistige Energie.

Diese negativen Zustände entstehen, weil die Motivation zum Handeln fehlt, die einen Menschen in positiver Weise lenkt und ansporn. Das heißt, er hat im Prinzip nichts, worauf er sich beziehen und sein Handeln ausrichten kann. Irgendwann geben solche Menschen dann auf, werden inaktiv und unzufrieden.

Entwicklungsstufe 2
Überlegen Sie, was Sie erreichen wollen und weshalb

Sie können mehrere Dinge tun, um herauszufinden, was Sie im Tennis erreichen wollen, und weshalb Sie das wollen. Es sind Dinge, die Sie regelmäßig und das ganze Jahr über machen können. Regelmäßig heißt, mindestens einmal im Monat. Was Sie tun sollten, um sich die richtige Motivation zum Tennisspielen anzueignen und zu bewahren, ist folgendes:

1. Definieren Sie persönliche Ziele für sich.
2. Nehmen Sie diese Ziele als persönliche Verpflichtung.
3. Sprechen Sie mit anderen über Ihre Ziele.
4. Machen Sie eine regelmäßige Erfolgskontrolle.
5. Arbeiten Sie mit Visualisierungen.
6. Arbeiten Sie mit positiven Affirmationen.

Über jeden dieser Punkte werden Sie im Laufe des Kapitels noch mehr erfahren.

1. Definieren Sie persönliche Ziele für sich

Wir haben in Kapitel 2 schon darüber gesprochen, wie Sie herausfinden, was Ihre Stärken, Handikaps und die notwendigen Entwicklungsschritte sind. Wir haben auch erläutert, wie Sie ein persönliches Programm formulieren, also eine ganz persönliche »Vision« dessen entwickeln können, wo Sie beim Tennis und damit zusammenhängenden anderen Lebensbereichen hinkommen wollen. Jetzt können Sie anhand dieser Informationen und Ihres persönlichen Programms Ziele für sich definieren, die Ihnen eine starke Motivation geben.

Definieren Sie persönliche Ziele für sich.

Was ist ein persönliches Ziel?

Ein persönliches Ziel hat mit etwas Wichtigem zu tun, das einen Bezug dazu hat, wie Sie Tennis spielen und

Ein persönliches Ziel ist wichtig für *Sie.*

welche Leistung Sie dabei bringen. Es hat mit Ihren Gedanken, Gefühlen und körperlichen Aktionen als Tennisspieler zu tun. Ein persönliches Ziel ist wichtig für Sie, denn wenn Sie auf dieses Ziel hinarbeiten und es erreichen, werden Sie auch viel lieber weiterspielen und sich verbessern wollen.
Hier sind vier Beispiele für persönliche Ziele in bezug auf den Aufschlag:

Sie bleiben motiviert, wenn Ihre Ziele solche sind, die Sie selbst beeinflussen können.

- Ich möchte den ersten Aufschlag öfter ins Feld bringen.
- Ich möchte den zweiten Aufschlag tiefer schlagen und auf die Rückhand des Gegners.
- Ich möchte einen wirkungsvollen »Kick«-Aufschlag lernen.
- Ich möchte mein Selbstvertrauen halten können, auch wenn mir der Gegner den Aufschlag abnimmt.

Der innere Antrieb

Der Antrieb, langfristig auf ein Ziel hinzuarbeiten, kommt nicht von außerhalb Ihrer selbst, sondern von innen.

An dieser Stelle ist wichtig anzumerken, daß Sie Ihre Motivation, auf ein bestimmtes Ziel hinzuarbeiten, dann halten können, wenn das Ziel mit Vorgängen zu tun hat, die Sie selbst beeinflussen können (Gedanken, Gefühle, physische Aktionen). Persönliche Ziele dieser Art sind das genaue Gegenteil von außenorientierten Zielsetzungen oder Resultaten. Ein solches Ziel wäre zum Beispiel eines, bei dem Ihre Aufmerksamkeit generell auf Dinge gerichtet ist, die außerhalb Ihrer Kontrolle liegen und Ihre Motivation nur kurzfristig fördern. Das sind Dinge wie Trophäen, seinen Namen in die Schlagzeilen bringen wollen oder auf das Lob einiger Leute aus sein.

Definieren Sie Ihre persönlichen Ziele

Zur Definition Ihrer persönlichen Ziele verwenden Sie am besten die Informationen über sich selbst, die Sie bereits erarbeitet haben, darunter auch Ihr Persönlichkeitsprofil, das Sie in Kapitel 2 »Erkennen der eigenen Fähigkeiten und Fertigkeiten« entwickelt haben. Dazu zählen Informationen aus den folgenden Bereichen:

- Fertigkeiten beim Tennis (physisch und mental)
- Körperliche Fitneß und Kondition
- Fertigkeiten im Alltagsleben

Wenn Sie Ihre Informationen noch einmal durchgegangen sind, können Sie bestimmte Ziele genau definieren und sie in Arbeitsbogen 7 »Persönliche Ziele« (Seite 62) festhalten. Sie haben damit einen Überblick über Ihre wichtigsten Ziele und können bestimmte herausgreifen, auf die Sie sich besonders konzentrieren wollen.

Machen Sie eine Aufstellung der Ziele, die für Sie besonders wichtig sind.

2. Nehmen Sie diese Ziele als persönliche Verpflichtung

Wenn Sie Ihre persönlichen Ziele definiert und in der Übersicht festgehalten haben, können Sie jetzt die wichtigsten herausgreifen, die Sie als persönliche Verpflichtung nehmen wollen. Wir empfehlen Ihnen, erstens genug Ziele auszuwählen, um motiviert und konzentriert zu bleiben, und zweitens bei der Auswahl dieser Ziele wie folgt vorzugehen:

Wählen Sie sich genug Ziele aus, um motiviert und konzentriert zu bleiben.

Wählen Sie Ihre Ziele aus

Nehmen Sie die Aufstellung zur Hand, die Sie unter »Persönliche Ziele – eine Übersicht« (Programm 7) erstellt haben. Entscheiden Sie sich für fünf oder sechs Ziele aus dieser Aufstellung. Es sollten die Ziele sein, die Ihnen im Moment für Ihre Entwicklung und Leistungssteigerung im Tennis am wichtigsten sind.

Wählen Sie aus der Aufstellung »Persönliche Ziele« diejenigen aus, die Ihnen am wichtigsten sind.

Daß Sie sich hier einige vorrangige Ziele auswählen, bedeutet nicht, daß die anderen Ziele in Ihrer Liste nicht wichtig wären und Sie sich nicht weiter darum bemühen müßten, sie zu erreichen. Im Gegenteil, auch auf die übrigen sollten Sie hinarbeiten. Die von Ihnen ausgewählten Ziele haben allerdings im Moment Vorrang. Diese Ziele notieren Sie auf Seite 63 im Arbeitsbogen 8 »Vorrangige persönliche Ziele«.

Halten Sie Ihre Ziele auf dem Arbeitsbogen »Vorrangige persönliche Ziele« fest.

Auf diesem Arbeitsbogen sollten Sie oben Ihren Namen eintragen und daneben eine kurze Beschreibung Ihrer Spielweise (z. B. Serve-und-Volley-Spieler, aggressiver Grundlinienspieler, Grundlinienspieler oder Allroundspieler).

Programm 7: Persönliche Ziele – eine Übersicht

Name: **Datum:**

Technik: Tennisfertigkeiten

Kondition: Körperliche Fitneß

Alltag: Lebensweise

Programm 8: Vorrangige persönliche Ziele

Name:

Datum der Zielsetzung:

Datum der Bewertung:

Spielweise:

Bewertungsskala

1 = ausgezeichnet
2 = gut
3 = durchschnittlich
4 = mäßig
5 = schwach

Vorrangige persönliche Ziele

1.

2.

3.

4.

5.

6.

Fortschrittsskala

Bemerkungen:

Als nächstes tragen Sie das Datum ein, an dem Sie sich diese Ziele setzen, und ebenso den Zeitpunkt, an dem Sie Ihre bisher gemachten Fortschritte auswerten wollen (Fortschrittsskala).
In den beiden gegenüberliegenden Checklisten finden Sie Beispiele für persönliche Ziele im Tennis wie auch bei Ihrer Persönlichkeitsentwicklung. Denken Sie beim Lesen aber bitte daran, daß es nur Beispiele für Ziele sind, die noch genauer definiert werden müssen. Dazu werden wir im Verlauf dieses Kapitels noch kommen.

Wie viele Ziele?

Wählen Sie nicht weniger als drei oder vier Ziele und nicht mehr als sechs oder sieben gleichzeitig aus.

Wir empfehlen Ihnen, bei der Definition Ihrer Ziele und der Auswahl der momentan wichtigsten nicht weniger als drei oder vier und nicht mehr als sechs oder sieben gleichzeitig auszuwählen. Das bedeutet allerdings nicht, daß Sie nicht auch auf die anderen Ziele hinarbeiten sollten. Vielmehr sind die Ziele, die Sie ausgewählt haben, für Ihre Entwicklung derzeit am wichtigsten, so daß Sie hier besonders planvoll vorgehen und Ihre Fortschritte gut dokumentieren sollten.

Gestalten Sie Ihre Ziele richtig

Gestalten Sie Ihre Ziele so, daß sie Ihr Engagement fördern.

Jetzt sind Sie soweit, daß Sie an die richtige Gestaltung Ihrer Ziele gehen können. Damit ist gemeint, daß diese Ziele bestimmte Bedingungen erfüllen müssen, damit sie Ihr Engagement fördern. Achten Sie also darauf, daß Ihre persönlichen Ziele den in Checkliste 2 aufgeführten Bedingungen entsprechen.
Und so gehen Sie im einzelnen vor, um Ihre persönlichen Ziele richtig zu gestalten, damit sie Ihr Engagement fördern:

☐ Spezifizieren Sie jedes Ihrer Ziele

Vergleichen Sie dazu jedes Ziel mit denen, die Sie bereits in Arbeitsbogen 8 »Vorrangige persönliche Ziele« notiert haben. Ungenau formulierte persönliche Ziele, wie zum Beispiel »Ich möchte meine Rückhand verbessern« oder »Ich möchte mehr Matches gewinnen«, sagen nicht genug darüber aus, wo Sie sein oder

Checkliste 1

Eine Auswahl von Zielen, bezogen auf Tennisfertigkeiten und Persönlichkeitsentwicklung

Technisch

- Größere Genauigkeit bei meinem ersten Aufschlag.
- Höhere Quote bei meinem Aufschlagreturn.
- Mehr Länge in meinen Grundlinienschlägen bei langen Ballwechseln.
- Öfter den ersten Punkt in einem Spiel machen.
- Bessere Fitneß, so daß ich auch in langen Spielen ganze Leistung bringe.
- Variantenreicherer zweiter Aufschlag.

Mental

- Besser entspannen können bei wichtigen Punkten.
- Disziplinierter werden in der Matchvorbereitung.
- Konzentriert bleiben zwischen den Sätzen.

Diese Liste ist als Anregung für die Formulierung Ihrer Ziele gedacht.

Checkliste 2

Was sind **SMART**-Ziele?

Spezifisch	Sie und Ihr Trainer kennen das Ziel genau.
Meßbar	Ihr Fortschritt in Richtung Ziel ist von Ihnen selbst und anderen meß- und sichtbar.
Ankommen	Sie sind in der Lage, zielstrebig vorzugehen, am Ziel »anzukommen«, und Sie glauben daran, Ihren Plan in die Tat umsetzen zu können.
Relevant	Bei Erreichen des Ziels werden Sie ein besserer Tennisspieler sein. Das Ziel steht in direktem Bezug zu Ihrer Entwicklung als Tennisspieler.
Termin	Sie haben eine klare Vorstellung und wissen, wann Sie das Ziel erreichen werden.

Ihre Ziele sind gekennzeichnet von ganz bestimmten Charakteristika.

Seien Sie möglichst genau.

hinkommen möchten. Seien Sie also möglichst genau, was die einzelnen Schritte, Ihre momentane Leistungsstärke und Ihre Entwicklung beim Tennis betrifft.
Außerdem ist bei den obengenannten Beispielen für persönliche Ziele nicht klar, was »verbessern« und »gewinnen« genau beinhaltet. Und es wird zudem nicht klar ersichtlich, welche Schritte im einzelnen notwendig sind, um diese Ziele zu erreichen.

So genau wie möglich

Klar formulierte Ziele liefern Ihnen und Ihrem Trainer genaue Informationen.

Im Gegensatz dazu ist ein persönliches Ziel wie »Meinen Rückhand-Topspin die Linie entlang verbessern« oder »Mehr erste Aufschläge ins Feld bringen« wesentlich genauer formuliert. Solche Ziele vermitteln Ihnen wesentlich mehr Informationen darüber, was Sie erreichen wollen. Und diese Informationen hat dann auch Ihr Trainer, so daß er weiß, wie er Sie durch entsprechende Instruktionen und persönliche Ratschläge am besten darin unterstützen kann, diese Ziele zu erreichen.

Je genauer, desto motivierter

Je genauer Sie ein persönliches Ziel formulieren, um so stärker wird es Sie motivieren.

Je genauer Sie ein persönliches Ziel formulieren – ohne bis ins winzigste Detail zu gehen –, um so stärker wird es Sie motivieren. Der Grund ist, daß es dann klarer für Sie ist, Sie somit leichter auf dieses Ziel hinarbeiten und Ihre Entwicklung besser kontrollieren können. Was wiederum bewirkt, daß Sie mehr Engagement sowohl beim Spiel wie im Training aufbringen, um dieses Ziel zu erreichen.

□ Legen Sie meßbare Entwicklungsschritte fest

Teilen Sie den Weg zum Ziel in meßbare Entwicklungsschritte ein, dann klappt es wesentlich besser.

Ihre persönlichen Ziele sind nun definiert, und jetzt geht es darum, den Weg dahin in meßbare Entwicklungsschritte einzuteilen. Der Vorteil davon ist, daß Sie dann konzentrierter und engagierter darauf hinarbeiten, sie zu erreichen. Ohne meßbare Entwicklungsschritte auf Ihre Ziele hin werden Sie viel schneller das Interesse an ihnen verlieren und nicht mehr konsequent daran arbeiten.

Präzisieren Sie Ihre Erfolge anhand der Bewertungsskala
Wie weit Sie auf dem Weg zu Ihren persönlichen Zielen vorangekommen sind, können Sie mit Hilfe der Bewertungsskala des Programms 8 »Vorrangige persönliche Ziele« auf Seite 63 festhalten. Notieren Sie dazu auch jeweils das Datum, an dem Sie diese Bewertung vornehmen. Sie brauchen nur jeweils die Ziffer zu notieren, die Ihrer Meinung nach ausdrückt, wie groß Ihre Fortschritte auf das jeweilige Ziel hin sind.

Überprüfen Sie Ihren derzeitigen Leistungsstand
Zusätzlich zu der obengenannten Bewertung können Sie sich selbst auch immer wieder einschätzen, indem Sie Ihren derzeitigen Leistungsstand in bezug auf das jeweilige Ziel überprüfen – sowohl beim Training wie beim Wettkampf. Wenn Sie sich, wie oben beschrieben, ein bestimmtes persönliches Ziel gesetzt haben, werden Sie auch einen oder mehrere Leistungsindikatoren dafür festgehalten haben. Sie können Ihre Bewertung zudem noch unten auf dem Arbeitsbogen »Vorrangige persönliche Ziele« kurz kommentieren.

Überprüfen Sie Ihre Trainings- und Wettkampfleistung.

Bitten Sie Ihren Trainer um eine Beurteilung
Überprüfen Sie Ihre Fortschritte nicht nur selbst, sondern bitten Sie auch Ihren Trainer um eine Beurteilung. Sie können dann Ihre eigene mit der Einschätzung Ihres Trainers vergleichen und sehen, in welchen Bereichen sie übereinstimmt oder differiert.
Wir empfehlen Ihnen, diese Bewertung regelmäßig vorzunehmen, mindestens alle zwei Wochen. In den Programmen 9 und 10 auf den Seiten 68 und 69 finden Sie Beispiele für ausgefüllte Arbeitsbogen »Vorrangige persönliche Ziele« mit unterschiedlichen Zielen und Bewertungen.

Vergleichen Sie Ihre eigene Bewertung mit der Ihres Trainers, um zu sehen, wo sie übereinstimmt oder differiert.

☐ Achten Sie darauf, daß Ihre Ziele erreichbar sind und daß Sie ankommen

Wenn Sie ein persönliches Ziel definiert haben, sollten Sie auch überzeugt sein, daß Sie es erreichen können. Wenn Sie jedoch daran zweifeln, an diesem Ziel anzukommen, müssen Sie herausfinden, weshalb Sie daran

Programm 9: Vorrangige persönliche Ziele: Technik (Muster)

Name: Jose Lambert

Spielweise: Serve und Volley

Datum der Zielsetzung: 25. 3.

Datum der Bewertung: 25. 4.

Bewertungsskala

1 = ausgezeichnet
2 = gut
3 = durchschnittlich
4 = mäßig
5 = schwach

Ziele	Fortschrittsskala
1. RH-Topspin longline verbessern.	2
2. RH-Volley longline verbessern.	3
3. Aufschlag mit Slice weit hinaus in die VH-Ecke verbessern.	2
4. RH-Angriffsslice verbessern.	1
5. RH-Topspin als Longline-Passierball verbessern.	5

Bemerkungen

1. Brauche mehr Übung, um den RH-Passierball präziser zu schlagen.

2. Brauche mehr Schlagkraft beim VH-Volley longline.

Programm 10: Vorrangige persönliche Ziele: Kraft und Kondition (Muster)

Name: Jose Lambert

Spielweise: Serve und Volley

Datum der Zielsetzung: 25. 3.

Datum der Bewertung: 25. 4.

Bewertungsskala

1 = ausgezeichnet
2 = gut
3 = durchschnittlich
4 = mäßig
5 = schwach

Ziele	Fortschrittsskala
1. Ich muß meine Schnelligkeit verbessern.	3
2. Ich muß die Muskulatur meiner Beine stärken.	3
3. Ich muß meinen Oberkörper stärken.	4
4. Ich muß das Gefühl bekommen, daß ich ein langes Match durchhalten kann.	2
5. Ich muß meine Dehnfähigkeit erhöhen.	2
6. Ich muß mich besser bewegen.	3

Bemerkungen

1. Ich denke, daß ich mein Ausdauervermögen bessern konnte und daß meine Schnelligkeit gleich geblieben ist.
2. Ich brauche mehr Kraft im Oberkörper.

zweifeln und was Sie tun können, um Ihre Zweifel auszuräumen. Um sicherzugehen, daß Sie Ihre Ziele auch erreichen können, sollten Sie jedes mit Ihrem Trainer besprechen. So können Sie gemeinsam entscheiden, ob das jeweilige Ziel auch geeignet ist oder ob man es etwas niedriger ansetzen sollte.

Teilen Sie persönliche Ziele in einfachere Einzelschritte auf, wenn sie sonst zu schwer zu erreichen sind.

Manchmal muß ein persönliches Ziel in praktikable Einzelschritte aufgeteilt werden. Wenn Sie sich zum Beispiel das persönliche Ziel gesetzt hatten, einen Topspin-Aufschlag zu 80 Prozent gut zu retournieren, könnte es sich herausstellen, daß Sie sich eher darauf konzentrieren sollten, den Ball einfach nur im Spiel zu halten, statt gleich das Idealziel anzupeilen. In einem solchen Fall muß erst das niedriger angesetzte Ziel erreicht werden, bevor Sie auf das andere hinarbeiten.

Spornen Sie sich an

Wenn ein persönliches Ziel erreichbar erscheint, Sie aber immer noch daran zweifeln, ob Sie es schaffen, sollten Sie sich immer wieder dazu anspornen. Seien Sie dabei möglichst objektiv.

Um Ihre Ziele zu erreichen, müssen Sie wissen, was dafür zu tun ist.

Wenn Sie wissen, daß Sie die Grundvoraussetzungen dafür mitbringen, auf ein bestimmtes Ziel, das Sie sich gesetzt haben, hinzuarbeiten und es zu erreichen, sollten Sie auch genau wissen, was Sie im einzelnen dafür tun müssen (mehr dazu in Kapitel 5 über Selbstdisziplin).

Bauen Sie immer wieder Ihr Selbstvertrauen auf – lassen Sie locker –, und arbeiten Sie auf Ihr Ziel hin (mehr dazu in Kapitel 4 über Selbstvertrauen).

□ Überlegen Sie, weshalb das jeweilige Ziel wichtig und relevant für Sie ist

Sie sollten bei jedem persönlichen Ziel, das Sie sich setzen, überlegen, wie wichtig es für Ihr Tennis ist. Ein wichtiges Ziel ist es dann, wenn Sie, nachdem Sie es erreicht haben, ein besserer Tennisspieler sind. Außerdem wird ein wichtiges Ziel immer wieder Ihre Motivation stärken.

Überlegen Sie, warum Ihre Ziele wichtig sind.

Damit Sie sehen, wie und warum jedes Ihrer persönlichen Ziele wichtig ist, sollten Sie sich die folgenden Fragen beantworten:

- Wenn ich dieses Ziel erreiche, was ist dann an meinem Tennis besser?
- Wenn ich dieses Ziel nicht erreiche, wird es dann meine Entwicklung als Tennisspieler negativ beeinflussen?

☐ Setzen Sie sich einen Termin für die Erreichung Ihrer Ziele

Wenn Sie sich ein persönliches Ziel setzen, sollten Sie überlegen, wieviel Zeit Sie brauchen, um es zu erreichen. Das geschieht ja nicht über Nacht. Gut Ding will schließlich Weile haben! Wissen Sie aber, ob Sie ein Ziel innerhalb kurzer Zeit erreichen können oder länger dafür brauchen, können Sie konzentrierter darauf hinarbeiten und Ihre Aktivitäten entsprechend einteilen. Sie können einen geeigneten Zeitrahmen für die Erreichung eines Zieles festlegen, indem Sie Ihre Ziele in eine logische Reihenfolge bringen: Ziele, die innerhalb einer kurzen Zeitspanne, in einer Woche oder einem Monat, zu erreichen sind, sind *kurzfristige Ziele.* Bei anderen Zielen wiederum dauert es länger, bis man sie erreicht. Das sind die *langfristigen Ziele* – Ziele, auf die Sie mehrere Monate oder sogar Jahre hinarbeiten müssen, um ihnen deutlich näherzukommen.

Unterscheiden Sie zwischen kurzfristigen und langfristigen Zielen.

3. Sprechen Sie mit anderen über Ihre Ziele

Wenn Sie fünf oder sechs wichtige persönliche Ziele aus Ihrer Übersicht ausgewählt und sie auf einer Kopie des Programms 8 »Vorrangige persönliche Ziele« auf Seite 63 eingetragen haben, sollten Sie diese Ziele mit anderen Leuten besprechen, zum Beispiel Ihrem Trainer oder den Eltern. Ihre persönlichen Ziele mit anderen zu besprechen hilft Ihnen in mehrfacher Hinsicht:

Sprechen Sie mit anderen über Ihre Ziele.

▶ Erstens bekommen Sie dann ein Feedback von jemandem, der vielleicht einen Aspekt Ihres Tennisspiels wichtig findet, der bei den von Ihnen ausgewählten Zielen nicht berücksichtigt ist. So könnte Sie zum Beispiel Ihr Trainer darauf aufmerksam machen, daß Sie sich bei allen persönlichen Zielen nur auf die Grundschläge von der Grundlinie aus konzentrieren und daß

Lassen Sie sich von anderen ein Feedback zu Ihren kurzfristigen und langfristigen Zielen geben.

der Flugball, der für Sie als Allroundspieler auch wichtig ist, nicht ausreichend berücksichtigt wurde. Ihr Trainer wird Ihnen helfen, eventuelle Lücken bei Ihren wichtigsten Zielen zu entdecken, damit sie, sofern notwendig, entsprechend korrigiert werden können.

- Zweitens haben Sie, wenn Sie Ihre Ziele mit anderen besprechen, dann noch jemanden, der weiß, woran Sie arbeiten, worauf Sie hinarbeiten, wieso es Ihnen wichtig ist, und innerhalb welcher Zeit Sie Ihr Ziel erreichen wollen. Diese Leute können Ihnen ein Feedback dazu geben, welche Fortschritte Sie machen.

Ihre Ziele mit anderen Leuten zu besprechen ist ein effizienter Weg, sie positiv in Ihre Entwicklung als Tennisspieler miteinzubeziehen.

Andere Personen bei der Beurteilung Ihrer Fortschritte miteinzubeziehen hat auch den Vorteil, daß Sie Ihr Engagement für Ihre Ziele besser aufrechterhalten können, vor allem über längere Zeit hinweg. Ihre Ziele mit anderen Leuten zu besprechen ist ein effizienter Weg, sie positiv in Ihre Entwicklung als Tennisspieler miteinzubeziehen. Auch das trägt dazu bei, daß Sie mental leistungsfähiger werden.

Wie Sie Ihre Ziele am besten mit anderen Personen besprechen

Wenn Sie Ihre persönlichen Ziele mit anderen besprechen wollen, gehen Sie am besten wie folgt vor:

1. Schritt
Geben Sie dem Betreffenden (z. B. Ihrem Trainer) eine Kopie Ihrer Liste mit den persönlichen Zielen. Vermerken Sie darauf, wie Sie die Ziele in Ihrer Übersicht festgehalten und weshalb Sie gerade diese ausgewählt haben.

2. Schritt
Bitten Sie den Betreffenden um Vorschläge für eventuell andere Ziele, die nicht auf der Kopie stehen, die Sie ihm gegeben haben, die aber berücksichtigt werden sollten. Wenn Sie Vorschläge bekommen, sollten Sie sich erklären lassen, wieso er gerade diesen Punkt für wichtig hält.

3. Schritt
Notieren Sie aufgrund dieser Gespräche eventuell notwendige Korrekturen Ihrer Ziele auf einer Kopie des Arbeitsbogens 8 und Ihrer Übersicht.

Nehmen Sie die Hilfe, Ratschläge und Unterstützung der anderen an.

4. Schritt
Bitten Sie den Betreffenden, Ihnen immer wieder ein Feedback zu Ihrer Entwicklung zu geben.

4. Machen Sie eine regelmäßige Erfolgskontrolle

Machen Sie eine regelmäßige Erfolgskontrolle.

Um motiviert zu bleiben, müssen Sie wissen, wie gut Sie auf dem Weg zu Ihrem Ziel vorankommen und wie schnell Sie diese Fortschritte erzielen. Dieses Wissen um Ihre Fortschritte ist in allen Bereichen wichtig: bei den Fertigkeiten im Tennis, bei körperlicher Fitneß und Kondition, bei den Fertigkeiten im Alltagsleben.
Wenn Sie nicht wissen, wo Sie in bezug auf Ihre persönlichen Ziele stehen, wird es Ihnen schwerfallen, sich auf die einzelnen Schritte zur Erreichung dieser Ziele zu konzentrieren und engagiert dabeizubleiben. Sie laufen dann Gefahr, Ihre Konzentration, Ihr Interesse und Engagement einzubüßen, weil Sie nicht wissen, wo Sie in Ihrer Entwicklung heute stehen mit Blick darauf, wo Sie herkommen und wo Sie hinwollen.

Sie sollten Ihre Ausgangsbasis kennen.

Eine derartige Kontrolle Ihrer Entwicklung als Tennisspieler auf Ihre persönlichen Ziele und andere damit zusammenhängenden Aspekte hin (z. B. Ihr Erfolg bei nationalen oder internationalen Wettkämpfen) hilft Ihnen, motiviert zu bleiben, und fördert Ihre mentale Stärke. Zum Thema Erfolgskontrolle hier ein paar Tips:

Sie müssen wissen, wo Sie am Anfang standen

Setzen Sie einen »Orientierungspunkt«, damit Sie wissen, wo Sie am Anfang standen, so daß Sie Ihre Fortschritte einschätzen können.

Um zu sehen, welche Fortschritte Sie auf ein persönliches Ziel hin bereits gemacht haben, müssen Sie wissen, wo Sie am Anfang standen. Sie brauchen also einen Bezugspunkt, einen sogenannten »Orientierungspunkt«. Wenn Sie hinsichtlich Ihrer Fertigkeiten oder Leistung keinen solchen Orientierungspunkt haben, können Sie auch nicht einschätzen, welche Fortschritte Sie bereits gemacht haben.

Wie hilft Ihnen ein Orientierungspunkt?
Wenn Sie zum Beispiel wissen, daß Sie, bevor Sie mit dem mentalen Erfolgsprogramm und der regelmäßigen Erfolgskontrolle angefangen haben, bei Ihren Rückhand-Passierschlägen sehr unbeständig waren, haben Sie jetzt einen Orientierungspunkt zum Vergleich. Haben Sie bei Ihren persönlichen Zielen bereits auf die richtigen Auswahlkriterien geachtet (wie früher schon erläutert), dann wissen Sie jetzt auch, wo Sie am Anfang standen und was Ihre Ziele sind.

Sie sollten wissen, wo Sie jetzt stehen.

Bei anderen Zielen – etwa bei Turnieren besser abschneiden – werden Sie auch einen Orientierungspunkt in bezug auf den Wettkampf setzen müssen.
Wenn Sie einmal wissen, wo Sie am Anfang standen und was Ihr Ziel ist, können Sie Ihre Fortschritte ganz leicht kontrollieren, mit Hilfe der Tabellen und Arbeitsbogen des mentalen Erfolgsprogramms sogar ganz systematisch und genau.

Sie sollten wissen, wo Sie jetzt stehen

Halten Sie bei jedem Ihrer Ziele Ihre Fortschritte fest.

Überprüfen Sie regelmäßig, wie weit Sie jedem Ihrer Ziele nähergekommen sind, und bewerten Sie Ihre Fortschritte. Damit wissen Sie, wo Sie zu einem gegebenen Zeitpunkt stehen. Mit dem Arbeitsbogen »Vorrangige persönliche Ziele« können Sie eine derartige Bewertung jede Woche vornehmen.
Bei anderen Zielen, zum Beispiel sich bei Wettkämpfen innerhalb einer Saison zu steigern, können Sie diese Bewertung Ihrer Fortschritte auch nach einem längeren Zeitraum machen (z. B. monatlich oder erst nach Abschluß der Saison, je nachdem, wie oft Sie Matches spielen). Wichtig ist, daß Sie sich in irgendeiner Form ein System zurechtlegen, das Ihnen zeigt, wo Sie in Ihrer Entwicklung als Tennisspieler momentan stehen.

Wenn Sie wissen, wo Sie heute stehen und wo Sie angefangen haben, können Sie Ihre Fortschritte genau einschätzen.

Planen Sie Gespräche mit Ihrem Trainer ein
Ebenfalls sehr wichtig ist, daß Sie mit Ihrem Trainer immer wieder Gespräche über Ihre Entwicklung einplanen. Wenn Sie wissen, wo Sie heute stehen, können Sie Ihr derzeitiges Niveau mit dem von früher vergleichen. Wenn Sie feststellen, daß Sie keine so guten

Fortschritte machen wie erwartet, dann haben Sie für diese Bewertung jetzt eine konkretere Basis, als wenn Sie sich allein auf Ihre eigene subjektive Meinung oder die anderer verlassen. Sie können diese Ergebnisse dann mit Ihrem Trainer und anderen besprechen und in Training und Wettkampf die notwendigen Korrekturen vornehmen.
Wenn Ihre Fortschritte wie erwartet ausfallen, können Sie stolz und rundum zufrieden sein.

Sie sollten wissen, wohin Sie jetzt wollen

Sie sollten wissen, wo Sie hinwollen.

Basierend auf den bislang gemachten Fortschritten können Sie sich nun noch einmal vergewissern, daß Sie auf ein erreichbares Ziel hinarbeiten, oder Sie können das Ziel den Erfordernissen entsprechend korrigieren. Diese erneute Bestätigung oder, sofern notwendig, Korrektur eines oder mehrerer Ziele fördert Ihre Motivation und hilft Ihnen, wieder eine positive Einstellung zu bekommen.

Seien Sie flexibel, und passen Sie Ihre Ziele Ihrer Entwicklung an.

Sie sollten wissen, wieviel Arbeit Sie investieren müssen

Wenn Sie Ihre persönlichen Ziele erreichen wollen, müssen Sie bestimmte Dinge tun und in der Lage sein, sie auch durchzuziehen. Wir werden diesen Punkt zwar noch ausführlich in dem Kapitel über Selbstdisziplin behandeln, aber es ist auch Teil Ihrer Erfolgskontrolle, die Quantität und Qualität Ihrer Arbeit zu bestimmen.

Lernen Sie, die Quantität und Qualität Ihres Trainings und Ihrer Fortschritte zu bestimmen und zu kontrollieren. Die Quantität bezieht sich auf die Anzahl Ihrer Trainingseinheiten, die Qualität auf das Maß an Arbeit, die Sie investieren, um Ihre Ziele zu erreichen.

Quantität und Qualität
Die *Quantität* an Arbeit, wie wir sie in Zusammenhang mit mentaler Stärke und Leistungsfähigkeit definieren, bezieht sich darauf, wie oft Sie trainieren und Ihre Vorhaben und Aufgaben zu Ende bringen. Die *Qualität* der Arbeit bezieht sich darauf, wie stark Sie sich engagiert, auf Ihre Ziele hingearbeitet, Ihr Bestes gegeben haben.
Sie können die Quantität und Qualität Ihrer Arbeit im Hinblick auf Ihre Ziele kontrollieren, indem Sie sich folgende Fragen beantworten:

- Wie intensiv habe ich auf jedes meiner Ziele hingearbeitet?
- Wieviel Aufmerksamkeit und Zeit habe ich aufgewendet, um meine Ziele zu erreichen?

Sie können zur Beantwortung dieser Fragen folgendes Bewertungsschema verwenden:

1 = hervorragend
2 = gut
3 = durchschnittlich
4 = mäßig
5 = schwach

Der mental starke Tennisspieler korrigiert seine Ziele.

Nehmen Sie diese Bewertung täglich vor oder jedesmal, wenn Sie bewußt auf Ihre Ziele hinarbeiten. Anhand dieser Bewertungen können Sie dann entscheiden, ob an Ihren Zielen und Plänen, an Ihrem Vorgehen oder der Qualität Ihrer Arbeit etwas zu korrigieren ist. Solche Korrekturen sind charakteristisch für einen mental leistungsfähigen Tennisspieler und werden von ihm auch erwartet.

5. Arbeiten Sie mit Visualisierungen

Die Visualisierung ist ein innerer Prozeß, bei dem Sie sich geistige Bilder zu Ihrer Leistung im Tennis vorstellen.

Die Visualisierung kann als Mittel zur Verstärkung der Motivation eingesetzt werden. Die Visualisierung ist ein innerer Prozeß, bei dem Sie sich geistige Bilder zu Ihrer Leistung im Tennis vorstellen. Diese Technik wird auch als geistige Vorstellung bezeichnet. Wenn Sie visualisieren, wie Sie etwas richtig gut machen, verstärken Sie damit in sich auch den Wunsch, es so zu machen und alles dafür Notwendige zu tun.
Untersuchungen an Sportlern, auch Tennisspielern, und Künstlern in verschiedenen Bereichen haben gezeigt, daß die Visualisierung ein gutes Mittel zur Leistungssteigerung ist.

Visualisieren Sie Ihren Erfolg

Grundlage der Visualisierung ist ein geistiges Bild, ein Bild Ihrer selbst, wie Sie als Tennisspieler Ihre bestmögliche Leistung bringen. Sie können auch jemand anderen beim Spiel visualisieren.

Wenn Sie sich zum Beispiel vorstellen – und sich dabei richtig sehen –, wie Sie bei einem wichtigen Punkt den »perfekten« Lob spielen, ist das eine Visualisierung. Ebenso, wenn Sie visualisieren, wie jemand anderer das macht.

Sehen Sie sich Videoaufzeichnungen an

Je öfter Sie solche Visualisierungen machen, um so besser sind Ihre Chancen, daß Sie motiviert sind, einen bestimmten Schlag gut und richtig durchzuführen. Durch Visualisierung können Sie sich mental und emotional in einen positiven Zustand versetzen.

Eine Visualisierung findet auch dann statt, wenn Sie sich eine Videoaufzeichnung Ihres Tennisspiels anschauen. Wenn Sie zum Beispiel auf einem Video verfolgen, wie Sie einen Schlag durchführen, der Ihnen bei einem Match Schwierigkeiten gemacht hat, und sich dann (sehr wichtig) vorstellen, wie Sie den Schlag korrekt und erfolgreich ausführen, werden Sie bei diesem Schlag das nächste Mal, wenn Sie in einer Matchsituation damit konfrontiert sind, viel sicherer sein. Sie visualisieren den Vorgang zuerst mit dem realen Bild auf dem Videoband und lassen das korrigierte Bild dann immer wieder an Ihrem »geistigen Auge« vorbeiziehen. Achten Sie stets darauf, daß Ihr geistiges Bild technisch korrekt ist.
Sie können geistige Bilder dazu einsetzen, sich in verschiedenen Situationen zu motivieren und auch motiviert zu bleiben. Die Visualisierung hilft Ihnen beim Training, während der Aufwärmzeit vor einem Match, beim Seitenwechsel, um vor dem Aufschlag eine positive Einstellung zu haben, wenn Sie für ein Schulfach lernen, eine Prüfung ablegen, und in vielen anderen Situationen.
Geistige Bilder Ihrer selbst können Sie beim Tennisspiel nicht nur mit Hilfe von Videoaufzeichnungen formen, sondern auch mit Fotos. Sie können auch professionelle Spitzenspieler bei Wettkämpfen beobachten und visualisieren, wie Sie in ähnlichen Situationen das gleiche tun wie sie.
Mit Hilfe der Visualisierung können Sie sich – bei allen obenerwähnten Beispielen – mental und emotional in einen positiven Zustand versetzen. Dieser positive Zustand wiederum hilft Ihnen, das zu tun, was notwendig ist, um auf dem Platz gute Leistung zu bringen.

Nachstehend finden Sie beschrieben, wie Sie vorgehen können, um sich positive geistige Bilder zu schaffen und sich die Technik der Visualisierung zur persönlichen Leistungssteigerung zunutze zu machen:

Schaffen Sie sich aussagekräftige Bilder.

1. Schritt
Stellen Sie fest, welche Art von geistigen Bildern Ihnen bei Ihrem Entwicklungsstand als Tennisspieler und Ihrer Spielweise am meisten geben. Sind Sie zum Beispiel in erster Linie ein Serve-und-Volley-Spieler, wird Ihnen vielleicht vor allem daran liegen, einen druckvolleren Rückhand-Flugball zu entwickeln.
Indem Sie sich aussagekräftige Bilder von sich schaffen, wie Sie bei den verschiedensten Punkteständen einen druckvollen und tiefen Rückhand-Volley spielen, können Sie ein geistiges Bild entwickeln – ein Bild, bei dem Sie sogar spüren und auch sehen können, wie Sie den Schlag durchziehen, ein starkes Selbstvertrauen gewinnen, das Geräusch des Balles und den Applaus der Zuschauer hören und buchstäblich »mittendrin« sind in dem Bild.

Verbinden Sie die geistigen Bilder mit Ihren Zielen.

2. Schritt
Achten Sie darauf, daß jedes geistige Bild, das Sie sich schaffen, auch einen Bezug zu einem der Ihnen wichtigen persönlichen Ziele hat. Versuchen Sie außerdem, jedes geistige Bild so zu gestalten, daß Sie darin technisch korrekt spielen, das Ergebnis Ihrer Bemühungen zu Ihren Gunsten ausfällt, und es Ihnen viel Energie und eine positive Einstellung vermittelt.

Machen Sie eine Liste Ihrer persönlichen Ziele und der damit verbundenen geistigen Bilder. Beschreiben Sie diese Bilder auf Arbeitsbogen 11 »Positive Bilder«.

3. Schritt
Fertigen Sie eine Liste verschiedener geistiger Bilder, die mit Ihren persönlichen Zielen zu tun haben und »genau richtig für Sie« sind. Sie sollten für jedes Ziel mindestens ein Bild entwickeln. Jedes dieser Bilder muß technisch korrekt und von Erfolg gekrönt sein.

4. Schritt
Sie können diese geistigen Bilder auf Arbeitsbogen 11a »Positive Bilder« auf Seite 80 beschreiben. Auf Seite 81 finden Sie ein konkretes Beispiel.

5. Schritt

Sie haben jetzt die wichtigen geistigen Bilder entwickelt und beschrieben, die Ihre Motivation stärken können. Im Anschluß daran können Sie festlegen, in welchen Situationen und wann Sie diese geistigen Bilder als Teil einer Visualisierung am besten einsetzen.

Es ist wichtig, daß Sie für Ihre Visualisierungen genaue Zeiten festlegen. Solche inneren Bilder sind nämlich wesentlich effektiver, wenn sie planmäßig und nicht zwischendurch »einfach mal so« gemacht werden. Sie können die positive Wirkung Ihrer Visualisierungen wesentlich steigern, wenn Sie sie planmäßig einsetzen. Bitte notieren Sie die Situationen und Zeiten, wo Sie mit Ihren geistigen Bildern arbeiten wollen, in dem dafür vorgesehenen Raum auf dem Arbeitsbogen »Positive Bilder«.

Setzen Sie Visualisierungen nicht wahllos, sondern planmäßig ein.

6. Schritt

Machen Sie dann zu den Zeiten, die Sie sich auf dem Arbeitsbogen »Positive Bilder« notiert haben, die Visualisierungen, wie Sie sie auf diesem Blatt beschrieben haben.

Versuchen Sie, sich bei Ihren Visualisierungen so deutlich und intensiv wie möglich zu erleben – wenn möglich sogar in Farbe –, und »spüren« Sie die positiven Gefühle, die Sie haben, wenn Sie auf hohem Niveau spielen. Sie können dabei Gefühle wie Selbstvertrauen, Lust am Spiel, Durchsetzungsfähigkeit und Kontrolliertheit erleben. Versetzen Sie sich durch intensive Gestaltung Ihrer Bilder und Gefühle so weit wie möglich in die »echte« Situation.

7. Schritt

Außer der Arbeit mit den geistigen Bildern möchten wir Ihnen auch empfehlen, sich eine Sammlung von Fotos oder Videobändern zuzulegen, wo Sie auf dem Tennisplatz eine gute Figur abgeben. Die Bilder können Sie in ein besonderes Album kleben und dazu vielleicht noch eine Sammlung aus »Motivationsvideos« aufbauen.

»Sammeln« Sie mentale Bilder von sich, auf die Sie oft zurückkommen können, um sich stark zu machen.

Programm 11a: Positive Bilder

Name: **Datum:**

Spielweise:

Vorstellungsbilder

1.

2.

3.

4.

5.

Situationen und Zeitpunkte, in denen ich diese Vorstellungsbilder einsetzen werde:

1.

2.

3.

4.

Programm 11b: Positive Bilder **(Muster)**

Name: Iris Irmler **Datum:** 30. 5.

Spielweise: Serve und Volley

Vorstellungsbilder

1. Ich serviere weit in die VH-Ecke, treibe meine Gegnerin weit aus dem Feld, und dann folgt ein Volley-Cross als Winner.
2. Ich schlage den Ball sehr gut cross und mag es, wenn meine Gegnerinnen von einer Seite zur anderen laufen, bis sie einen Fehler machen.
3. Ich sehe mich im Stadion von Wimbledon beim Endspiel, wie ich zum Matchball aufschlage.
4. Ich sehe mich als Steffi Graf, wie ich von einer Seite zur anderen laufe und den Ball gnadenlos flach und lang in die Ecken des gegnerischen Feldes donnere.
5. Ich sehe mich als Chris Evert, wie ich den Wimbledon-Pokal in die Höhe halte.

Situationen und Zeitpunkte, in denen ich diese Vorstellungsbilder einsetzen werde:

1. Dreißig Minuten vor Spielbeginn.
2. Jeden Abend um acht Uhr nach dem Abendessen.
3. Bei den Seitenwechseln in meinen Matches.
4. Wenn ich morgens aufwache, fühle ich mich hellwach und selbstsicher.

Schauen Sie sich die Fotos und Videos regelmäßig an.

8. Schritt
Schauen Sie sich die Fotos und Videos an und versuchen Sie, dabei die gleichen positiven Gefühle zu erleben, die Sie bei den Visualisierungen hatten. Benutzen Sie die Fotos und Videos als eine Art Sprungbrett für Ihre Visualisierungen.

9. Schritt
Achten Sie darauf, daß Sie sich für Ihre Visualisierungen, das Anschauen der Fotos und Videos jeweils 10–15 Minuten Zeit nehmen. Sie können das täglich machen, jeden zweiten Tag oder so oft, wie Sie es auf dem Arbeitsbogen 11a »Positive Bilder« festgelegt haben.

»Feilen« Sie während der Tennissaison an Ihren positiven Bildern.

10. Schritt
Prüfen Sie die Effektivität Ihrer Visualisierungen, indem Sie mit Ihrem Trainer besprechen, wie Sie vorankommen. Ändern Sie Ihre Vorgehensweise, wenn es Ihnen nötig erscheint. Achten Sie darauf, daß Sie Ihre positiven Bilder während der Tennissaison immer weiter verbessern.

6. Arbeiten Sie mit positiven Affirmationen

Positive Affirmationen stabilisieren Ihre Motivation.

Eine Affirmation ist eine Aussage über irgendeinen Aspekt Ihrer Leistung als Tennisspieler. Eine positive Affirmation ist eine positive Aussage über Ihre Leistung. Man könnte es auch als positives Selbstgespräch bezeichnen.

Sie sollten mit positiven Affirmationen arbeiten, weil Sie sich dadurch mental, emotional und physisch in einen positiven Zustand versetzen und Sie dann im sportlichen Bereich wie darüber hinaus hochmotiviert sind. Damit halten Sie Ihre mentale Leistungsfähigkeit auch auf sehr hohem Niveau. Positive Affirmationen helfen Ihnen, sich auf das zu konzentrieren, was Sie auf dem Tennisplatz erreichen wollen, und sie bringen Ihre Konzentrationsfähigkeit zurück, wenn Sie sie verloren haben.

Hier ein paar Beispiele für positive Affirmationen von Tennisspielern, mit denen sie sich neu motivieren:

- Ich ziehe den Schlag perfekt durch.
- Ich bin auf dem Platz innerlich völlig ausgeglichen.
- Ich spiele aggressiv, aber trotzdem kontrolliert.
- Ich decke den Platz sehr gut ab.
- Ich bin sehr schnell auf den Beinen.
- Ich weiß, daß ich siegen werde.
- Alle meine Schläge passen optimal.

Positive Affirmationen helfen Ihnen, sich auf das zu konzentrieren, was Sie auf dem Tennisplatz erreichen wollen, und sie bringen Ihre Konzentrationsfähigkeit zurück, wenn Sie sie verloren haben.

Wichtige Merkmale von Affirmationen

Affirmationen haben viele gemeinsame Merkmale, unter anderem:

- Jeder Satz ist in der ersten Person formuliert.
- Jeder Satz ist in der Gegenwart formuliert, als würde etwas gerade in diesem Moment geschehen und nicht in der Zukunft.
- Jede Aussage ist positiv formuliert und beeinhaltet eine Leistung oder einen positiven Zustand.
- Sie sagen sich die Affirmationen im stillen – man nennt das auch lautloses Sprechen.

Hier einige Tips, wie Sie positive Affirmationen am besten formulieren und zur Unterstützung Ihrer Motivation einsetzen:

1. Schritt
Überlegen Sie, welche spezifischen und positiven Eigenschaften Sie als Tennisspieler haben möchten. Diese Eigenschaften können mit mentalen oder physischen Fertigkeiten im Tennis zu tun haben, mit der körperlichen Fitneß oder Kondition, oder mit den Fertigkeiten im Alltagsleben. Hier einige Beispiele für solche spezifischen und positiven Eigenschaften:

Überlegen Sie, welche spezifischen und positiven Eigenschaften Sie als Tennisspieler haben möchten.

- Volle Konzentration auf den Ball, bevor ich ihn treffe.
- Entspannte Griffhaltung, um den Ball beim Schlagen zu beschleunigen.
- Immer zuversichtlich bleiben, bei jedem Spiel, Satz und Match.
- Gelassen bleiben, auch wenn ich gegen einen schweren Gegner kämpfe.

Programm 12a: Positive Affirmationen

Name: **Datum:**

Spielweise:

Positive Eigenschaften	**Positive Affirmationen**
1.	1.
2.	2.
3.	3.
4.	4.
5.	5.

Situationen und Zeitpunkte, in denen ich diese Affirmationen einsetzen werde:

1.
2.
3.
4.
5.

Programm 12b: Positive Affirmationen **(Muster)**

Name: Silvia Schober **Datum:** 19. 6.

Spielweise: Serve und Volley

Positive Eigenschaften	**Positive Affirmationen**
1. Ich habe schnelle Beine.	1. Ich bewege mich sehr leicht auf meinen Beinen.
2. Ich habe ein gutes Gleichgewichtsgefühl.	2. Ich fühle mich sehr sicher auf meinen Beinen.
3. Ich habe viel Geduld an der Grundlinie.	3. Ganz gleich, was geschieht, mir entgeht nichts.
4. Ich bin körperlich fit.	4. Ich habe das Gefühl, als könne ich den ganzen Tag lang im Wettkampf stehen.
5. Ich bin sehr sicher.	5. Jeder Schlag von mir sitzt.

Situationen und Zeitpunkte, in denen ich diese Affirmationen einsetzen werde:

1. Eine Stunde am Abend, wenn ich allein in meinem Zimmer bin (20 Uhr).
2. Dreißig Minuten vor Matchbeginn.
3. Während des Aufwärmens.
4. Nach dem Aufwachen am Tag des Matches.
5. Wenn ich auf die Auslosung schaue.

2. Schritt
Sie können eine Liste der spezifischen und positiven Eigenschaften entwickeln, die Sie haben möchten. Schreiben Sie dazu alle möglichen Varianten auf, bevor Sie bestimmte Eigenschaften auswählen, auf die Sie sich konzentrieren wollen.

3. Schritt
Wählen Sie aus dieser Liste der spezifischen und positiven Eigenschaften fünf oder sechs besonders wichtige aus. Es sollten Eigenschaften sein, die einen Bezug zu Ihren persönlichen Zielen haben.

Formulieren Sie zu jeder spezifischen und positiven Eigenschaft eine positive Affirmation.

4. Schritt
Formulieren Sie zu jeder spezifischen und positiven Eigenschaft, die Sie ausgewählt haben, eine positive Affirmation. Diese Aussagen können Sie dann auf einer Kopie des Arbeitsbogens 12a »Positive Affirmationen« auf Seite 84 schriftlich festhalten. Ein Beispiel hierfür finden Sie auf Seite 85.

5. Schritt
Notieren Sie auf dem Arbeitsbogen auch, in welchen speziellen Situationen und wann Sie diese positiven Affirmationen einsetzen wollen. Das könnte zum Beispiel sein, wenn Sie auf dem Platz unkonzentriert werden; wenn Sie sich fürs Match aufwärmen; oder wenn Sie während des Matches Blickkontakt zu anderen haben.

6. Schritt
Seien Sie auch bei den positiven Affirmationen so flexibel, daß Sie sie entsprechend korrigieren, wenn sie anders leistungsfördernder sind.

Zusammenfassung

In diesem Kapitel haben wir uns vor allem mit der Motivation als Eigenschaft eines mental leistungsfähigen Tennisspielers beschäftigt. Wir haben darüber gesprochen, wie notwendig es für einen Tennisspieler ist,

motiviert zu sein und zu bleiben, sowohl im Hinblick auf den persönlichen Gewinn als auch auf die Probleme, die man durch die richtige Motivation vermeiden kann.
Anschließend haben wir uns mit Entwicklungsstufe 2 des mentalen Erfolgsprogramms beschäftigt: Erkennen, was man erreichen will und weshalb.
Sie haben in diesem Kapitel erfahren, was Sie tun und wie Sie vorgehen können, um Ihre Motivation aufzubauen:

- Definieren Sie persönliche Ziele für sich.
- Nehmen Sie diese Ziele als persönliche Verpflichtung.
- Sprechen Sie mit anderen über Ihre Ziele.
- Machen Sie eine regelmäßige Erfolgskontrolle.
- Arbeiten Sie mit Visualisierungen.
- Arbeiten Sie mit positiven Affirmationen.

Und jetzt kommen wir zum nächsten Bereich der mentalen Leistungsfähigkeit, dem Selbstvertrauen.

4 Aufbau und Stabilisierung von Selbstvertrauen

Niemals, niemals, niemals aufgeben.

Winston Churchill
Britischer Staatsmann

Meine Mutter brachte mir sehr früh bei, daß ich alles schaffen konnte, wenn ich nur wollte. Das allererste war, ein paar Schritte ohne mein Laufgeschirr zu machen.

Wilma Rudolph
Olympiasiegerin von 1960

Jahre, nachdem Jim Courier die Academy verlassen und seinen ersten Grand Slam gewonnen hatte, beschrieb er seinen ersten Aufenthalt in der NBTA im Rückblick als eine seiner schlimmsten Erfahrungen. Er war weit weg von daheim, den Freunden und der Familie, und sich noch nicht sicher, ob Tennis (und nicht Baseball) wirklich der richtige Sport für ihn war; dazu noch eine Gruppe von Spielern und Talenten, die jedem – selbst heute – Angst einjagen würden: Agassi, Wheaton, Knowles, D. Flach, Kass, Navarez, Garner und Caswell.

Courier war kein flippiger Typ wie Agassi. Er war das Arbeitspferd und trug eine schwere Last auf seinen Schultern, in der Schule und auf dem Tennisplatz. Er mußte um jede Entscheidung schwer ringen. Ob er ins College gehen sollte oder nicht – oder gleich in den Tenniszirkus einsteigen –, war für Jim und seine Familie eine schwierige Entscheidung.

Etwa zu dieser Zeit stand auch fest, wer dem NBTA Traveling Team angehören sollte, das anfangs von meinem Sohn Jimmy als Trainer betreut wurde. Der Gedanke war, mit anderen vielversprechenden Talenten der NBTA im Tenniszirkus mitzumachen und keine Preisgelder anzunehmen, die über den belegbaren Ausgaben lagen, um sich die Möglichkeiten (auch für Stipendien) am College zu erhalten. Das Team war ein Riesenerfolg und hat einige der heute weltbesten Spieler hervorgebracht. Für die Teammitglieder war es auch eine Gelegenheit zu erleben, wie es ist, wenn man immer unterwegs ist, und sie konnten sehen, ob sie diesen Weg wirklich unbedingt gehen wollten und ob sie eine Chance hatten, es zu schaffen.

Nach dieser Erfahrung ist es mit Courier ständig bergauf gegangen. Wie bei allen seinen Entscheidungen, ging er in sich, prüfte und überlegte sich die Alternativen gründlich, und startete dann durch.
Interessanterweise stand gerade zu der Zeit, als Jim zu seinem Marsch an die Spitze ansetzte, auch bei mir eine Entscheidung an, die für unser beider Karriere von großer Bedeutung war. Zu der Zeit betreute ich Seles, Agassi, Wheaton und dazu Courier (ich denke, da stellte sich mir genau das richtige Problem, als ich in das vierte Jahrzehnt meiner Karriere als Tennistrainer und das siebente meines Lebens eintrat). Ich wußte – und sie auch –, daß ich als Trainer nicht allen gerecht werden konnte, und daß eine schwere Entscheidung zu treffen war. Es war die schwierigste und quälendste meines ganzen Lebens. Ich entschied mich für Agassi. Er war wie ein Sohn für mich. Ich werde diese Entscheidung nie bedauern. Wir sind enge Freunde und werden es hoffentlich immer sein. Er brauchte mich, und er hat sich blendend gemacht. Ich weiß, daß ich mich richtig entschieden habe.
Jim entschloß sich, mit Hiqueras zu arbeiten und hat es in die Weltspitze geschafft. Jim und ich sitzen oft zusammen. Er ist einer der besten Freunde meines Sohnes. Wir reden häufig über jene Tage. Er sagt, die Zeit in der Academy habe es ihm ermöglicht, dorthin zu kommen, wo er heute steht. Was für eine Anerkennung von einem so prächtigen jungen Mann.
Ich weiß, daß er anfangs gar nicht gut auf mich zu sprechen war und mir meine Entscheidung »heimzahlen« wollte. Wenn er gegen Agassi spielte, war es für ihn ein Rachefeldzug gegen Andre und mich. Sein Blick sagte: »Ich werd's euch schon zeigen.« Und das tat er auch! Und weißt du was, Jim? Ich freue mich sehr darüber, auch für dich. Du verdienst es, und ich werde immer stolz an unsere gemeinsame Zeit und was du alles gemacht hast, zurückdenken. Du hast an dich und an dein Können geglaubt, und du hast es geschafft. Gott schütze dich, Jim Courier.

Nick Bollettieri

Ich spiele einfach mit dem, was ich noch habe.

Pancho Gonzalez
Tennisspieler

Der Mensch ist, was er zu sein glaubt.

Anton Tschechow
Russischer Schriftsteller

Sein Selbstvertrauen aufbauen und stabilisieren

Was Sie in diesem Kapitel erwartet

In diesem Kapitel beschäftigen wir uns damit, wie Sie Ihr Selbstvertrauen aufbauen und stabilisieren können.

In diesem Kapitel beschäftigen wir uns damit, wie Sie Ihr Selbstvertrauen aufbauen und stabilisieren können, sowohl als Tennisspieler wie auch für das Leben allgemein.
Wir geben Ihnen hier Richtlinien und konkrete Tips, mit deren Hilfe Sie alle Situationen, in die Sie mit einiger Wahrscheinlichkeit kommen, entsprechend einschätzen können, und auch Ratschläge, wie Sie sich am besten darauf vorbereiten. Des weiteren werden Sie erfahren, wie der systematische Gebrauch Ihrer Sinne – Sehen, Hören und Fühlen – Ihr Selbstvertrauen stärken und Sie genießen läßt, was Sie tun, ungeachtet der Stolpersteine auf Ihrem Weg.

Weshalb Sie Selbstvertrauen brauchen

Wenn Sie Selbstvertrauen haben, glauben Sie an Ihre Fähigkeit, auf die Ziele, die Sie sich gesetzt haben, konsequent hinarbeiten und sie erreichen zu können.

Wenn Sie Selbstvertrauen haben, glauben Sie an Ihre Fähigkeit, auf die Ziele, die Sie sich gesetzt haben, konsequent hinarbeiten und sie erreichen zu können. Diesen Glauben zu haben bedeutet, daß Sie das, was Sie tun, positiv sehen – zum Beispiel einen »Kick«-Aufschlag machen, gute Übungsspiele zu absolvieren, langfristig auf ein höheres Spielniveau hinarbeiten, täglich ein konstruktives Feedback von anderen annehmen und, auf dem Tennisplatz wie in anderen Lebensbereichen, Ihrer Entwicklung entsprechend etwas zu verändern. Wenn Sie Selbstvertrauen haben, können Sie viel eher ein mental leistungsfähiger Tennisspieler sein.

So verfügen Sie vielleicht im Moment nicht über die Fertigkeiten, bei einem Turnier auf nationaler Ebene mithalten zu können. Wenn Sie aber daran glauben, daß Sie diesem Ziel näherkommen können, regelmäßig und gezielt Übungsspiele machen, trainieren und an Ihren Spielfertigkeiten feilen, dann gehen Sie Ihren Weg mit Selbstvertrauen.

Nicht nur fürs Tennis . . .

Das gleiche gilt für andere Lebensbereiche wie die Schule oder die Universität. Sie haben vielleicht ein schwieriges Seminar belegt, glauben aber daran, daß Sie beim Lernen effektiv sein, den Stoff verstehen und eine gute Note bekommen können. Dieser Glaube an Ihre Fähigkeiten und die Tatsache, daß Sie etwas aktiv dazutun, nämlich ein systematisches Lernprogramm entwickeln, spiegeln Ihr Selbstvertrauen wider.

Mit Selbstvertrauen können Sie sich Gelassenheit und Konstanz bewahren – zwei wichtige Indikatoren für innere Sicherheit.

Gelassenheit und Konstanz bewahren

Mit Selbstvertrauen können Sie sich Gelassenheit und Konstanz bewahren – zwei wichtige Indikatoren für innere Sicherheit. Gelassenheit ist die Fähigkeit, sich nicht durch Ärger über sich selbst aus der Fassung bringen zu lassen (z. B. wenn Sie ein Match ganz knapp verlieren oder den falschen Ball zur falschen Zeit einsetzen) und auch nicht durch Dinge, die um Sie herum passieren (z. B. die Entscheidungen eines Linienrichters auf der gegnerischen Seite, den Wind, die Sonne), insbesondere in Wettkampfsituationen.

Gelassenheit ist die Fähigkeit, sich nicht aus der Fassung bringen zu lassen, weder durch sich selbst noch durch Dinge, die um einen herum passieren.

Wenn Sie zum Beispiel in einer entscheidenden Phase eines Satzes dem Gegner nicht so recht Kontra geben können, zeugt es von Ihrer Gelassenheit, wenn Sie nicht ängstlich oder enttäuscht reagieren, sondern ruhig und entspannt bleiben. Sie sind gelassen, wenn Sie sich auf das konzentrieren können, was um Sie herum vorgeht, und so sachlich wie möglich bleiben – sich nicht von Ihren momentanen Gefühlen aus der Bahn werfen lassen.

Konstanz bedeutet, daß Sie Ihre Pläne trotz aller Widrigkeiten durchziehen können.

Konstanz zeigt sich daran, wie gut Sie Dinge durchziehen können, die Sie sich vorgenommen haben, vor allem in solchen Wettkampfsituationen, wo es bei Ihnen nicht so läuft, wie Sie es sich vorgestellt haben. Es wird zum Beispiel im Wettkampftennis Zeiten geben, wo Sie gegen einen Gegner verlieren, weil Sie nicht gut spielen. Aber trotz Ihres schwachen Spiels werden Ihnen der Wunsch zu gewinnen und Ihre Einsatzbereitschaft helfen, ruhig zu bleiben, negative Gedanken und Gefühle beiseite zu schieben und daran zu glauben, daß Sie trotz allem Ihre Sache gut machen können.

Glauben Sie an sich

Wenn Sie daran glauben, daß Sie auf dem Tennisplatz mit Spielern gleichen oder höheren Niveaus konkurrieren können, wird dieses Selbstvertrauen Ihre Leistung verbessern und stabilisieren.

Wenn Sie daran glauben, daß Sie auf dem Tennisplatz mit Spielern gleichen oder höheren Niveaus konkurrieren können, wird dieses Selbstvertrauen Ihre Leistung verbessern und stabilisieren. Auch dann, wenn Sie nicht der talentierteste oder beste Spieler aller Zeiten sind.
Wenn Sie hingegen nicht an sich und Ihr Spiel glauben, sich ewig über ein schlechtes Spiel ärgern, eine Niederlage nicht verwinden können und eine negative Einstellung zu sich und Ihrem Tennis haben, dann haben Sie wahrscheinlich schon verloren, bevor das Match überhaupt begonnen hat.

Der persönliche Gewinn

Sie können in mehrfacher Hinsicht einen persönlichen Gewinn daraus ziehen, wenn Sie Ihr Selbstvertrauen aufbauen und stabilisieren:

Vertrauen Sie auf sich.

▶ Der erste Pluspunkt ist, daß Sie wirklich auf sich vertrauen können. Das heißt, Sie haben die innere Sicherheit, daß Sie auf dem Platz eine gute Leistung abliefern, egal ob beim Training oder bei einem Wettkampfmatch. Sie werden sich diese innere Sicherheit bewahren können, auch wenn das Ergebnis von Spiel, Satz oder Match nicht zu Ihren Gunsten ausfällt.

Es wird oft so sein, daß Ihre Leistung hinter Ihren Erwartungen zurückbleibt. Das ist nicht zwangsläufig negativ. Selbstvertrauen haben heißt, daran zu glauben, daß Sie die notwendigen Korrekturen an Ihrem Spiel vornehmen werden, um sich weiter zu verbessern. In bezug auf mentale Leistungsfähigkeit bedeutet Selbstvertrauen, daß Sie lockerlassen können und sich nicht den Kopf darüber zerbrechen, was Sie tun. Der Schwerpunkt sollte beim Spiel selbst liegen, nicht beim ständigen darüber Nachdenken oder Analysieren. Wenn Sie in dieser Weise Tennis spielen, haben Sie Spaß an der Sache und genießen die Herausforderung.

▶ Ein zweiter Pluspunkt, der mit Selbstvertrauen zusammenhängt, ist die Überzeugung – oder Erwartung –, daß Sie in der Lage sein werden, sich erfolgreich auf Ihr nächstes Match oder Turnier vorzubereiten, die Sache durchzuziehen und sich nicht zu enttäuschen. Sie glauben daran, daß Sie die notwendigen Korrekturen an Ihrer Spieltechnik, der mentalen Einstellung oder Spielstrategie vornehmen können und werden, um zu erreichen, was Sie sich vorgenommen haben. Das gilt für jede Situation, wo Sie unter Druck stehen, auf dem Tennisplatz wie außerhalb.

Vertrauen Sie auf Ihr Training und Ihre Fähigkeiten.

▶ Ein dritter Pluspunkt in Zusammenhang mit Selbstvertrauen und mentaler Stärke hat mit der Fähigkeit zu tun, ohne große Anstrengung sein inneres Gleichgewicht zu halten. Das bedeutet, daß Sie Ihre positiven Gedanken und Bilder von sich koordinieren, Ihre Gefühle gut kontrollieren und beides mit flüssigen physischen Abläufen kombinieren können, wie zum Beispiel sicheren und effektiven Grundschlägen.

Sie können Ihr Potential voll ausschöpfen, wenn Sie die mentalen und physischen Aspekte beim Tennis ins Gleichgewicht bringen.

Problemen vorbeugen

Mit Selbstvertrauen können Sie gleich mehreren Problemen zuvorkommen:

▶ Erstens bauen Sie wirkungsvoll Ängste und Versagensgefühle ab. Da Sie an sich selbst und Ihre Fähigkeiten glauben, können Sie sich nach einem verlorenen Match mental und emotional schnell erholen und gleich wieder ins Training für den nächsten Wettkampf einsteigen.

Der Glaube an sich selbst hilft unangebrachte Selbstwahrnehmungen, Angst und Versagensgefühle abbauen.

▶ Zweitens können Sie alle Gedanken daran aus dem Kopf bringen, daß Sie vielleicht einfach nicht gut genug sind. Sie können erkennen, in welchen Bereichen Sie Ihre Fertigkeiten und Techniken noch verbessern müssen. Sie sind sich dieser momentanen Handikaps bewußt und können Ihr Selbstvertrauen halten, ohne den Glauben an sich selbst hinsichtlich Ihrer langfristigen Ziele zu verlieren.

▶ Drittens lassen Sie sich nicht von der Spielstärke, dem Verhalten oder taktischen Ablenkungsmanövern eines Gegners einschüchtern – ob auf dem Tennisplatz oder in anderen Lebensbereichen.

Entwicklungsstufe 3
Bauen Sie Selbstvertrauen auf und stabilisieren Sie es

Arbeiten Sie regelmäßig daran, Ihr Selbstvertrauen aufzubauen und zu stabilisieren.

Wenn Sie sich zu diesem Schritt entschließen und ernsthaft daran arbeiten, verbessern Sie damit ganz wesentlich Ihre Chancen, ein selbstsicherer Tennisspieler und Mensch zu werden. Um sein Selbstvertrauen aufzubauen und zu stabilisieren, gilt es mehrere Dinge zu tun. Wichtig ist, daß Sie regelmäßig und konsequent daran arbeiten. Deshalb unsere Empfehlung:

1. Treffen Sie eine Abmachung mit sich.
2. Schätzen Sie Ihr gegenwärtiges Maß an Selbstvertrauen ein.
3. Ermitteln Sie Ihren aktuellen Entwicklungsstand.
4. Beurteilen Sie Situationen und Resultate realistisch.
5. Lernen Sie Ihre Sinne zu kontrollieren.
6. Setzen Sie die Atmung zu Ihrem Vorteil ein.
7. Lernen Sie zu entspannen.
8. Kontrollieren Sie Ihre Gedanken.

Im folgenden wollen wir jeden dieser Einzelschritte ausführlich erläutern.

1. Treffen Sie eine Abmachung mit sich

Sein Selbstvertrauen aufzubauen und zu stabilisieren ist nicht nur ein wichtiger und notwendiger Schritt, wenn Sie ein mental starker Tennisspieler und Mensch werden wollen, sondern auch eine Herausforderung.
Es ist eine Herausforderung, weil Tennis ein vielseitiger, schneller und aufregender Sport ist, der eine große Geschicklichkeit erfordert. Selbstvertrauen ist eine Eigenschaft, die sich ohne Erfahrung und Übung nicht leicht erwerben oder verbessern läßt. Man darf diese Tatsache nicht aus den Augen verlieren und womöglich anfangen, negativ zu denken oder Gefühlen nachzugeben, die das Selbstvertrauen untergraben. Das passiert vor allem in Wettkampfsituationen.

Fassen Sie feste Vorsätze

Wir empfehlen Ihnen, eine Art Abmachung mit sich zu treffen, um einen Verlust an Selbstvertrauen zu verhindern und eine Situation zu schaffen, in der Ihre Gedanken, Gefühle und Handlungen von Selbstvertrauen getragen werden. Zu dieser Abmachung gehören, wie unten beschrieben, mehrere Vorsätze:

Fassen Sie feste Vorsätze.

Lassen Sie keine Selbstzweifel aufkommen
Denken Sie daran, daß Zweifel, Sorgen und Angst nicht real sind – sie entstehen aus Ihren Gedanken und Gefühlen. Um dafür zu sorgen, daß diese Gedanken, Gefühle und negativen Zustände verschwinden, müssen Sie an allen Bereichen der mentalen Leistungsfähigkeit konsequent arbeiten – an der Selbstbewußtheit, der Motivation, der Selbstdisziplin und den anderen Bereichen.

Zweifeln Sie nicht an sich oder Ihrem Können.

Geben Sie Ihr Bestes
Sie werden Ihr Bestes geben, um Ihr Spiel immer weiter zu verbessern. Dazu gehört, daß Sie nichts »halbherzig« tun. Sie werden bei jeder Übungseinheit, jedem Punkt und jedem Spiel mit Ihrer ungeteilten Aufmerksamkeit und vollem Einsatz dabeisein. Sie spielen also jeden Punkt – im Training wie im Wettkampf – gleich engagiert und konzentriert.

Arbeiten Sie an sich, und geben Sie Ihr Bestes.

Seien Sie realistisch – Sie können nicht perfekt sein.

Sie sind nicht perfekt
Sie werden für sich akzeptieren, daß Sie nicht perfekt sind, und daß es weder realistisch noch hilfreich für Sie oder Ihr Tennisspiel ist, wenn Sie versuchen, perfekt zu sein. Hilfreich ist jedoch die Erkenntnis, daß Sie aus Ihren Fehlern lernen und sie als Basis für Ihre weitere Entwicklung nehmen können – auf dem Tennisplatz wie auch außerhalb.

Vertrauen Sie auf sich und Ihre Fähigkeiten.

Vertrauen Sie auf sich
Sie trauen sich zu, jeden Punkt bei jedem Spiel mit vollem Einsatz und trotzdem entspannt zu spielen – und Spaß daran zu haben.

Erwarten Sie von sich immer nur das Beste
Sie werden von sich immer erwarten, daß Sie bei jedem Spiel gute Leistung bringen – im Training wie im Wettkampf. Gehen Sie an jedes Spiel mit der Einstellung heran, Ihr Bestes zu geben.

Spornen Sie sich dazu an, Ihr Bestes zu geben.

Betrachten Sie jedes Match als positive Herausforderung
Sie werden Drucksituationen und starke Gegner als positive Herausforderungen betrachten, die Tennis zu einer Bereicherung Ihres Lebens werden lassen – und Sie anspornen, Ihr Bestes zu geben.

Halten Sie Ihr Selbstwertgefühl
Sie werden Ihre Leistung als Sportler und Tennisspieler nicht mit Ihrem Selbstwert als Mensch und Persönlichkeit gleichsetzen.

Treffen Sie eine Abmachung mit sich

Trennen Sie Ihre sportliche Leistung von Ihrem Selbstwert als Mensch.

Vielleicht möchten Sie dieser Abmachung, die Sie mit sich selbst treffen, noch den einen oder anderen Punkt hinzufügen. Das könnten Sie zum Beispiel in Form eines Briefes an sich tun. Sozusagen als Gedächtnisstütze dafür, daß Sie, um Selbstvertrauen zu haben, eine innere Abmachung mit sich treffen müssen, in allem, was Sie tun und was Sie sind, zuversichtlich und selbstsicher zu werden und zu bleiben.

2. Schätzen Sie Ihr gegenwärtiges Maß an Selbstvertrauen ein

Wenn Sie Ihr Selbstvertrauen aufbauen und stabilisieren wollen, sollten Sie erst einmal herausfinden, wieviel Selbstvertrauen Sie im Tennis und im Alltagsleben in den verschiedenen Bereichen bereits haben. Aus diesem Wissen um Ihr gegenwärtiges Maß an Selbstvertrauen sollten sich zwei positive Effekte ergeben:

Schätzen Sie Ihr Maß an Selbstvertrauen ein.

- Erstens werden Sie schon allein dadurch, daß Sie diese Selbsteinschätzung machen, mehr Lust haben, konkret etwas für Ihr Selbstvertrauen zu tun.

- Zweitens werden Sie erkennen und sich bewußt werden, daß Selbstvertrauen viele Aspekte hat und Sie es sich mit einem begrenzten Aufwand an Mühe durchaus aneignen können.

Es gibt einige Merkmale, an denen Sie leicht erkennen können, ob Sie beim Aufbau Ihres Selbstvertrauens Fortschritte machen (oder nicht). Die folgenden Empfehlungen für Verhaltensweisen werden Ihnen helfen, Ihr Selbstvertrauen beim Tennis richtig einzuschätzen, was wiederum Ihrer mentalen Stärke zugute kommt.

Indikatoren für ein starkes Selbstvertrauen

Machen Sie sich bewußt, daß Selbstvertrauen keine »Sache« oder »Stimmungslage« ist, die man sich als Ganzes aneignet. Vielmehr ist wichtig zu verstehen, daß Selbstvertrauen viele unterschiedliche Aspekte hat – und jeder ist ein Indikator dafür, wie stark Ihr Selbstvertrauen ist. Wenn Sie diese Indikatoren kennen, können Sie damit auch Ihr Maß an Selbstvertrauen einschätzen. Und das sind die einzelnen Indikatoren:

Glauben Sie daran, daß Sie über die notwendigen Fertigkeiten verfügen, um gute Leistung zu bringen, oder – wenn nicht – daß Sie sie sich durch Ihr Training aneignen können.

- Glauben Sie daran, daß Sie die notwendigen Fähigkeiten haben – im Tennis und im Alltagsleben –, um gute Leistung zu bringen. Fertigkeiten, die Sie derzeit noch nicht haben, werden Sie sich aneignen.

Sport ist dynamisch. Sie werden sich im Zuge Ihrer Entwicklung kontinuierlich verändern, dazulernen und Ihre Fertigkeiten vervollkommnen müssen.

- Machen Sie sich klar, daß Sie, gleichgültig ob im Training oder Wettkampf, Ihr Spiel immer wieder werden korrigieren müssen (Sport ist dynamisch; nichts bleibt gleich; mit Veränderungen muß man jederzeit rechnen).
- Treffen Sie eine Abmachung mit sich, daß Sie alles tun werden, um sich neue Fertigkeiten anzueignen, bereits vorhandene zu vervollkommnen und bei Ihrem Spiel die notwendigen Korrekturen vorzunehmen.

Wann haben Sie ein starkes Selbstvertrauen?

Überlegen Sie jetzt, mit den oben beschriebenen Indikatoren im Kopf, unter welchen Bedingungen und in welchen Situationen Sie beim Tennis viel Selbstvertrauen haben. Um das herauszufinden, stellen Sie sich folgende Fragen:

Finden Sie heraus, wann Sie ein starkes Selbstvertrauen haben und wann nicht.

- In welchen Situationen habe ich ein starkes Selbstvertrauen: bei Übungsspielen, in der Aufwärmzeit vor einem Match, während eines Matches, in anderen Situationen?
- Welche Bereiche meines Spiels geben mir am meisten Selbstvertrauen: Grundlinienspiel, Ballwechsel im Mittelfeld, Netzspiel, mentale Einstellung, Aufschlag, andere Aspekte?
- Wodurch bekomme ich dieses Selbstvertrauen in den genannten Situationen und Bereichen meines Spiels: durch das, was ich denke, was ich sage, wie ich mich fühle, durch mein Können, meine Vorbereitung, anderes?

Untersuchen Sie Ihr tennisspezifisches Selbstvertrauen

Jetzt, wo Sie über diese Fragen nachgedacht und sie beantwortet haben, können Sie die entsprechenden Informationen auf dem folgenden Arbeitsbogen auf Seite 100 unter den entsprechenden Punkten schriftlich festhalten. Damit haben Sie ein klares Bild, in welchen Situationen und Bereichen Sie über ein gutes Selbstvertrauen verfügen.

Wann haben Sie kein Selbstvertrauen?

Die Untersuchung, der Sie sich jetzt stellen, hat mit den Situationen und Bereichen im Tennis zu tun, wo Ihnen Selbstvertrauen fehlt. Beantworten Sie dazu die folgenden Fragen:

- In welchen Situationen habe ich kein Selbstvertrauen: bei Übungsspielen, in der Aufwärmzeit vor einem Match, während eines Matches, in anderen Situationen?
- In welchen Bereichen meines Spiel habe ich am wenigsten Selbstvertrauen: Grundlinienspiel, Ballwechsel im Mittelfeld, Netzspiel, mentale Einstellung, Aufschlag, andere Aspekte?
- Woran liegt es, daß ich in den genannten Situationen und Bereichen meines Spiels so wenig Selbstvertrauen habe: an dem, was ich denke, was ich sage, wie ich mich fühle, an mangelndem Können, schlechter Vorbereitung, an anderen Dingen?

Die Antworten hierzu tragen Sie auf Arbeitsbogen 13 »Tennisspezifisches Selbstvertrauen« ein.

Was gibt Ihnen Selbstvertrauen?

Jetzt können Sie die Informationen über Ihr Selbstvertrauen, die Sie zusammengetragen und auf dem Arbeitsbogen notiert haben, näher analysieren. Dazu sollten Sie überlegen, welche Faktoren es im einzelnen sind, die Ihr Selbstvertrauen fördern. Einige wichtige Faktoren finden Sie unten aufgeführt. Überlegen Sie nun, welche von ihnen *Ihr* Selbstvertrauen fördern:

Finden Sie heraus, welche Faktoren Ihr Selbstvertrauen fördern.

- Ihr aktueller Entwicklungsstand entspricht Ihrem Spielniveau. Sie haben an der Verbesserung Ihrer Fähigkeiten gearbeitet.
- Sie haben einen guten Weg gefunden, sich auf Matches und Wettkampfsituationen vorzubereiten. Dazu gehört auch, daß Sie gute Übungsspiele und Trainingseinheiten absolvieren.
- Sie haben persönliche Ziele, die spezifisch, meßbar, erreichbar, wichtig und zeitlich festgelegt sind.

Es ist wichtig, herauszufinden, welche Faktoren Ihr Selbstvertrauen schwächen.

Programm 13: Tennisspezifisches Selbstvertrauen

Name: **Datum:**

1. Wann fühle ich mich für gewöhnlich voller Selbstvertrauen (z. B. während des Trainings, während der Aufwärmphase vor dem Match, während des Spiels, in anderen Situationen)?

2. Welche Bereiche meines Spiels geben mir das meiste Selbstvertrauen (z. B. das Grundlinienspiel, Ballwechsel im Mittelfeld, das Netzspiel, der Aufschlag, der geistige Ansatz, andere Aspekte)?

3. Wodurch bekomme ich dieses Selbstvertrauen?

4. In welchen Situationen habe ich kein Selbstvertrauen?

5. In welchen Bereichen meines Spiels habe ich am wenigsten Selbstvertrauen?

6. Woran liegt der Mangel an Selbstvertrauen?

- Sie können gut mit positiven Visualisierungen und positiven Affirmationen arbeiten.
- Andere Faktoren.

Was beeinträchtigt Ihr Selbstvertrauen?

Sie haben vorher überlegt, was Ihnen Selbstvertrauen gibt, und ebenso wichtig ist es, herauszufinden, welche Faktoren Ihr Selbstvertrauen beeinträchtigen. Das können unter anderem sein:

- Sie haben einige Ihrer Fertigkeiten nicht ausreichend und bis zu dem für gute Leistungen notwendigen Niveau entwickelt.
- Sie haben keine feste, durchgängige und effektive Methode für Ihr Training und die Vorbereitung auf einen Wettkampf.
- Sie haben keine klar umrissenen persönlichen Ziele, die Ihnen wichtig sind.
- Sie visualisieren und sprechen mit sich in negativer Weise.
- Andere Faktoren.

Machen Sie sich Ihren aktuellen Leistungsstand bewußt.

Nachdem Sie jetzt in der oben beschriebenen Weise eine gründliche Bestandsaufnahme in Sachen Selbstvertrauen gemacht haben, können Sie nun mit Hilfe dieser Informationen Ihr Selbstvertrauen weiter aufbauen, wie es im folgenden erläutert wird.

3. Ermitteln Sie Ihren aktuellen Entwicklungsstand

Ein für Ihr Selbstvertrauen und Ihre mentale Stärke sehr wichtiger Punkt ist, daß Sie so genau wie möglich herausfinden, wo Sie in der Entwicklung Ihrer Fähigkeiten gegenwärtig stehen. Das gilt sowohl für Ihre Fertigkeiten beim Tennis, physisch wie mental, als auch für die Fertigkeiten im Alltagsleben (z. B. wie Sie mit anderen Leuten und in der Schule zurechtkommen).
Gewisse Fertigkeiten zu haben ist sehr wichtig für Ihr Selbstvertrauen, denn ohne sie wird es Ihnen schwerfallen, auf dem Tennisplatz und anderswo gute Leistung zu bringen. Wenn Sie die für eine erfolgreiche

Durchführung Ihrer Vorhaben notwendigen Fertigkeiten nicht besitzen, wird Ihr Selbstvertrauen darunter leiden – es sei denn, Sie wollen die Fertigkeiten, die Sie dazu brauchen, erwerben und weiterentwickeln (mehr dazu im Kapitel über Selbstdisziplin).

Fertigkeiten muß man sich durch kontinuierliche und solide Arbeit erhalten.

Mit Fertigkeiten sind hier nicht die körperlichen Fähigkeiten gemeint, die Sie von Natur aus mitbekommen (wie die natürliche Fähigkeit zu laufen und zu springen). Fertigkeiten fürs Tennisspiel und Alltagsleben sind Dinge, die man sich mit Hilfe einer vernünftigen Planung aneignen und weiterentwickeln, durch effektives und effizientes Training und Üben erhalten kann.

Halten Sie Ihren Entwicklungsstand

Hier einige Empfehlungen, wie Sie über Ihren aktuellen Entwicklungsstand immer auf dem laufenden bleiben:

Machen Sie regelmäßig eine Bestandsaufnahme Ihrer Fertigkeiten.

Machen Sie regelmäßig eine Bestandsaufnahme
Benutzen Sie dazu die Arbeitsbogen in Kapitel 2: »Bestandsaufnahme der Tennisfertigkeiten« auf Seite 41, »Bewertungsskala der körperlichen Fitneß und Kondition« auf Seite 42 und »Checkliste der im Alltag notwendigen Fertigkeiten« auf Seite 44. Wenn Sie eine umfassende Selbsteinschätzung gemacht haben, werden Sie mit Hilfe dieses Instrumentariums noch mehr über Ihre Fertigkeiten erfahren. Wenn nicht, sollten Sie diese Arbeitsbogen jetzt ausfüllen.

Holen Sie die Meinung anderer Leute ein, die an Ihrer Entwicklung interessiert sind.

Holen Sie Meinungen und Feedback ein
Holen Sie Meinungen über Ihre Fertigkeiten von Ihren Trainern und anderen Personen ein, die Sie im Tennis und im Alltagsleben unterstützen wollen und Ihnen objektive Informationen geben können.

Schätzen Sie Ihre Fertigkeiten genau ein
Schätzen Sie die Fertigkeiten, die Sie bereits bis zu einem guten Niveau entwickelt haben, möglichst genau ein. Darauf aufbauend können Sie sich weiterhin verbessern und sich Ihre Fertigkeiten erhalten. Überlegen Sie, an welchen Fertigkeiten Sie weiter arbeiten müssen.

Achten Sie auf das Spielniveau Ihres Gegners
Achten Sie darauf, daß Sie mit gleich starken oder stärkeren Gegnern trainieren beziehungsweise gegen sie spielen. Entscheiden Sie das gemeinsam mit Ihrem Trainer. Ihr Ziel ist, gut und erfolgreich Tennis zu spielen, wobei Sie systematisch immer wieder die Herausforderung durch immer bessere Gegner mit unterschiedlichen Stärken und Techniken suchen.

Prüfen Sie immer wieder Ihren Entwicklungsstand.

4. Beurteilen Sie Situationen und Resultate realistisch

Bei jeder Situation, in die Sie als Tennisspieler kommen, haben Sie die Wahl, wie Sie darauf reagieren und das Resultat analysieren wollen.
Nehmen wir zum Beispiel an, Sie verlieren gegen einen Gegner, den Sie Ihrer Meinung nach »eigentlich schlagen sollten«, weil Sie talentierter und spieltechnisch stärker sind. Sie haben in diesem Fall verschiedene Möglichkeiten, die Situation zu beurteilen: Sie können es negativ sehen und sich sagen, daß Sie eigentlich nicht verlieren dürften, weil Sie der bessere Spieler sind. Oder Sie können die Situation als Herausforderung sehen, überlegen, wie Sie beweisen können, daß Sie tatsächlich der bessere Spieler sind, und sich wieder mit vollem Einsatz auf Ihr Spiel konzentrieren.
Ein Beispiel aus der Schule: Nehmen wir an, Sie haben bei einer Klassenarbeit schlecht abgeschnitten und müssen jetzt entscheiden, ob Sie auf die nächste Arbeit mehr lernen oder ob Sie sich nicht weiter anstrengen und sich mit einer schlechten Note zufriedengeben. Auch hier können Sie die Situation negativ oder positiv sehen.

Beurteilen Sie Situationen und Resultate realistisch.

Positiv kontra negativ

Wie positiv Sie die einzelnen Situationen im Tennis – sowohl auf dem Platz wie außerhalb – beurteilen, kann erhebliche Auswirkungen auf Ihr Selbstvertrauen haben. Sie haben die Wahl, wie Sie Ereignisse und Situationen in Ihrem Leben interpretieren wollen. Sie allein haben es in der Hand.

Sie allein entscheiden, wie Sie eine bestimmte Situation sehen und darauf reagieren wollen.

Sie können eine Sache, die passiert ist, realistisch betrachten, also den Tatsachen entsprechend, und diese persönliche Analyse auf positive Weise nutzen. Wenn Sie zum Beispiel bei einem Match nicht so gut gespielt haben, können Sie sich dieser Tatsache stellen und beschließen, das Match als Lernerfahrung für Ihre Entwicklung zu nehmen.
Auf der anderen Seite können Sie ein Erlebnis in der Weise betrachten, daß Sie sich nicht den Tatsachen stellen, nach Entschuldigungen suchen und die Gründe für die Situation auf Ursachen außerhalb Ihrer selbst zurückführen.
Wenn die Tatsachen die sind, daß Sie ein Match verloren und nicht gut gespielt haben, dann können Sie beschließen, die Situation zu ignorieren – vor der Realität davonlaufen – und sie durch Dinge wie den Bodenbelag, das Wetter oder einen Schiedsrichter zu rechtfertigen. Wenn Sie sich für die realistischere, positive »Ich mache mir nichts vor«-Alternative entscheiden, werden Sie sich trotz der Niederlage gut fühlen, und Ihr Selbstvertrauen wird wachsen und sich weiterentwickeln. Ignorieren Sie hingegen die Tatsachen und stellen sich der Realität nicht, wird Ihr Selbstvertrauen mit ziemlicher Sicherheit darunter leiden.

Wählen Sie die positive, realistische Alternative

Sie allein haben es in der Hand, Situationen und Ereignisse in Ihrem Leben positiv oder negativ zu interpretieren.

Wenn Sie in eine Situation geraten, die nicht Ihren Erwartungen entspricht oder sich alles gegen Sie wendet, sollten Sie sich klarmachen, daß der leichte Weg der ist, die Sache negativ zu sehen und sie im Selbstgespräch negativ darzustellen. Damit untergraben Sie Ihr Selbstvertrauen. Es kann jedoch genauso leicht sein – auch wenn es die ersten Male, wo Sie es versuchen, vielleicht schwierig ist –, solche Situationen realistisch zu sehen und als Sprungbrett für Ihre weitere Entwicklung und mentale Leistungsfähigkeit zu betrachten. Hier ein paar Tips dazu:

Niemand ist perfekt
Machen Sie sich ab und zu bewußt, daß kein Mensch in irgend etwas, was er macht, perfekt ist. Das gilt für

Weltklasse-Tennisspieler, andere herausragende Profisportler, und auch für Sie. Niemand ist perfekt. Wer von sich glaubt, er sei perfekt, ist realitätsfremd und programmiert Mißerfolge vor.

Niemand ist perfekt. Wer von sich glaubt, er sei perfekt, ist realitätsfremd und programmiert Mißerfolge vor.

Wer perfekt sein will, programmiert damit automatisch seinen Mißerfolg vor, denn Perfektheit ist ein faktisch unerreichbarer Zustand.

Egal, wie gut jemand etwas kann, sein Können wird immer gewissen Schwankungen unterworfen sein, seine Leistung von Tag zu Tag variieren. Die Aufgabe ist deshalb nicht, perfekt zu sein, sondern seine Sache gut zu machen, und zwar möglichst konstant, und Dinge, die nicht so gelaufen sind wie erwartet, zu erkennen und daraus zu lernen.

Geben Sie Fehler zu

Seine Fehler zugeben ist der erste Schritt, um Selbstvertrauen aufzubauen.

Wenn Sie wissen, daß Sie spieltechnisch oder mental einen Fehler beim Tennis gemacht haben, ist es für Ihr Selbstvertrauen wichtig, daß Sie sich diese Tatsache eingestehen. Ebensowichtig ist, daß Sie sofort etwas tun, damit Ihnen dieser Fehler in Zukunft nach Möglichkeit nicht mehr unterläuft. Ein spieltechnischer Fehler wäre zum Beispiel ein falscher Schlag oder eine falsch gewählte Position auf dem Platz. Ein mentaler Fehler wäre, wenn Sie vergessen, auf Gelassenheit zu achten, oder sich nicht auf jeden Aufschlag konzentrieren.

Versuchen Sie, denselben Fehler in Zukunft möglichst zu vermeiden.

Wenn solche Fehler passieren, sollten Sie sich als erstes diese Fehler eingestehen. (Sie erinnern sich: Niemand ist perfekt!) Dann sollten Sie sich fragen, was Sie falsch gemacht haben und was Sie aus der Situation lernen können, damit Sie diesen Fehler nicht wiederholen. Wenn es Ihnen hilft, fragen Sie jemanden um Rat. Oft ist es schwierig, die eigenen Fehler und Schwächen klar zu erkennen.

Überlegen Sie, was Sie tun können, damit Ihnen derselbe Fehler in Zukunft möglichst selten passiert. Das könnte zum Beispiel sein, sich besser über die richtige Schlagtechnik zu informieren, das Training mehr zu variieren, härter zu trainieren, neue Strategien anzuwenden oder mehr an den einzelnen Fertigkeiten zu arbeiten.

Lassen Sie sich nicht durch Dinge blockieren, die außerhalb Ihrer Kontrolle liegen. Konzentrieren Sie sich auf das, was Sie selbst kontrollieren können.

Geben Sie nicht anderen die Schuld
Schieben Sie die Schuld für Ihre schwache Leistung nicht auf Dinge außerhalb Ihrer selbst. Solche äußeren Umstände, die Ihre Leistung beeinflussen können, sind zum Beispiel die Wetterbedingungen, die Qualität oder Art des Bodenbelags, vermeintliches Schummeln des Gegners, Druck von seiten der Eltern oder Ihre körperliche Verfassung. Es ist sehr schwierig, wenn nicht gar unmöglich, wirklich etwas gegen solche Dinge zu tun. Und je mehr Sie das versuchen, um so negativer können sie sich auswirken.
Sie nutzen Ihre Zeit und Energie viel effektiver und effizienter, wenn Sie sich auf die Dinge konzentrieren, die Sie zur Steigerung Ihrer Leistung wirklich tun können: (a) wie Sie zum Tennisspielen mental stehen, (b) wie Sie sich beim Spielen fühlen, und (c) Fertigkeiten, Gewohnheiten und Einstellungen, die Sie entwickeln können, damit Sie mit der Zeit Ihr höchstes Leistungsniveau erreichen.

Jede Aktivität ist eine Lernerfahrung

Jede Situation als Lernerfahrung zu nehmen ist ein gesunder und positiver Weg, im Sport wie im Leben.

Betrachten Sie jedes Mal, wo Sie Ihren Fuß auf den Tennisplatz setzen, als eine Lernerfahrung. Das gilt für das Training wie für den Wettkampf. Eine Lernerfahrung beinhaltet, die Realität zu akzeptieren – die Tatsachen dessen, was Sie tun –, und dann zu überlegen, was Sie aus dieser Erfahrung herausziehen können – Gutes oder Schlechtes –, so daß Sie anschließend das Entsprechende tun können, um ein besserer Tennisspieler und Mensch zu werden. Deshalb empfehlen wir Ihnen, sich nach jedem Übungsspiel oder Match genügend Zeit zu nehmen und allein, aber auch mit Ihrem Trainer, zu überlegen und zu besprechen, was Sie gelernt haben und was Sie das nächste Mal besser machen können.
Diese Art von Akzeptanz wird Ihr Selbstvertrauen stärken, weil Sie damit die Dinge, die Sie tun können, um Fortschritte zu machen und Ihre Leistung zu steigern, selbst »in die Hand nehmen«, also kontrollieren. Was nichts anderes bedeutet, als daß Sie mental leistungsfähig sind im Tennis.

Was kann schlimmstenfalls passieren?

Machen Sie sich die Haltung zu eigen, daß Sie sich, wenn die Dinge nicht so laufen, wie Sie es gerne hätten – im sportlichen Bereich und darüber hinaus –, der Situation stellen und ihr nicht aus dem Weg gehen. Fragen Sie sich: »Was könnte schlimmstenfalls passieren, wenn ich in einer bestimmten Situation nicht so gut bin wie erwartet?« Wägen Sie die Wichtigkeit dieses einen Ereignisses gegen andere Aspekte Ihres Lebens wie Gesundheit, Familie und Ihre Überzeugungen ab.
Wenn Sie eine bestimmte Situation in einen größeren Zusammenhang setzen, können Sie sie viel eher im richtigen Verhältnis sehen und mit Selbstvertrauen an Ihre nächste Herausforderung herangehen.

Setzen Sie eine bestimmte Situation in einen größeren Zusammenhang, um sie im richtigen Verhältnis zu sehen.

Sie haben es in der Hand

Vergessen Sie niemals, daß Sie allein es in der Hand haben, wie Sie denken, fühlen und handeln. Sie allein entscheiden, ob Sie Ihr Selbstvertrauen aufbauen wollen oder ob Sie sich sagen, daß Sie das nicht schaffen. Wir möchten Sie in der Entscheidung bestärken, Ihr Selbstvertrauen aufzubauen und zu stabilisieren, indem Sie sich den Situationen und Herausforderungen stellen – auf dem Tennisplatz und auch außerhalb.

Sie allein haben es in der Hand, Selbstvertrauen zu entwickeln (oder nicht).

5. Lernen Sie Ihre Sinne zu kontrollieren

Für die Entwicklung Ihres Selbstvertrauens wie auch für Ihre mentale Leistungsfähigkeit insgesamt ist es hilfreich, wenn Sie sich Ihrer Sinne bewußt sind – vor allem in Wettkampfsituationen wie einem Match. Wenn Sie sich Ihrer Sinne bewußt sind und sie kontrollieren können, können Sie an den Dingen, die Ihr Selbstvertrauen beeinträchtigen, aktiv etwas ändern. Und Sie können auf den positiven Dingen, die Sie erleben, aufbauen. Es sind vor allem drei Sinne, derer Sie sich bewußt sein, die Sie unter Kontrolle haben sollten, und zwar der Gesichts-, der Gehör- und der Muskelsinn:

Lernen Sie drei wichtige Sinne bewußt wahrzunehmen und zu kontrollieren: Gesichtssinn, Gehörsinn und Muskelsinn.

Der **Gesichtssinn** bezieht sich auf die Dinge, die Sie sehen, während Sie spielen (z. B. die Bewegungen des Gegners), und die Dinge, die dabei vor Ihrem geistigen Auge ablaufen (bildhafte Vorstellung).
Der **Gehörsinn** nimmt die Geräusche wahr, die Sie beim Spielen hören (z. B. Äußerungen der Zuschauer, Ansagen des Schiedsrichters), und auch das, was Sie zu sich selbst sagen (z. B. positive oder negative Selbstgespräche).
Der **Muskelsinn** meldet Ihnen die Empfindungen der Muskeln (z. B. Lockerheit, Angespanntheit beim Spiel).

Hemmende kontra förderliche Wahrnehmungen

Erkennen Sie, welche Faktoren Ihr Selbstvertrauen beeinträchtigen oder stärken.

Wenn Sie Ihren Gesichts-, Gehör- und Muskelsinn kontrollieren, nehmen Sie Dinge, die Ihr Selbstvertrauen entweder beeinträchtigen oder stärken, bewußter wahr. Diese hemmenden oder förderlichen Wahrnehmungen haben zu tun mit:

- bestimmten Situationen vor oder während eines Matches;
- den Gefühlen, die diese bestimmten Situationen in Ihnen auslösen;
- Ihren Gedanken in der jeweiligen Situation;
- den Muskelempfindungen in diesen Situationen.

Wenn Sie wissen, welche Faktoren Ihr Selbstvertrauen beeinträchtigen oder fördern, sind Sie in einer guten Position, um etwas zu verändern und effektive Maßnahmen in Ihr tägliches Training einzubauen.

Wie Sie Ihre Sinne kontrollieren lernen

Hier einige Tips, wie Sie Ihre Sinne kontrollieren lernen, und zwar vor und während eines Wettkampfmatches:

Lernen Sie die Situationen zu erkennen, wo Sie am wenigsten Selbstvertrauen haben.

1. Schritt
Finden Sie heraus, in welchen Situationen Sie am wenigsten Selbstvertrauen haben. Vor einem Match könnte das sein: kurz bevor Sie auf den Platz gehen, während Sie warten, beim Einschlagen mit dem Gegner vor dem Match, oder wenn Sie zu spielen beginnen.

Oder es können bestimmte Spielsituationen sein: wenn Sie den ersten Punkt eines Spiels machen, wenn Sie den letzten Punkt eines Spiels machen, bei entscheidenden Breakpunkten oder beim Seitenwechsel. Kurz, jede Situation, wo Sie Ihr Selbstvertrauen verlieren.

2. Schritt

Sobald Sie herausgefunden haben, in welchen Situationen Sie offenbar besonders wenig Selbstvertrauen haben, können Sie leichter erkennen, welche Gefühle in diesen Situationen auftreten. Meistens sind es Gefühle wie Angst, Unruhe oder Zweifel.

Gefühle dieser Art haben oft damit zu tun, daß man nicht weiß, wie eine bestimmte Situation ausgehen wird. Die Folge davon ist, daß Sie eher an Ihrer Fähigkeit zweifeln, sich technisch oder mental zu behaupten. Das kann Ihr Selbstvertrauen sehr beeinträchtigen. Sie nehmen die aktive »Hier und Jetzt«-Situation nicht mehr richtig wahr. Angst, Unruhe und Zweifel können sich hochschaukeln, wenn Ihr Selbstvertrauen gering oder in irgendeiner Weise beeinträchtigt ist. Versuchen Sie so genau wie möglich herauszufinden, welcher Art Ihre Gefühle sind, wann sie auftreten und was dabei in Ihnen vorgeht.

Wenn Sie wissen, in welchen Situationen Sie besonders wenig Selbstvertrauen haben, sollten Sie herausfinden, welche Gefühle damit verbunden sind.

3. Schritt

Wenn Sie herausgefunden haben, welche negativen Gefühle in einer bestimmten Situation auftreten, sollten Sie auch die damit verbundenen Gedanken und Wahrnehmungen zu erkennen versuchen. Im allgemeinen sind das negative Feststellungen sich selbst gegenüber (z. B. Ich mache doch nichts richtig; egal, was ich mache, es klappt nicht; ich kann einfach nicht gewinnen) oder negative Wahrnehmungen (z. B. daß Sie Ihren Gegner als einschüchternd wahrnehmen; daß alle engen Schiedsrichterentscheidungen zu Ihren Ungunsten ausgehen).

Machen Sie sich bewußt, welche negativen Aussagen Sie mit einer bestimmten Situation verbinden.

4. Schritt

Sie können auch feststellen, welche bestimmten Muskelempfindungen Sie in Situationen erleben, wo Sie wenig Selbstvertrauen haben. Im allgemeinen sind das

Muskelempfindungen können auch mit bestimmten Situationen zusammenhängen, wo Sie wenig Selbstvertrauen haben.

Empfindungen, die mit angespannten oder verkrampften Muskeln zu tun haben. Sie können sich auf bestimmte Muskelgruppen beschränken (z. B. Schulter oder Rücken) oder den ganzen Körper betreffen. Versuchen Sie in jedem Fall herauszufinden, welche Empfindungen mit bestimmten Situationen in Zusammenhang stehen.

Achten Sie auf Dinge, die Ihr Selbstvertrauen stärken

Neben der Kontrolle Ihrer Sinne hinsichtlich negativer Situationen, Gefühle, Gedanken, Wahrnehmungen und Muskelempfindungen können Sie auch herausfinden, welche positiven Faktoren bei jeder Situation oder Erfahrung in Ihrem Leben mitwirken – auf dem Tennisplatz wie in anderen Bereichen. Sie können diese Kontrolle der Sinne auch dazu benützen, auf Dinge zu kommen, die Ihr Selbstvertrauen stärken. Dabei können Sie in der gleichen Weise vorgehen wie oben im Hinblick auf Wettkampfmatches beschrieben:

- Finden Sie heraus, in welchen Situationen Sie besonders viel Selbstvertrauen haben.
- Überlegen Sie, welche positiven Gefühle Ihnen in diesen bestimmten Situationen Selbstvertrauen geben.
- Überlegen Sie, welche Gedanken und Wahrnehmungen diese positiven Gefühle begleiten.
- Beschreiben Sie Ihre Muskelempfindungen. Normalerweise sollten Sie Ihre Muskeln dann als entspannt, stark und kraftvoll empfinden.

Negatives ausschalten, Positives verstärken

Lernen Sie, Ihre Sinne vor und während eines Wettkampfmatches zu kontrollieren.

Wenn Sie Ihre Sinne vor und während eines Wettkampfmatches kontrollieren, werden Sie dabei Aspekte entdecken, die Ihr Selbstvertrauen beeinträchtigen, und andere, die es aufbauen. Mit Hilfe dieser Informationen können Sie dann konkret etwas tun, um Negatives auszuschalten und Positives zu verstärken. Dazu ist es wichtig zu wissen, wie Sie Ihre Atmung einsetzen, wie Sie sich entspannen und wie Sie mit negativen und

unerwünschten Gedanken fertigwerden können, die Ihr Selbstvertrauen beeinträchtigen.
Welche Techniken und Vorgehensweisen Ihnen hier am meisten helfen, wollen wir nachfolgend erläutern.

Lernen Sie, die Atmung in Training und Wettkampf zu Ihrem Vorteil einzusetzen.

6. Setzen Sie die Atmung zu Ihrem Vorteil ein

Die Art, wie Sie in Training und Wettkampf atmen, hat Auswirkungen auf Ihr Selbstvertrauen. Sind Sie entspannt, ruhig und positiv gestimmt, atmen Sie anders als dann, wenn Sie angespannt, ängstlich, gestreßt oder in einem anderen negativen Zustand sind.
Sie können Ihr Selbstvertrauen stärken, indem Sie lernen, die Atmung zu Ihrem Vorteil einzusetzen. Mit etwas Übung können Sie Ihre Atmung so steuern, daß Sie in einen entspannten, ruhigen und positiven Zustand kommen und ihn halten können. Das steigert und stabilisiert Ihr Selbstvertrauen und damit auch Ihre mentale Leistungsfähigkeit insgesamt.

Trainieren Sie Ihre Atmung

Sie können Ihre Atmung kontrollieren lernen, was Ihr Selbstvertrauen ebenfalls stärkt.

Hier eine Atemtechnik, die Sie leicht erlernen können, um Ihre Atmung zu kontrollieren und sie während des Spiels zu Ihrem Vorteil einzusetzen:

1. Üben Sie das Einatmen – atmen Sie langsam durch die Nase ein, kontinuierlich und ganz tief. Entspannen Sie sich dabei, strengen Sie sich nicht an. Zählen Sie beim Einatmen bis vier.
2. Halten Sie den Atem etwa fünf Sekunden lang an, bevor Sie ausatmen. Spüren Sie, wie Ihr ganzer Körper entspannt und energiegeladen ist. In diesem positiven Zustand visualisieren Sie, wie Sie auf dem Tennisplatz stehen und so spielen, wie Sie es gerne möchten – in einer ganz bestimmten Weise –, zum Beispiel mit einem perfekten Passierball einen Punkt machen.
3. Dann atmen Sie langsam und kontinuierlich durch den Mund aus. Zählen Sie dabei bis sieben oder neun oder zehn. Spüren Sie wieder, daß Sie in einem ganz entspannten oder positiven Zustand sind. Denken Sie dabei daran, wie gut Sie Tennis spielen.

Nutzen Sie die Atmung, um sich zu entspannen sowie negative und leistungsmindernde Zustände auszuschalten.

Verlangsamen Sie Ihre Atemfrequenz

Die obengenannte Technik zielt darauf ab, Ihre Atemfrequenz zu verlangsamen. Wenn Sie in der Vorbereitung auf ein Spiel oder schon mittendrin sind und nervös, angespannt oder ängstlich, können Sie darauf zurückgreifen. Sie können diese Technik auch einsetzen, wenn Sie merken, daß Sie in einen negativen Zustand hineinkommen.

7. Lernen Sie zu entspannen

Wenn Sie entspannt sind, können Sie die Spannung Ihrer Muskeln kontrollieren. Sie haben damit eine bessere Kontrolle über Ihren Körper, sind gelassener und haben sich auch mental im Griff. Und Sie lernen dadurch, sich selbst mehr Selbstvertrauen zu geben.
Um in diese positiven Zustände zu kommen, müssen Sie jedoch lernen, zwei Dinge unter Kontrolle zu bekommen:

Sie sollten in der Lage sein, Ihre Gedanken zu kontrollieren und Unterschiede in der Muskelspannung zu erkennen.

- Erstens sollten Sie in der Lage sein, zu kontrollieren, was Sie denken.
- Zweitens sollten Sie in der Lage sein, Unterschiede in der Muskelspannung zu erkennen. Das bedeutet, daß Sie wissen müssen, wann die Muskelspannung zu- und wann sie abnimmt, und zwar bei allen Muskeln im Körper. Dazu müssen Sie zuerst lernen, wie Sie Ihre Muskeln kontrollieren und entspannen können, indem Sie progressive Entspannung machen.

Progressive Entspannung

Hier eine Technik zur progressiven Entspannung, für die Sie etwa zehn Minuten benötigen:

Mit progressiver Entspannung lernen Sie, Ihre Muskeln zu kontrollieren und zu entspannen.

1. Gehen Sie in einen Raum, wo Sie Ruhe haben und von niemandem gestört werden. Setzen Sie sich auf einen bequemen Stuhl oder auch auf den Fußboden.
2. Schließen Sie jetzt die Augen, und atmen Sie etwa eine Minute lang so, wie vorher beschrieben. Während Sie nun mit geschlossenen Augen atmen, spü-

ren Sie, wie Sie sich entspannen – »lockerlassen« – und dabei ganz gelassen und positiv gestimmt werden.

3. Als nächstes strecken Sie beide Arme aus. Dann ballen Sie Ihre Hände zur Faust. Steigern Sie dabei langsam die Muskelspannung in den Fäusten. Steigern Sie die Spannung, bis Ihre Hände ganz fest zur Faust geballt sind.
   Nun verringern Sie allmählich die Spannung in den Händen. Lassen Sie dabei Ihre Arme langsam wieder in ihre natürliche Ausgangsstellung zurückkehren, so daß sie locker am Körper herunterhängen. Machen Sie sich bewußt, wie unterschiedlich sich Ihre Muskeln anfühlen, wenn Sie angespannt und wenn Sie entspannt sind. Achten Sie auch bei allen folgenden Übungen der progressiven Entspannung auf diesen Unterschied.

Machen Sie sich bewußt, wie unterschiedlich sich Ihre Muskeln anfühlen, wenn Sie angespannt und wenn Sie entspannt sind.

Machen Sie regelmäßig progressive Entspannung.

4. Jetzt gehen Sie bei jedem der nachfolgend genannten Muskeln oder Muskelgruppen genauso vor:
   - Spannen Sie die Muskeln an
   - Halten Sie die Spannung in den Muskeln
   - Machen Sie sich die Spannung in den Muskeln bewußt
   - Lösen Sie die Spannung
   - Machen Sie sich den entspannten Zustand bewußt

   Wenden Sie diese progressive Entspannung bei folgenden Muskelgruppen an:
   - Muskeln von Unterarm und Ellbogen
   - Muskeln in Stirn und Gesicht
   - Muskeln im Nacken
   - Schultern, oberer und unterer Teil des Rückens
   - Brust
   - Bauch
   - Oberschenkel
   - Unterschenkel
   - Füße und Zehen
5. Jetzt konzentrieren Sie sich darauf, die Muskeln in Ihrem Körper zu entspannen. Achten Sie dabei vor allem auf die Bereiche Ihres Körpers, die noch irgendwie angespannt sind. Entspannen Sie diese Bereiche noch einmal.

6. Öffnen Sie die Augen. Strecken und dehnen Sie sich. Sie sollten sich jetzt entspannt und frisch fühlen.

Sie sollten die progressive Entspannung regelmäßig machen, so daß sie Ihnen in Fleisch und Blut übergeht. Dabei sollten Sie nicht nur lernen, wie Sie Ihre Muskeln entspannen können, sondern auch herausfinden, wie entspannt Sie sein müssen, um ein Maximum an Schnelligkeit, Kraft und Genauigkeit bei Ihren Schlägen zu erreichen.
Wenn Sie schon etwas mehr Übung in der Entspannung Ihrer Muskeln haben, sollten Sie versuchen, sie schnell zu entspannen, ohne die einzelnen Muskelgruppen wie beschrieben ganz entspannen zu müssen. Sie müssen dazu nur so lange üben, bis Sie an den Punkt kommen, wo Sie Ihre Muskeln ganz schnell entspannen können, indem Sie bestimmte Dinge denken oder visualisieren.

8. Kontrollieren Sie Ihre Gedanken

Stärken Sie Ihr Selbstvertrauen, indem Sie Ihre Gedanken kontrollieren lernen.

Sie können Ihr Selbstvertrauen auch stabilisieren, indem Sie Ihre Gedanken kontrollieren lernen. Achten Sie darauf, daß Sie möglichst positiv denken und negative Gedanken, soweit es geht, ausschalten.
Ein positiver Gedanke ist einer, der Ihnen ein klares und nützliches Bild davon vermittelt, wie Sie Ihre Sache gut machen. Wenn Sie zum Beispiel daran denken, ein großartiges Match zu spielen und Spaß am Spiel zu haben, denken Sie in einer positiven und konstruktiven Weise. Positives Denken dieser Art wird Ihr Selbstvertrauen stärken und stabilisieren.

Negative Gedanken können Ihr Spiel sowohl mental wie physisch beeinträchtigen.

Im Gegensatz dazu ist ein negativer Gedanke einer, der Ihnen ein Bild vermittelt, wie Sie Ihre Sache nicht gut machen. Negative Gedanken werden von Gefühlen wie Angst und Nervosität begleitet. Wenn Sie zum Beispiel vor Ihrem geistigen Auge das Bild haben, daß Sie den Aufschlag Ihres Gegners nicht gut retournieren und deshalb ängstlich oder nervös werden, haben Sie einen negativen Gedanken im Kopf, der Ihr Selbstvertrauen sehr wahrscheinlich beeinträchtigen wird. Das ist insbesondere bei Wettkampfmatches der Fall.

Wenn Sie sich auf negative Gedanken konzentrieren, die sich störend auswirken und Angst auslösen, sind Sie sowohl mental wie physisch aus dem Gleichgewicht, also *mental schwach.* Es wird Ihnen schwerfallen, sich überhaupt auf irgendeinen Aspekt des Matches zu konzentrieren. Sie sind dann nicht bei der Sache und haben wenig Selbstvertrauen.
Wenn Sie sich jedoch auf positive Gedanken konzentrieren und negative Gedanken, die Ihnen durch den Kopf gehen, bewußt ausschalten, können Sie sich viel besser konzentrieren und haben mehr Vertrauen zu sich und Ihrem Spiel. Das heißt, Sie sind *mental stark.*

So kontrollieren Sie Ihre Gedanken

Sie können einiges tun, um Ihre Gedanken in Training und Wettkampf zu kontrollieren. Die hier vorgeschlagenen Schritte lassen sich jederzeit umsetzen – sowohl auf dem Tennisplatz wie außerhalb:

Lernen Sie, zu negativen Gedanken »nein« zu sagen.

1. Schritt
Wenn Sie sich bei einem negativen Gedanken ertappen, sagen Sie einfach »nein« zu diesem Gedanken, um ihn zu stoppen. Das ist im Prinzip das gleiche, als würden Sie »nein« zu irgend jemandem sagen, der etwas von Ihnen möchte, was Sie nicht wollen oder was Ihnen sogar schaden könnte.

2. Schritt
Wenn Sie zu dem negativen Gedanken nein gesagt haben, konzentrieren Sie sich sofort auf einen positiven Gedanken. Das hilft Ihnen, Ihre Aufmerksamkeit auf Positives zu richten, und Sie fühlen sich auch besser.

Konzentrieren Sie sich auf positive Gedanken.

3. Schritt
Außerhalb des Tennisplatzes ist auch die Methode hilfreich, einen negativen Gedanken »loszulassen«. Sie achten einfach nicht auf den Gedanken, lassen ihn los und konzentrieren sich nicht auf ihn. Spüren Sie, wie er weggeht. Dann denken Sie an etwas, das angenehmer und konstruktiver ist. Gratulieren Sie sich zu der klugen Entscheidung, sich lieber auf einen positiven als einen negativen Gedanken zu konzentrieren.

Üben Sie, die negativen Gedanken »loszulassen«.

Erinnern Sie sich daran, daß Sie Ihre Gedanken kontrollieren und in positive verwandeln können.

4. Schritt
Erinnern Sie sich regelmäßig daran, daß Sie fähig sind, Ihre Gedanken zu kontrollieren. Und seien Sie stolz darauf, daß Sie das können. Denken Sie immer daran: Lassen Sie sich und Ihr Selbstvertrauen nicht von Gedanken beeinflussen, außer von den positiven, die Sie sich selbst aussuchen.

Zusammenfassung

In diesem Kapitel haben wir uns auf den Aufbau und die Stabilisierung Ihres Selbstvertrauens als charakteristische Eigenschaft eines mental leistungsfähigen Tennisspielers konzentriert. Wir haben dargelegt, wie wichtig es ist, Selbstvertrauen zu haben – auf dem Tennisplatz wie in anderen Lebensbereichen –, und sich bewußt zu sein, wie stark Ihr Selbstvertrauen in den verschiedenen Situationen ist. Wir haben Ihnen gezeigt, welche Vorteile Ihnen Selbstvertrauen bringt, und daß Sie bestimmte Probleme damit verhindern können. Dann haben wir Entwicklungsstufe 3 des mentalen Erfolgsprogramms erläutert: sein Selbstvertrauen aufbauen und stabilisieren.
Und schließlich haben Sie noch erfahren, was Sie im einzelnen tun können, um Ihr Selbstvertrauen erfolgreich aufzubauen. Unsere Empfehlungen waren:

- Treffen Sie eine Abmachung mit sich.
- Schätzen Sie Ihr gegenwärtiges Maß an Selbstvertrauen ein.
- Ermitteln Sie Ihren aktuellen Entwicklungsstand.
- Beurteilen Sie Situationen und Resultate realistisch.
- Lernen Sie Ihre Sinne zu kontrollieren.
- Setzen Sie die Atmung zu Ihrem Vorteil ein.
- Lernen Sie zu entspannen.
- Kontrollieren Sie Ihre Gedanken.

Wir wollen uns nun mit der Selbstdisziplin beschäftigen, einem weiteren wichtigen Baustein der mentalen Leistungsfähigkeit.

Erarbeitung und Erhalt von Selbstdisziplin

5

Boris Becker hatte, als dieses Buch geschrieben wurde, bereits eine neunjährige Tenniskarriere hinter sich, die damit begann, daß er als jüngster Spieler aller Zeiten in Wimbledon gewann. Er war erst 17. Inzwischen hat er sechs Grand Slams gewonnen und ist in Deutschland zum Nationalhelden geworden. Auf der ganzen Welt kennen ihn die Menschen, ob sie selbst Tennis spielen oder nicht, als den Spieler, der keinen Ball verloren gibt, egal, ob er sich dazu in den Platz wühlen, zum Mond springen oder einen Mundvoll Sand schlucken muß. Sehr jung zum Champion geworden, mußte er hart arbeiten, um weiterhin gut zu sein, oder noch besser (kann es nach einem Wimbledonsieg mit 17 überhaupt noch eine Steigerung geben?), um sich in der luftigen Höhe zu halten, wo ihn die »Tenniswelt« und alle seine Fans sehen wollten.

Sportler, die schon in jungen Jahren sehr erfolgreich sind, kommen oft an einen Punkt, wo ihnen die frühere Begeisterung, der Elan zum Teil verlorengeht. Sie werden reifer, entdecken die Welt und machen sich Gedanken darüber, was es da draußen noch alles gibt, auch an Möglichkeiten für sie selbst. Ich denke, das trifft in gewissem Maße auf Boris zu (und war vielleicht auch bei Björn Borg so). Er hatte auf einmal neue Möglichkeiten und Interessen. Er wurde erwachsen und reifer. Die eigene Familie ist für ihn sicherlich eine einzigartige Aufgabe, die seine Aufmerksamkeit und Zeit sehr in Anspruch nimmt. Er muß seine Prioritäten abwägen und entscheiden, was er will.

Wenn ein Weltklassesportler – und es sind nur einige wenige, die zu den Besten gehören können – sich nicht

Der Wille zu gewinnen ist wichtig, entscheidend aber ist der Wille, sich optimal vorzubereiten.

Joe Paterno

Football-Trainer, Pennsylvania

Du mußt dich einfach immer wieder antreiben. Bis zur letzten Sekunde, bis du das Schlußsignal hörst.

Larry Bird

Basketballer der Boston Celtics

mehr voll auf seine Arbeit konzentriert (die Begeisterung, den »Drive« verliert), können daraus Durchhängephasen werden, aus denen mancher nicht mehr herauskommt.

Als ich Ende 1993 mit Boris zu arbeiten begann, war meine erste Frage an ihn: »Möchtest du Tennis spielen und wieder auf das Niveau kommen, das du früher hattest?« Seine Antwort war: »Ja, ja, ja!« Er fand seine ursprüngliche Begeisterung wieder und arbeitete härter als jemals zuvor in seinem Leben, mit nur einem Ziel im Kopf: seinen rechtmäßigen Platz in der Tennisgeschichte zurückzuerobern.

Widerstände überwindet man am besten durch Beharrlichkeit.

Woody Hayes
Football-Trainer, Ohio

Boris mußte seine Ziele überdenken und seine Prioritäten neu setzen. Er mußte entscheiden, ob er noch einmal alles tun wollte, um in Bestform zu kommen. Becker mußte sich Maßstäbe setzen, die alle Grenzen sprengten. Er mußte jetzt eine ganz andere Spielstrategie entwickeln als bei seinem ersten Sturm an die Spitze. Seine Verpflichtungen hatten mit dem Alter zugenommen, die Konkurrenz war schärfer geworden. Er war kein junger Bursche mehr mit wenig Pflichten und Verantwortung, sondern ein verheirateter Mann und Vater, ein millionenschwerer Geschäftsmann, auf den ganz Deutschland schaute, dessen Comeback alle erwarteten und erhofften.

Nach guter deutscher Art wurde alles perfekt durchkalkuliert. Er beschloß, sich seine Position in der Tenniswelt zurückzuerobern. Er wählte sich sein Team aus und ließ keinen Bereich unberücksichtigt, wo es noch etwas zu verbessern gab. Er stellte einen Arbeitsplan auf, in den auch Übungsspiele und Matches miteinbezogen wurden, und forderte sich bis an die Grenzen seines Könnens und seiner Kraft. Er achtete bei der Teilnahme an Turnieren konsequent darauf, daß er bei den wichtigsten in Höchstform war. Er fand die richtige Balance zwischen Privat- und Tennisleben. Er traf eine Entscheidung, stellte eine Spielstrategie auf und zog die Sache durch. Er schaute nach vorne, nicht zurück.

Nick Bollettieri

An seiner Selbstdisziplin arbeiten

Was Sie in diesem Kapitel erwartet

Wir werden uns in diesem Kapitel damit befassen, wie Sie Selbstdisziplin entwickeln und üben können, damit Sie der beste Tennisspieler – und Mensch – werden, der Sie werden können. Selbstdisziplin ist die Fähigkeit, drei verschiedene und dennoch miteinander zusammenhängende Aktivitäten erfolgreich zu meistern. Es sind dies:

1. Aktiv auf Ziele hinarbeiten, die Sie erreichen wollen. Das erfordert im allgemeinen persönliche Pläne.
2. Seine Vorhaben trotz mancher Rückschläge durchziehen.
3. Notwendige Korrekturen vornehmen, um im Erreichen seiner Ziele effektiver zu sein.

Ernsthafte Sportler sind sowohl in ihrem Sport wie in anderen Lebensbereichen diszipliniert.

Aus unserer Arbeit mit Tennisspielern und anderen Sportlern wissen wir, daß die meisten, die ein bestimmtes hohes Leistungsniveau erreicht haben, im Sport wie in anderen Lebensbereichen sehr diszipliniert sind.

Weshalb Selbstdisziplin so wichtig ist

Wenn Sie wissen, was Sie im Tennis sowohl kurz- wie langfristig erreichen wollen, haben Sie schon einen ersten positiven Schritt auf dem Weg zu Ihrem Ziel getan. Sie werden motivierter sein und bleiben, wenn Sie sich Ihrer selbst bewußt sind und sich persönliche Ziele setzen. Und zu wissen, was Sie wollen, wird Ihnen helfen, ein disziplinierter Mensch und mental leistungsfähiger Tennisspieler zu sein.

Notwendige Korrekturen vornehmen

Wenn Sie die zum Erreichen Ihrer Ziele erforderlichen Aktivitäten genau planen und sie durchziehen, auf dem Weg dahin aber auch die notwendigen Korrekturen vornehmen, arbeiten Sie aktiv an Ihrer Selbstdisziplin.

Zu wissen, was Sie erreichen wollen und weshalb, ist eine notwendige – aber nicht die einzige – Voraussetzung, wenn Sie Ihre Leistung im Tennis steigern möchten. Sie müssen außerdem in der Lage sein, entsprechende Aktivitäten in Gang zu setzen und durchzuziehen. Mit anderen Worten, Sie brauchen Selbstdisziplin. So könnten Sie beim Tennistraining zum Beispiel einplanen, auf der Vorhand- und Rückhandseite jeweils zehn Minuten Drills die Linie entlang in die hintere Hälfte des gegnerischen Feldes zu schlagen. Oder Sie könnten mit Ihrem Trainingspartner im Wechsel nach jeweils zehn Punkten Aufschlag und Volley üben. Oder Sie können sich vornehmen, zwischen den Punkten die Saiten Ihres Schlägers wieder geradezurichten, um sich besser zu entspannen und konzentriert zu bleiben.
Das sind persönliche Aktivitäten, die Sie im vorhinein einplanen sollten, um Ihre Leistung zu steigern oder sich noch besser darauf zu konzentrieren.

Die Fähigkeit, etwas durchzuziehen

Selbstdisziplin bedeutet, auch Dinge konsequent durchzuziehen, die nicht direkt mit Ihrem Endziel zu tun haben, aber dennoch wichtig sind, um es zu erreichen.

Selbstdisziplin haben bedeutet auch, daß man in der Lage ist, andere Dinge konsequent durchzuziehen – auf dem Tennisplatz wie außerhalb. Das könnten auch Aktivitäten sein, die damit zu tun haben, wie Sie Ihre Zeit vor dem Training und vor Matches einteilen, wie Sie es mit dem Lernen halten, und was Sie für eine gesunde und ausgewogene Ernährung tun.

Der persönliche Gewinn

Persönliche Pläne bringen in mehrfacher Hinsicht einen Gewinn.

Wenn Sie diszipliniert sind, ist das für Sie in mehrfacher Hinsicht ein Gewinn. Selbstdisziplin hilft Ihnen zum Beispiel, im Training und bei Wettkampfmatches konzentriert zu bleiben. Außerdem kommt es zu einem »Übertragungs«-Effekt auf andere Lebensbereiche, wo ebenfalls Disziplin gefordert ist, zum Beispiel beim Studium oder beim Erlernen eines Musikinstruments.

▶ Der erste Vorteil besteht darin, den Wert persönlicher Pläne klar zu erkennen und schätzen zu lernen. Wenn Sie eine Aktivität in allen Einzelheiten planen und sie dann so durchziehen, lernen Sie Ihr Tun sowohl zu verstehen als auch zu schätzen und wissen, was Sie machen müssen, um Ihre Aktivitäten zu einem guten Ende zu bringen.
Sie haben spezifische Informationen (einen Plan) zur Verfügung, der Ihnen auf dem Weg zu Ihren Zielen Orientierung gibt. Da Ihnen dieser Plan immer wieder hilft zu erkennen, was zu tun ist und wie, sind Sie disziplinierter, haben sich besser unter Kontrolle, und er stärkt Ihre Motivation und Ihr Selbstvertrauen.

Selbstdisziplin fördert positive wie konstruktive Gedanken und Verhaltensweisen.

▶ Ein zweiter Vorteil der Selbstdisziplin ist, daß jeder einzelne Ihrer Pläne, wenn sie gut durchdacht sind, Ihnen hilft, sich auf positive Gedanken, Gefühle und Verhaltensweisen zu konzentrieren, so daß Negatives sich in Ihnen gar nicht erst breitmachen kann. Als Folge davon werden Sie auch viel eher das notwendige Durchhaltevermögen haben, um Ihre Ziele zu erreichen.
Mit einem vernünftigen Spielplan zum Beispiel können Sie sich konzentriert auf ein Match vorbereiten. Sie verschwenden nicht nutzlos mentale und körperliche Energie, weder vor dem Match noch während des Spiels. Das heißt, Sie tun etwas für Ihre mentale Stärke.

Selbstdisziplin wirkt als positive Verstärkung.

▶ Der dritte Vorteil ist der, daß Sie durch Selbstdisziplin Gewohnheiten und Fertigkeiten entwickeln, die als positive Verstärkung wirken. So empfinden es die meisten Tennisspieler und andere Menschen als sehr befriedigend, wenn sie eine Sache durchziehen und eine Herausforderung erfolgreich bestehen.
Wenn Sie aus dem, was Sie tun, eine persönliche Befriedigung ziehen – sich, in unserem Fall, diszipliniert ins Training und in den Wettkampf begeben –, werden Sie viel eher bei der Stange bleiben, selbst wenn es einmal schwierig wird oder Sie unerwartet auf Hindernisse stoßen. Sie bleiben deshalb auch gelassener und können Ihre Gedanken, Gefühle und Verhaltensweisen positiv kontrollieren.

Problemen vorbeugen

Selbstdisziplin hilft Ihnen auch, persönliche Probleme zu vermeiden oder sie, wenn doch welche auftauchen, zu minimieren.

Weitere Vorteile der Selbstdisziplin sind, daß Sie Ihre Zeit effizient nutzen, ein gutes Gefühl für Selbstbeherrschung entwickeln, aktiv werden und Ihren Weg gehen – positive Veränderungen in Ihrem Leben in Gang setzen.

▶ Erstens vermeiden Sie, wenn Sie die notwendigen Aktivitäten genau planen, daß Sie unnötig Zeit verschwenden. Sie können dann Situationen vermeiden, wo Sie Dinge tun, die für Ihre Entwicklung nicht förderlich sind oder, in manchen Fällen, Ihren Absichten sogar zuwiderlaufen.

▶ Zweitens werden Sie, wenn Sie ein gutes Maß an Selbstdisziplin haben, ein positives und realistisches Gefühl für Selbstbeherrschung entwickeln. Wenn Sie undiszipliniert sind, bekommen Sie leicht das Gefühl, die Dinge nicht mehr unter Kontrolle zu haben – die Zeit läuft Ihnen davon und Sie schaffen all die kleinen Sachen nicht, die es braucht, um erfolgreich zu sein. Die wahrscheinliche Folge davon ist, daß Sie ängstlich, frustriert und sogar wütend werden.

▶ Und schließlich hilft Ihnen Selbstdisziplin, aktiv zu werden und voranzukommen, positive Veränderungen in Ihrem Leben in Gang zu bringen.

Entwicklungsstufe 4
Setzen Sie persönliche Pläne in Gang und ziehen Sie sie durch

Mit diesem Schritt erhöhen Sie ganz erheblich Ihre Chancen, sich im Tennis wie in anderen Lebensbereichen zu einem disziplinierten Menschen zu entwickeln. Hier einige Dinge, die Sie das ganze Jahr über tun können, um Ihre Selbstdisziplin zu verbessern:

Verpflichten Sie sich innerlich, einen persönlichen Plan zu entwickeln.

1. Nehmen Sie Ihre persönlichen Pläne als innere Verpflichtung.
2. Planen Sie Ihre Aktivitäten.
3. Sprechen Sie mit anderen Personen über Ihre Pläne.
4. Kontrollieren Sie die Durchführung Ihrer Pläne.

5. Nehmen Sie notwendige Korrekturen vor.
6. Machen Sie sich stark.
7. Setzen Sie Routineabläufe konstruktiv ein.
8. Arbeiten Sie mit Visualisierungen.
9. Arbeiten Sie mit positiven Affirmationen.

Mit jedem dieser einzelnen Schritte wollen wir uns jetzt ausführlich beschäftigen.

1. Nehmen Sie Ihre persönlichen Pläne als innere Verpflichtung

Um Selbstdisziplin zu entwickeln, müssen Sie Ihre persönlichen Pläne als innere Verpflichtung betrachten. Das bedeutet, daß Sie, so oft wie möglich und in schriftlicher Form, in allen Einzelheiten ausarbeiten, wie Sie Ihre Ziele erreichen wollen. Ein persönlicher Plan ist eine Aufstellung der Dinge, die Sie tun wollen, um etwas Bestimmtes zu erreichen. Unsere Erfahrungen aus der Arbeit mit erfolgreichen Tennisspielern, Aktiven in anderen Sportarten und Menschen aus allen möglichen Berufen zeigen ganz deutlich, wie wichtig persönliche Pläne und eine genaue Planung sind.

Ein persönlicher Plan ist eine Aufstellung der Dinge, die Sie tun wollen, um etwas Bestimmtes zu erreichen.

Die vier wichtigsten Planungsarten

Es gibt viele Arten von persönlichen Plänen. Sie alle sind wichtig für Ihre mentale Leistungsfähigkeit als Tennisspieler und für Ihre Selbstdisziplin. Auf die vier wichtigsten wollen wir hier näher eingehen:

Der langfristige Plan

Das ist ein Plan, der sich auf eines oder mehrere Ihrer langfristigen persönlichen Ziele bezieht, wie zum Beispiel die Ziele im Tennis, von denen in Kapitel 3 über die Motivation die Rede war. Von langfristig sprechen wir, weil die Dinge, die Sie tun müssen, um Ihre persönlichen Ziele zu erreichen, längere Zeit in Anspruch nehmen: einen Monat, mehrere Monate, ein Jahr.

Wieviel Zeit Sie brauchen, hängt von dem Ziel ab. Wenn Sie sich zum Beispiel das persönliche Ziel gesetzt haben, einen guten Slice-Aufschlag zu entwickeln,

Sie brauchen Geduld und Durchhaltevermögen, wenn Sie im Zuge Ihrer Entwicklung als Tennisspieler langfristige Pläne realisieren und Ihren Zielen näherkommen wollen.

dann müssen Sie, um dieses Ziel zu erreichen, die dazu notwendigen Dinge über einen längeren Zeitraum hinweg tun – im allgemeinen mehrere Monate, und das in Training und Wettkampf. Da dieses persönliche Ziel nicht von heute auf morgen zu erreichen ist, brauchen Sie dazu einen langfristigen Plan.

Der Spielplan

Für einen Spielplan müssen eines oder mehrere bestimmte Matchziele entwickelt und umgesetzt werden. Dazu gehören auch Spielstrategie und Taktik.

Einen solchen Plan entwickeln Sie, um in einem bestimmten Match, gegen einen bestimmten Gegner, eine möglichst gute Leistung abzuliefern. Zu einem solchen Plan gehören eines oder mehrere Matchziele – eine Strategie; und bestimmte Dinge, die Sie während des Matches tun müssen, um diszipliniert zu bleiben und gute Leistung zu bringen – eine Taktik.

Sind Sie zum Beispiel ein Serve-und-Volley-Spieler, und Ihr Gegner ist ein aggressiver Grundlinienspieler, dann könnten auf Ihrem Spielplan folgende Matchziele und Dinge ganz oben stehen: einen möglichst hohen Prozentsatz erster Aufschläge ins Feld bringen, den Gegner mit einem kurz gespielten Slice ans Netz holen und/oder den zweiten Aufschlag Ihres Gegners konsequent angreifen.

Der Trainingsplan

Bei diesem Plan geht es vor allem darum, wie Sie sich in den Monaten weiterentwickeln können, in denen Sie keine Turniere spielen. Diese »Periodisierung« hilft Ihnen, bei Ihrem Spiel die notwendigen Korrekturen vorzunehmen, sich mental zu regenerieren und für die Zeit in Bestform zu bringen, in der die meisten Wettkämpfe ausgetragen werden.

Ein solcher Trainingsplan sollte persönliche Aktivitäten beinhalten, durch die Sie Ihre körperliche Kraft und Kondition oder vielleicht auch bestimmte mentale Fertigkeiten verbessern. Trainingspläne helfen Ihnen, sich in der turnierfreien Zeit physisch und mental aufzubauen, um plangemäß und zum richtigen Zeitpunkt in Hochform zu sein. Diese Vorgehensweise bezeichnet man auch als »Periodisierung«.

Der Fortbildungsplan
Diese Art von Plan hat die Entwicklung Ihrer Persönlichkeit außerhalb des Tennisbereichs zum Ziel. Ein solcher Fortbildungsplan kann persönliche Aktivitäten beeinhalten, durch die Sie ein bestimmtes Bildungsniveau erreichen, zum Beispiel einen Hochschulabschluß machen, oder eine Unterstützung sein, daß Sie nach dem Schulabschluß weiterstudieren oder eine Berufsausbildung antreten.
Vielleicht müssen Sie auch noch andere Pläne entwickeln, je nachdem, was für Sie selbst und Ihre Ziele wichtig ist. Wie Sie solche Pläne in Gang setzen und sie durchziehen, damit wollen wir uns auf den folgenden Seiten beschäftigen.

Ein Fortbildungsplan hat die Entwicklung Ihrer Persönlichkeit außerhalb des Tennisbereichs zum Ziel.

2. Planen Sie Ihre Aktivitäten

Sie können die zur Erreichung Ihrer Ziele notwendigen Aktivitäten am effektivsten durchführen, wenn Sie eine genaue persönliche Planung machen. Diese Vorgehensweise ist für jede Art von Ziel oder Vorhaben geeignet, also für langfristige Tennisziele, Matchziele und Spielpläne ebenso wie für Ihre Ziele und Pläne bezüglich Ihrer weiteren Ausbildung oder Entwicklung außerhalb des Tennisbereichs.
Für die persönliche Planung sind eine Reihe separater, jedoch eng miteinander zusammenhängender Schritte notwendig, wie Sie sie im folgenden beschrieben finden. Sie können sie in Verbindung mit dem Arbeitsbogen 14a »Persönliches Planungsschema« auf der folgenden Seite umsetzen.

Sie können für alle Ziele und Vorhaben, im Tennis wie im Leben, genaue Pläne machen.

Die einzelnen Schritte der persönlichen Planung

1. Schritt
Überlegen Sie, für welche Ziele Sie eine persönliche Planung machen wollen. Solche Ziele können sein: (a) langfristige Tennisziele, die mit physischen und mentalen Fertigkeiten zu tun haben; (b) Matchziele; (c) Ziele für die Trainingsphase; und/oder (d) Ziele für Ihre weitere Ausbildung. Siehe hierzu auch die Programme 14b–d auf den Seiten 129–131.

Überlegen Sie, für welche Ziele Sie eine persönliche Planung machen wollen.

Programm 14a: Persönliches Planungsschema

Name: **Datum:** **Art des Plans:**

Personen, mit denen ich diesen Plan bespreche:

Ziele	Handlungen	Zeitraum	Bemerkungen

Denken Sie daran, daß Sie für jedes Ziel einen eigenen Plan brauchen. Sie können damit Ihre Selbstdisziplin effektiver fördern, weil Sie die zur Erreichung dieses Ziels notwendigen Aktivitäten genau festlegen. Aktivitäten, die aller Wahrscheinlichkeit nach *nicht* effektiv sind, können also weggelassen werden.

2. Schritt
Listen Sie die Ziele, um die es Ihnen vorrangig geht, auf dem Arbeitsbogen »Persönliches Planungsschema« in der dafür vorgesehenen Spalte auf.

Vermerken Sie auf dem Arbeitsbogen »Persönliches Planungsschema« Ihre vorrangigen Ziele.

3. Schritt
Jetzt spezifizieren Sie die persönlichen Handlungen, die zur Erreichung des jeweiligen Ziels notwendig sind. Durchdenken Sie diese Aktivitäten gründlich, damit Sie eine ganz klare Vorstellung haben, welche es sind und was sie Ihrer Meinung nach effektiv bewirken. Notieren Sie diese Handlungen auf dem Arbeitsbogen in der entsprechenden Spalte.

Spezifizieren Sie Ihre persönlichen Handlungen.

4. Schritt
Halten Sie bei jeder persönlichen Handlung, die Sie auf dem Arbeitsbogen notiert haben, das Datum oder einen Zeitraum fest, wann Sie sie ausführen oder zu Ende gebracht haben sollten. Dieser schriftlich fixierte Zeitrahmen wird Ihre Aufmerksamkeit und Konzentration verbessern, was wiederum Ihre Selbstdisziplin fördert und Ihrer mentalen Stärke zugute kommt.

Fixieren Sie ein Datum oder einen Zeitraum, innerhalb dessen Sie die Handlung ausführen und zu Ende bringen sollten.

5. Schritt
Überlegen Sie sich eine Möglichkeit der Kontrolle, wann die aufgeführten persönlichen Aktivitäten abgeschlossen sind. Wenn Sie dazu irgendeine Art von Beleg brauchen – zum Beispiel ein Blatt oder Buch, wo die durchgeführten Trainingseinheiten festgehalten werden –, dann notieren Sie das auf Arbeitsbogen 14a in der Spalte für Bemerkungen.

Überlegen Sie sich eine Möglichkeit, wie Sie kontrollieren können, wann die aufgeführten persönlichen Handlungen abgeschlossen sind.

6. Schritt
Wenn Sie alle oben beschriebenen Informationen auf dem Arbeitsbogen vermerkt haben, sollten Sie auch

noch überlegen, welche Hindernisse sich Ihnen bei der Durchführung Ihres Planes in den Weg stellen könnten. Diese Hindernisse sind im allgemeinen persönlicher Natur, so daß Sie einen Einfluß darauf haben.
Solche Hindernisse können sein: (a) daß Sie negativ denken, also glauben, Ihren Plan nicht realisieren zu können; (b) Angst, Sorge oder Zweifel daran, daß Sie Ihren Plan vielleicht nicht erfolgreich durchführen können; (c) daß Sie den Zeitpunkt hinausschieben, wo Sie bestimmte Aktivitäten angehen; und (d) irgendwelche andere Hindernisse, die mit Ihrem Verhalten oder Ihrer Beziehung zu anderen Menschen zusammenhängen.

Beschreiben Sie eventuelle Hindernisse persönlicher Natur kurz auf dem Arbeitsbogen 14a in der Spalte für Bemerkungen.

7. Schritt
Beschreiben Sie eventuelle Hindernisse persönlicher Natur kurz auf dem Arbeitsbogen in der Spalte für Bemerkungen, neben dem Ziel oder den Zielen, die davon betroffen sind. Vermerken Sie bei jedem Hindernis, wie Sie es überwinden wollen. Sie können zur Beschreibung dieser Hindernisse und Lösungen auch ein separates Blatt verwenden, das Sie dann an den Arbeitsbogen klammern.

Schreiben Sie auf, mit welchen Leuten Sie über Ihren Plan sprechen wollen.

8. Schritt
Notieren Sie auch, mit welchen Personen Ihres Vertrauens Sie über Ihren Plan sprechen wollen.

Die Arbeitsbogen 14b, c, d zeigen fertig ausgearbeitete persönliche Pläne, die entsprechend der oben beschriebenen persönlichen Planung erstellt wurden. Diese Pläne sollen lediglich als Muster dienen.

3. Sprechen Sie mit anderen Personen über Ihre Pläne

Sie können Ihre Selbstdisziplin ausbauen und verbessern, indem Sie mit anderen Personen über Ihre persönlichen Pläne sprechen. Das sollten Leute sein, auf deren Urteil Sie vertrauen und denen Sie Respekt entgegenbringen. Und es sollten Menschen sein, die Sie in Ihrer Entwicklung als Tennisspieler unterstützen. Das könnten, noch präziser ausgedrückt, folgende Menschen sein:

Programm 14b: Persönliches Planungsschema: Langfristige Ziele (Muster)

Name: Jose Lambert **Datum:** 25. 3. **Art des Plans:** langfristig

Personen, mit denen ich diesen Plan bespreche: Tennistrainer

Ziele	Handlungen	Zeitraum	Bemerkungen
1. RH-Topspin longline verbessern	● Schnelle Ballwechsel und Passierbälle trainieren ● Bei einem unerzwungenen Fehler bis zehn zählen	Montag, Mittwoch, Freitag	Bitte meinen Teamkameraden, bei diesem Training mitzuziehen.
2. RH-Volley longline verbessern	● Volley in die Ecke intensiv trainieren ● Methode des Gedankenstops anwenden, um negative Selbstgespräche zu unterbrechen	täglich	Überwache die Qualität meiner Visualisierungen.
3. Slice-Aufschlag in die VH-Ecke verbessern	● Visualisierungs- und progressive Entspannungstechniken	täglich	Verschaffe mir die nötigen Kenntnisse und Fertigkeiten.
4. RH-Angriffsslice verbessern	● Angriffsschlag trainieren ● Videoaufzeichnungen vom eigenen Spiel anschauen	Freitag	
5. RH-Topspin als longline-Passierball verbessern	● 50 Übungsschläge mit Hilfe meines Trainingspartners machen, der mir den Ball zuspielt	täglich	Danke meinem Trainingspartner für seine Hilfe.

Programm 14c: Persönliches Planungsschema: Matchziele **(Muster)**

Name: Lisa Schmidt **Datum:** 14. 5. **Art des Plans:** Match (Spielplan)

Personen, mit denen ich diesen Plan bespreche: Tennistrainer, Teamkapitän

Ziele	Handlung	Zeitraum	Bemerkungen
1. Eine hohe Quote erreichen bei den ersten Aufschlägen (meine Gegnerin ist eine aggressive Grundlinienspielerin)	• Markierungen benutzen (Bänder, Handtuch)	Vor dem Match und während des Wettkampfs	Teile es mir ein, daß ich mich vor dem Match vorbereiten kann; bin frühzeitig dort.
2. Einen kurzen Slice spielen, der meine Gegnerin ans Netz zwingt	• Ausgeglichen und konzentriert bleiben	immer	Beobachte mich bei den Seitenwechseln.
3. Den zweiten Aufschlag der Gegnerin konsequent angreifen	• Nach dem Return sofort ans Netz vorrücken, konzentriert und kontrolliert bleiben	routinemäßig	Beim letzten Match funktionierte das hervorragend.

Programm 14d: Persönliches Planungsschema: Ziele für die weitere Ausbildung (Muster)

Name: Chris Bayer **Datum:** 18. 6. **Art des Plans:** Weitere Ausbildung

Personen, mit denen ich diesen Plan bespreche: Eltern, Studienberater, Tennistrainer

Ziele	Handlungen	Zeitraum	Bemerkungen
1. Bringe mehr in Erfahrung über Hochschulen und Universitäten (vor allem von dort, wo man mir ein Stipendium angeboten hat)	• Mit Studienberater treffen • Informationsmaterial prüfen • Vertreter der Hochschule oder Uni sehen	Oktober bis 19. November	Vereinbare genauen Termin: Tag, Uhrzeit.
2. Bereite mich sorgfältig auf eventuelle Eingangsprüfung vor	• Vorbereitungskurs auf die Eingangsprüfung belegen • Mathematik- und Deutschnoten überprüfen	September und Oktober	
3. Treffe die Entscheidung bezüglich Auswahl des Studienplatzes	• Checkliste der Uni vornehmen • Mit den Eltern beraten • Die in die engere Wahl genommenen Uniplätze anschauen	Dezember und Januar	Erstelle einen Besuchsplan der in Frage kommenden Studienplätze.

- Ihr Tennistrainer oder Betreuer
- Ihre Eltern
- Ein anderer Tennisspieler, der Ihnen aufgrund seiner Qualifikation helfen kann (z. B. ein älterer Spieler oder der Teamkapitän)
- Ein Lehrer oder Berater an der Schule

Ein doppelter Vorteil für Sie

Es ist sehr hilfreich, wenn Sie Ihre Pläne von anderen kritisch kommentieren und unterstützen lassen.

Wenn Sie, wie oben dargestellt, Ihre persönlichen Pläne mit anderen besprechen, werden Sie hinsichtlich Ihrer Selbstdisziplin einen doppelten Vorteil davon haben:

▶ Sie erfahren andere Meinungen zu Ihren Plänen. Vielleicht haben Sie irgendein Ziel, eine notwendige Handlung oder ein eventuelles Hindernis übersehen, auf das Sie die anderen hinweisen können. Dann können Sie Ihre Pläne entsprechend korrigieren oder den Erfordernissen anpassen.

▶ Sie haben andere Leute über Ihre Pläne informiert, indem Sie mit ihnen darüber gesprochen haben. Sie haben dann einen oder mehrere Menschen, die Ihre Pläne kennen und sie unterstützen – Personen, die Ihnen von Zeit zu Zeit einen Schubs geben können, damit Sie Ihre Pläne auch wie vorgesehen durchziehen. Außerdem bekommen Sie von ihnen Anerkennung, Lob und positives Feedback anderer Art, wenn Sie Ihre geplanten Aktivitäten in die Tat umsetzen.

Wie Sie am besten über Ihre persönlichen Pläne sprechen

Wenn Sie Ihre Pläne mit anderen besprechen wollen, gehen Sie am besten wie folgt vor:

1. Schritt
Erklären Sie dem Betreffenden gleich bei Ihrem ersten Gespräch, daß Sie nicht nur bestimmte Ziele erreichen wollen, sondern dabei auch nach einer ganz genauen persönlichen Planung vorgehen, um Ihre Selbstdisziplin zu entwickeln.

2. Schritt
Geben Sie dem Betreffenden eine Kopie des Arbeitsbogens »Persönliches Planungsschema«, den Sie ausgefüllt haben. Daraus ist zwar zu entnehmen, welches Ihre Pläne sind, aber es ist wichtig, daß Sie Ihrem Gesprächspartner klarmachen, wieso Sie gerade diese Ziele ausgewählt und sich entsprechende Aktivitäten vorgenommen haben.

Zeigen Sie anderen Ihre Pläne und sprechen Sie mit ihnen darüber.

3. Schritt
Gehen Sie die persönlichen Handlungen, die Sie dort in bezug auf Ihre Ziele aufgeschrieben haben, mit Ihrem Gesprächspartner durch. Erklären Sie ihm, weshalb Sie gerade diese Aktivitäten planen. Und vergessen Sie nicht, auf den jeweiligen Zeitrahmen hinzuweisen.

4. Schritt
Sprechen Sie nun über die eventuellen Hindernisse bei der Durchführung Ihrer Pläne und weshalb Sie meinen, daß diese auftreten könnten. Diskutieren Sie die Lösungen zur Überwindung dieser Hindernisse, an die Sie denken. Überlegen Sie, wie Sie die Durchführung Ihrer Pläne kontrollieren können.

5. Schritt
Bitten Sie Ihren Gesprächspartner um seine Meinung zu Ihren Plänen und um Ratschläge. Fragen Sie ihn, ob er Ihre Pläne klar genug und zweckmäßig findet. Fragen Sie ihn, ob seiner Meinung nach noch etwas fehlt, etwa zusätzliche Ziele, persönliche Aktivitäten oder auch eventuelle Hindernisse, und aus welchem Grund er eine Änderung für notwendig hält.

Bitten Sie die anderen um konstruktive Kritik und einen Kommentar zu Ihren Plänen.

6. Schritt
Danken Sie Ihrem Gesprächspartner dafür, daß er sich Zeit für Sie genommen hat, für sein Interesse und seine Unterstützung. Fragen Sie ihn, ob er eine Kopie Ihrer korrigierten Pläne haben und noch einmal mit Ihnen darüber sprechen möchte.

7. Schritt
Korrigieren Sie Ihre Pläne entsprechend.

8. Schritt
Bleiben Sie mit dem Betreffenden in Kontakt, wenn er auch von seiner Seite dazu bereit ist, so daß Sie immer wieder seinen Rat einholen und sich seiner Unterstützung versichern können.

4. Kontrollieren Sie die Durchführung Ihrer Pläne

Gehen Sie bei der Kontrolle der Durchführung Ihrer Pläne systematisch vor.

Sie können Ihre Selbstdisziplin verstärken, indem Sie die Durchführung Ihrer Pläne kontrollieren. Schon eine solche Kontrolle allein ist eine wirksame Methode, um seine Selbstdisziplin zu verbessern. Wenn Sie nämlich kontrollieren, ob Sie etwas auch wirklich tun, zum Beispiel wie geplant mindestens viermal die Woche trainieren, erhöhen Sie damit die Chancen, daß Sie Ihr Vorhaben auch tatsächlich durchziehen.
Wir empfehlen Ihnen, die Durchführung eines persönlichen Plans systematisch zu kontrollieren. Dazu gehört, daß Sie Ihre Leistungen anhand einer Bewertungsskala einschätzen, für eventuell auftauchende Probleme Lösungen suchen und entscheiden, ob Sie bei Ihrem Spiel irgendwelche Korrekturen vornehmen müssen.

Gehen Sie systematisch vor

Sie können sich selbst bei der Durchführung jedes Plans systematisch kontrollieren, wenn Sie wie folgt vorgehen:

1. Schritt
Bewerten Sie in regelmäßigen Abständen, wie weit Sie jede Ihrer persönlichen Aktivitäten, die Sie auf dem Arbeitsbogen »Persönliches Planungsschema« notiert haben, auch wirklich durchgeführt haben. Bewerten Sie nach folgender Skala: 1 = ausgezeichnet, 2 = gut, 3 = durchschnittlich, 4 = mäßig, 5 = schwach.

2. Schritt
Bei persönlichen Handlungen, wo Sie sich sehr gut eingestuft haben (z. B. mit 1 oder 2), können Sie es sich zur inneren Verpflichtung machen, Ihre Vorhaben weiterhin so gut durchzuziehen.

3. Schritt

Bei jeder persönlichen Aktivität, die Sie mit durchschnittlich (z. B. mit 3) oder mäßig (z. B. mit 4 oder 5) eingestuft haben, sollten Sie die Gründe dafür herausfinden, um sich zu verbessern. Wenn Sie nicht zufrieden sind damit, wie Sie Ihre Vorhaben durchgeführt haben, sollten Sie die möglichen Ursachen herausfinden und beseitigen. Solche Ursachen können sein:

- Sie haben die betreffende Handlung nicht ausgeführt, weil Sie nicht mehr daran gedacht haben.
- Sie haben die betreffende Handlung nicht zu Ende gebracht, weil Sie sie immer wieder aufgeschoben haben.
- Sie haben sie nicht konsequent durchgezogen, weil Sie, nachdem Sie angefangen hatten, einfach nicht wußten, wie Sie weitermachen sollten.
- Sie haben allgemein das Interesse an der Aktivität verloren.
- Andere Gründe.

Wenn Sie nicht zufrieden sind damit, wie Sie Ihre Vorhaben durchgeführt haben, können Sie die möglichen Ursachen herausfinden und beseitigen.

4. Schritt

Sie können die Informationen aus Ihrer »Störfaktorsuche« nutzen, um Ihren Plan entsprechend zu korrigieren oder sich vorzunehmen, ihn künftig konsequenter durchzuziehen. Solche Informationen können Sie nicht nur aus der Beobachtung Ihrer selbst beziehen, sondern auch aus dem Feedback von Ihrem Trainer oder anderen Personen, die von Ihrem Plan wissen und sich bereiterklärt haben, Sie dabei zu unterstützen.

Nutzen Sie die Informationen aus Ihrer »Störfaktorsuche», um Ihren Plan entsprechend zu korrigieren.

5. Schritt

Ähnliche Bewertungen wie oben beschrieben können Sie auch darüber anstellen, wie konsequent Sie Ihren Plan durchgezogen und dabei auftretende Hindernisse überwunden haben. Ebenso können Sie die Ursachen für eine niedrige Bewertung herausfinden und die notwendigen Korrekturen vornehmen.

Nehmen Sie ruhig Korrekturen vor, wenn sie angebracht sind, um das Endergebnis zu optimieren.

5. Nehmen Sie notwendige Korrekturen vor

Selbstdisziplin bedeutet nicht, daß Sie an Ihren persönlichen Plänen niemals etwas ändern. Als wirklich disziplinierter Mensch werden Sie vielmehr laufend kontrollieren, wie konsequent Sie Ihre Pläne durchziehen, die beim Spielen auftretenden Hindernisse und Probleme erkennen und die für die Erreichung Ihrer Ziele notwendigen Korrekturen vornehmen.

Sie könnten zum Beispiel für ein Match gegen einen bestimmten Gegner einen Spielplan entwickelt haben, der hauptsächlich auf einem aggressiven Grundlinienspiel beruht. Im Verlauf des Matches stellen Sie aber fest, daß Ihr Gegner so oft wie möglich ans Netz geht. Statt sich an eine starre Spielstrategie zu halten und darauf zu warten, daß der Gegner einen Fehler macht, schlagen Sie abwechselnd Passierbälle und Lobs und können so Ihren Gegner zu Fehlern zwingen, weil er ein Spiel spielen muß, auf das er sich nicht eingestellt hat.

Flexibilität ist charakteristisch für einen disziplinierten und mental starken Tennisspieler.

Sie haben sich durch die Korrektur Ihres Spielplans an eine neue Situation anpassen können und sind damit erfolgreich. Diese Art von Flexibilität ist charakteristisch für einen disziplinierten und mental leistungsfähigen Tennisspieler.

Gründe für Korrekturen

Korrekturen können aus verschiedenen Gründen notwendig werden, ob es sich um langfristige persönliche Pläne handelt, einen Spielplan für ein bestimmtes Match oder andere Pläne. Diese Gründe werden nachfolgend kurz erläutert.

Ihre Aktionen bleiben erfolglos

Die Aktionen, mit denen Sie bei einem Match einige Spiele lang Punkte zu machen versucht haben, bringen nicht den gewünschten Erfolg. Es könnte also sein, daß Sie Ihr Matchziel nicht erreichen, und deshalb ist eine Änderung Ihrer Spieltaktik während des Matches gerechtfertigt; andernfalls werden Sie wahrscheinlich nicht gewinnen.

Ein effizienterer Weg
Ihre Aktionen erweisen sich als durchaus wirksam. Sie finden jedoch einen noch effizienteren Weg, wie Sie zu dem gleichen Ergebnis kommen. Sie könnten zum Beispiel mit einem neuen Kraft- und Konditionstraining beginnen, durch das Sie bei kürzerer Trainingszeit mehr Muskelmasse in den Beinen aufbauen.

Suchen Sie den effektivsten und effizientesten Weg, um Ihre Ziele zu erreichen.

Nebenwirkungen
Sie ziehen Ihr Vorhaben zwar wie geplant durch, aber jetzt treten »Nebenwirkungen« auf, an die Sie vorher nicht gedacht haben. Sie stellen zum Beispiel fest, daß Sie, um ein bestimmtes Ziel im Tennis zu erreichen, soviel Zeit dafür investiert haben, daß Ihre Leistungen in der Schule nachgelassen haben und Sie in manchen Fächern sogar ziemlich schlecht stehen. Sie müssen jetzt also die Zeitspanne, die Sie für die Erreichung dieses Ziels vorgesehen haben, verlängern, vielleicht um ein weiteres halbes Jahr.

Sie müssen die Zeitspanne, die Sie für die Erreichung eines Ziels vorgesehen haben, eventuell verlängern.

Andere Gründe
Es kann noch andere Gründe geben, die mit Ihnen selbst, der Schule oder der Familie zu tun haben. Wenn Sie sich bei der Durchführung Ihrer Pläne immer wieder kontrollieren (wie oben erläutert) und zu notwendigen Korrekturen bereit und in der Lage sind, werden Sie als Tennisspieler wie als Persönlichkeit eine weitaus größere Selbstdisziplin entwickeln.

6. Machen Sie sich stark

Einen persönlichen Plan in Gang zu bringen und durchzuziehen kann einige Zeit dauern. Außerdem investieren Sie viel wertvolle Zeit und Energie, wenn Sie Ihre Pläne konsequent durchziehen und notwendige Korrekturen vornehmen. Wenn Sie all das tun, wollen Sie sich auch die richtige Dynamik bewahren können; Sie wollen ja nicht, daß Ihre Anstrengungen Sie völlig auslaugen. Sie möchten, natürlich, Ihre mentale Leistungsfähigkeit möglichst maximieren.
Ein Weg, wie Sie dafür sorgen können, daß Sie Ihre Pläne durchziehen, trotz irgendwelcher Hindernisse

Selbstverstärkung bedeutet, daß Sie etwas mit sich machen, was Sie als positive Erfahrung erleben.

und Rückschläge durchhalten und die notwendigen Korrekturen vornehmen, ist die *Selbstverstärkung.* Selbstverstärkung bedeutet, daß Sie etwas mit sich machen, was Sie als positive Erfahrung empfinden. Dies hat zur Folge, daß Sie zufrieden sind, sich gut fühlen oder, um es anders auszudrücken, gestärkt sind. Und um so eher werden Sie alles dafür tun, Ihre Pläne zu realisieren und Ihre Ziele zu erreichen.

Möglichkeiten zur Selbstverstärkung

Es gibt viele und unterschiedliche Möglichkeiten, wie Sie sich stark machen können und die dazu beitragen, daß Sie im sportlichen wie in anderen Bereichen des Lebens ein hohes Maß an Selbstdisziplin entwickeln. Hier einige Vorschläge:

Loben und belohnen Sie sich für gute Arbeit. Und freuen Sie sich über anerkennende Worte von anderen.

Tip 1
Nehmen Sie sich, wenn Sie etwas zu Ende gebracht haben – zum Beispiel eine schwierige Trainingseinheit – ein paar Minuten Zeit, um über diese Erfahrung nachzudenken. Nehmen Sie bewußt das befriedigende Gefühl wahr, wenn Sie etwas zu Ende gebracht haben, was Sie sonst vielleicht nicht geschafft hätten. Loben Sie sich für die gute Arbeit, die Sie geleistet haben.

Tip 2
Nehmen Sie bewußt Ihre Befriedigung wahr, wenn Sie auf Ihrem persönlichen Plan oder im Notizbuch ein Vorhaben abhaken können, das Sie erfolgreich zu Ende gebracht haben. Allein schon dieser einfache Vorgang, daß Sie einen Punkt auf Ihrer Liste abhaken können, wird sich verstärkend auf Sie auswirken.

Konstruktive Routineabläufe fördern Ihre Effizienz insgesamt.

Tip 3
Ziehen Sie Befriedigung aus dem Wissen, daß Sie Ihrem Ziel näherkommen. Um diese Befriedigung zu bekommen, ist aber eine regelmäßige Kontrolle Ihrer Fortschritte notwendig. Ohne eine solche Kontrolle werden Ihre Fortschritte nur schwerlich selbstverstärkend wirken, weil Sie dann nicht wissen, wo Sie angefangen haben und wie weit Sie gekommen sind.

Tip 4
Belohnen Sie sich ab und zu ganz bewußt, vor allem bei wichtigen Ereignissen oder Erfolgen, wenn Sie zum Beispiel bei einem Match gegen einen schwierigen Gegner eine sehr gute Leistung gebracht haben. Eine solche Belohnung kann etwas ganz Einfaches sein: daß Sie zum Beispiel einen Tag freinehmen, den Sie mit Ihren Freunden verbringen; abends zum Essen gehen; sich etwas Neues zum Anziehen oder für Ihre Tennisausrüstung kaufen; sich eine Stunde Einzelunterricht gönnen; oder indem Sie irgend etwas anderes tun, was verstärkend wirkt und Ihnen hilft, beim nächsten Mal draußen auf dem Platz noch besser zu sein.

Belohnen Sie sich ab und zu ganz bewußt.

Tip 5
Wenn Sie gute Arbeit geleistet haben und sich über Lob und Anerkennung von anderen freuen, etwa von Ihrem Trainer oder den Eltern, sollten Sie sich ein paar Augenblicke Zeit nehmen, um über diese positiven Kommentare nachzudenken und sie auf sich wirken zu lassen. In den Kopf sollte Ihnen solch ein Lob aber nicht steigen; freuen Sie sich darüber und bereiten Sie sich auf Ihre nächsten Aufgaben vor.

Tip 6
Achten Sie auch auf andere Dinge, die Ihnen ein Gefühl der Befriedigung geben und dadurch selbstverstärkend wirken.

7. Setzen Sie Routineabläufe konstruktiv ein

Auf Tennis bezogen verstehen wir unter Routineabläufen typische oder gleichbleibende Verhaltensweisen, etwa wie Sie denken (z. B. daß Sie versuchen, sich auf Positives zu konzentrieren), wie Sie es im allgemeinen erleben oder empfinden, was geschieht (z. B. daß Sie alles daransetzen, während des Matches gelassen zu bleiben), und wie Sie sich auf dem Platz normalerweise verhalten und bewegen (z. B. was Sie tun, wenn Sie sich bereitmachen, um den Aufschlag des Gegners zu retournieren).

Konstruktive Routineabläufe helfen Ihnen, diszipliniert und im Gleichgewicht zu bleiben, und bringen Struktur in Ihren Tag.

Tagtäglich vollzogene Routineabläufe wie Trainieren,

Aufschläge üben, Lernen oder Gewichte heben stärken Ihre Selbstdisziplin. Konstruktive Routineabläufe helfen Ihnen, im Gleichgewicht zu bleiben, und bringen Struktur in Ihren Tag.

Bauen Sie Routineabläufe konstruktiv in den Tag ein

Konstruktive Routineabläufe helfen Ihnen, persönliche Aktivitäten zur Erreichung Ihrer Ziele in Angriff zu nehmen und durchzuziehen.

Konstruktive Routineabläufe sind solche, die Ihnen helfen, persönliche Aktivitäten zur Erreichung Ihrer Ziele in Angriff zu nehmen und durchzuziehen. Sie helfen Ihnen, an die Dinge zu denken, die Sie regelmäßig tun sollten, welche Aktivitäten zum Beispiel an jedem Tag der Woche eingeplant sind. Wenn Sie im voraus sagen können, was Sie regelmäßig tun müssen, um Ihren Erfolg zu sichern, können Sie diese Dinge auch gut in Ihren Tagesablauf einbauen. Das können Dinge sein wie Zeit zum Lernen, Tennisvideos anschauen, ein gutes Training absolvieren oder andere Sachen, die Sie regelmäßig absolvieren müssen.

Routineabläufe entwickeln sich normalerweise um bestimmte Lebensbereiche herum.

Routineabläufe entwickeln sich normalerweise um bestimmte Lebensbereiche herum. Unsere Erfahrungen aus der Arbeit mit Tennisspielern und anderen Leistungssportlern haben gezeigt, daß konstruktive Routineabläufe für folgende Aspekte entwickelt und eingesetzt werden können:

- Um die zur Verfügung stehende Zeit optimal zu nutzen.
- Um in Situationen mit anderen Menschen, wie sie sich tagtäglich ergeben, besser klarzukommen.
- Um genauere Informationen zu erarbeiten, die Sie brauchen, um Entscheidungen zu treffen.
- Um Kontakt mit der Familie und Freunden zu halten.
- Für andere Bereiche und Situationen.

Wie Sie konstruktive Routineabläufe entwickeln

Sie können verschiedenes tun, um in wichtigen Lebensbereichen, insbesondere wenn Ihre Leistungen und Ihre Entwicklung als Tennisspieler davon betroffen sind, für konstruktive Routineabläufe zu sorgen. Unsere Empfehlungen dazu sind folgende:

1. Schritt

Überlegen Sie, welche Bereiche Ihres Lebens für Ihre tägliche Leistungsfähigkeit im Tennis und in der Schule besonders wichtig sind. Das sind Bereiche, die, wenn sie vernachlässigt werden oder Sie sich nicht darum kümmern, also keine konstruktiven Routineabläufe für sie entwickeln, Ihre Leistungsfähigkeit als Tennisspieler erheblich beeinträchtigen. Für diese Bereiche konstruktive Routineabläufe zu entwickeln und auch einzusetzen, kann wesentlich dazu beitragen, daß Sie »im Gleichgewicht« bleiben, jeden Tag – mental, emotional und physisch.

Hier einige Bereiche, sowohl in sportlicher wie in übergeordneter Hinsicht, die vielleicht auch Sie persönlich betreffen und wo Sie eventuell konstruktive Routineabläufe entwickeln und einsetzen sollten:

Überlegen Sie, welche Bereiche Ihres Lebens für Ihre tägliche Leistungsfähigkeit im Tennis und in der Schule besonders wichtig sind.

- **Zeit** – die Ihnen jeden Tag zur Verfügung stehende Zeit, in der Sie etwas für die Realisierung Ihrer persönlichen Pläne tun können; die Stunden, die Sie zusätzlich fürs Training erübrigen können; die Zeit, die Sie unbedingt fürs Training und auch für andere mit Ihrem Tennissport zusammenhängende Aufgaben brauchen.
- **Wie Sie Situationen wahrnehmen** – jede Situation kann positiv oder negativ oder auch eher neutral wahrgenommen werden. Sie haben also die Wahl, wie Sie eine Situation wahrnehmen wollen. Sehen Sie zum Beispiel die Situation, von einem beidhändigen auf einen einhändig geführten Schlag umzulernen, als Herausforderung – und als persönliche Aufgabe – oder als Streß?

Sie haben die Wahl, ob Sie eine Situation als Herausforderung sehen oder als Streß.

- **Informationen** – die quantifizierten und qualifizierten Daten, die es Ihnen ermöglichen, Ihre Fortschritte als Tennisspieler oder Schüler einzuschätzen (z. B. der Prozentsatz der ins Feld gebrachten ersten Aufschläge, die Zahl der unerzwungenen Fehler).
- **Der Umgang mit anderen** – wie Sie Ihre Beziehungen zu Teamkameraden, Mitschülern, Trainern, Lehrern, Gegnern auf dem Tennisplatz und anderen gestalten (z. B. bei offiziellen Veranstaltungen, beim Training).

- **Familienleben** – Ihr Verhältnis zu den Mitgliedern Ihrer Familie und anderen Ihnen wichtigen Menschen von Qualität und Umfang her.
- Andere Bereiche, die Ihnen wichtig sind.

Bewerten Sie Ihre gegenwärtigen Routineabläufe in bezug auf die Bereiche, die Ihnen wichtig sind.

2. Schritt
Bewerten Sie Ihre gegenwärtigen Routineabläufe in bezug auf die Bereiche, die Ihnen wichtig erscheinen. Sie können dazu den gegenüberliegenden Arbeitsbogen 15 »Bewertung der Routineabläufe« verwenden.

Korrigieren Sie Ihre Routineabläufe, wenn notwendig.

3. Schritt
Zu diesem Schritt gehört, daß Sie bei bestimmten alltäglichen Routineabläufen notwendige und klare Korrekturen vornehmen, damit Sie mit sich und dem betreffenden Bereich als Tennisspieler besser klarkommen. Achten Sie darauf, wie es in den entsprechenden Bereichen nach solchen Korrekturen klappt.

Bewerten Sie in regelmäßigen Abständen, wie konstruktiv Ihre Routineabläufe sind.

4. Schritt
Bewerten Sie in regelmäßigen Abständen, wie konstruktiv Ihre Routineabläufe sind. Machen Sie alle ein oder zwei Wochen einen »Bewertungstermin« mit sich (am besten im Terminkalender eintragen). Sie können bei dieser Gelegenheit überprüfen, wie gut Sie mit Ihnen wichtigen Bereichen im Leben klargekommen sind und sehen, wie konstruktiv Ihre Routineabläufe gewesen sind.

5. Schritt
Korrigieren Sie Ihre Routineabläufe anhand der Bewertung, die Sie gemacht haben. Sie tun einen positiven Schritt in Richtung mentaler Stärke, wenn Sie hier aufgrund fundierter Informationen über die Effektivität Ihrer Routineabläufe eine Korrektur vornehmen.

Programm 15: Bewertung der Routineabläufe

Name: **Datum:**

Bewerten Sie jeden der folgenden Punkte und notieren Sie die jeweilige Ziffer links daneben.

Bewertungsskala

1 = ausgezeichnet
2 = gut
3 = durchschnittlich
4 = mäßig
5 = schwach

______ Insgesamt betrachtet, bin ich in der Lage, meine Zeit gut einzuteilen.

______ Ich widme mich in angemessener Zeit meinen Studien, so daß ich in der Schule erfolgreich bin.

______ Ich schiebe nichts auf, was ich in der Schule erledigen soll.

______ Ich achte darauf, daß ich mein Training ernst nehme.

______ Ich kann mich auf Matches erfolgreich vorbereiten.

______ Ich bin in der Lage, ohne Schwierigkeiten Termine in meinen Zeitplan aufzunehmen und einzufügen.

______ Ich kann »nein« zu anderen sagen und die Übernahme von Aufgaben ablehnen, wenn meine Zeit es nicht erlaubt.

______ Ich nehme nicht mehr Aufgaben an, als ich bewältigen kann.

______ Ich bin in der Lage, einen wöchentlichen Zeitplan für meinen Alltag zu erstellen.

______ Ich verbringe wertvolle Zeit mit meiner Familie und mit Freunden.

8. Arbeiten Sie mit Visualisierungen

Visualisierungen können Ihnen helfen, leistungsstark zu werden und zu bleiben.

Visualisierungen können Ihnen helfen, diszipliniert zu werden und zu bleiben – im Tennis wie in allen anderen Lebensbereichen. Hier unser Vorschlag, wie Sie die Technik des Visualisierens zur Unterstützung Ihrer Selbstdisziplin einsetzen können:

Entwickeln Sie Bilder von sich, wo Sie sich als disziplinierten Tennisspieler erleben.

1. Schritt
Entwickeln Sie geistige Bilder von sich, wo Sie sich als sehr disziplinierten Tennisspieler sehen. Diese Bilder der Selbstdisziplin sollten zeigen, wie Sie etwas konsequent durchziehen, während eines Wettkampfs die notwendigen Korrekturen vornehmen oder sich in irgendeiner anderen Situation sehr diszipliniert verhalten.

Beschreiben Sie Ihre Bilder, schriftlich oder mündlich.

2. Schritt
Halten Sie die wichtigsten Einzelheiten dieser Bilder auf einem Blatt Papier schriftlich fest, damit Sie genau wissen, was Sie sich dazu vorstellen. Zusätzlich könnten Sie eine Beschreibung dieser Bilder auf Kassette sprechen, die Sie dann als Anregung bei Ihren Visualisierungen anhören.

Arbeiten Sie regelmäßig mit den Visualisierungen.

3. Schritt
Arbeiten Sie regelmäßig mit diesen Bildern zur Selbstdisziplin. Überlegen Sie sich genau, was Sie visualisieren wollen und weshalb Sie das tun.

Die Vorteile solcher Visualisierungen

Hier einige der Gründe, wieso Sie solche geistigen Bilder entwickeln sollten:

Je genauer Sie festlegen, wann Sie mit positiven Bildern arbeiten, um so stärker werden Sie mental.

- Sie fördern Ihre Motivation, an eine bestimmte Sache, zum Beispiel ein Übungsspiel, diszipliniert heranzugehen und sie diszipliniert durchzuziehen.
- Sie helfen Ihnen, während eines Matches Ihre Konzentration wiederzufinden.
- Sie verstärken den positiven Effekt, wenn Sie etwas diszipliniert zu Ende gebracht haben.
- Andere Gründe, die wichtig für Sie sind.

4. Schritt
Überlegen Sie, wann und wo Sie zur Unterstützung Ihrer Selbstdisziplin mit Visualisierungen arbeiten wollen. Je genauer Sie festlegen, wann Sie mit positiven Bildern arbeiten, um so stärker werden Sie mental.

9. Arbeiten Sie mit positiven Affirmationen

Zusätzlich zu den Visualisierungen können Sie zur Unterstützung Ihrer Selbstdisziplin auch positive Affirmationen einsetzen. Gehen Sie dabei wie folgt vor:

Setzen Sie zur Unterstützung Ihrer Selbstdisziplin positive Affirmationen ein.

1. Schritt
Überlegen Sie sich drei oder vier positiv formulierte Sätze, die bekräftigen, daß Sie ein disziplinierter Tennisspieler sind. Hier einige Beispiele:

- »Ich habe Spaß daran, mein Training konsequent durchzuziehen und gute Arbeit zu leisten.«
- »Ich bin sehr schnell wieder voll konzentriert, wenn ich während eines Matches meine Konzentration verloren habe.«
- »Es gelingt mir, meine Spielstrategie während eines Matches schnell und wirksam zu korrigieren.«

2. Schritt
Halten Sie diese positiven Aussagen über sich selbst auf einem Blatt Papier fest. Sie können sie auch auf Kassette sprechen und sich immer wieder anhören.

3. Schritt
Setzen Sie diese Affirmationen gezielt zur Motivation, zum Wiedererlangen Ihrer Konzentration und/oder zur Selbstverstärkung ein.

4. Schritt
Überlegen Sie, wann und wo Sie diese positiven Affirmationen zur Selbstdisziplin einsetzen wollen.

Zusammenfassung

In diesem Kapitel haben wir uns vor allem mit der Selbstdisziplin beschäftigt. Wir haben gesehen, welche Vorteile es bringt, wenn Sie diszipliniert sind, und welche Probleme Sie durch Selbstdisziplin vermeiden können. Anschließend haben wir die Entwicklungsstufe 4 unseres mentalen Erfolgsprogramms ausführlich erläutert, nämlich: Setzen Sie persönliche Pläne in Gang und ziehen Sie sie durch. Abschließend haben wir darüber gesprochen, was Sie zur Unterstützung Ihrer Selbstdisziplin tun können. Unsere Empfehlung war:

- Nehmen Sie Ihre persönlichen Pläne als innere Verpflichtung.
- Planen Sie Ihre Aktivitäten.
- Sprechen Sie mit anderen Personen über Ihre Pläne.
- Kontrollieren Sie die Durchführung Ihrer Pläne.
- Nehmen Sie notwendige Korrekturen vor.
- Machen Sie sich stark.
- Setzen Sie Routineabläufe konstruktiv ein.
- Arbeiten Sie mit Visualisierungen.
- Arbeiten Sie mit positiven Affirmationen.

Qualität zwischenmenschlicher Beziehungen 6

Ohne meine Freunde wäre ich nicht da, wo ich heute bin. Eine banale Aussage? Ganz und gar nicht. Eine kühne Behauptung? Mit Sicherheit.
Es steht völlig außer Frage, daß ich mein Leben und meine Arbeit mit der Hilfe meiner Freunde aufgebaut habe. Sie haben an mich geglaubt, egal wie verrückt (das ist keinesfalls eine Untertreibung für Nick Bollettieri) meine Ideen vielleicht gewesen sind. Sie wußten, ich würde meine Ziele erreichen, und wollten daran mitwirken – sie sind zweifellos Teil der Nick-Bollettieri-Story. In meinem Leben gab es viele Höhen und Tiefen, viele unerwartete Wendungen und Verwicklungen. Ich habe viele Vermögen erworben und wieder verloren, habe mehr Ehen hinter mir, als ich eingestehen mag, und war dem Spott der gesamten Branche ausgesetzt, wenn meine Ideen im Widerspruch zur »Tennistradition« standen.
Doch in all diesen Situationen standen mir meine Freunde zur Seite. Sie allein schienen mich zu verstehen und haben mich immer unterstützt. Einige dieser verrückten Ideen waren tatsächlich nur verrückt. Ich habe versucht, aus ihnen zu lernen. Andere allerdings waren mehr und sprechen heute für sich selbst durch Tausende von Tennisspielern, denen diese Ideen geholfen haben, dieses großartige Spiel etwas besser zu beherrschen; durch all die jungen Menschen, denen wir geholfen haben, sich auf dem Platz, und, wichtiger noch, im Leben allgemein weiterzuentwickeln; durch meine Freunde, die an mich geglaubt haben.
Mehrere Familien, die ich durch Tennis kennengelernt habe, haben mich den ganzen Weg begleitet. Ihre Kinder sind mittlerweile erwachsen, leiten eigene Firmen,

Das Geheimnis ist, weniger als Einzelspieler aufzutreten, sondern mehr als Teil einer Mannschaft. Als Trainer schicke ich nicht meine elf besten Spieler aufs Feld, sondern meine beste Elf.

Knute Rockne
Trainer der Football-Mannschaft der Universität Notre Dame

Gewöhnlich tragen Herz und Verstand vieler zum Erfolg einzelner bei.

Walt Disney
Amerikanischer Fimproduzent

Die wichtigste Zutat für jedes Erfolgsrezept ist die Fähigkeit, gut mit anderen Menschen auszukommen.

Theodore Roosevelt
26. Präsident der USA

sind Kongreßmitglieder, Ärzte, Anwälte oder Lehrer. Was ich den Söhnen und Töchtern dieser Familien beibringen konnte, war etwas, das sie als wertvoller erachteten, als all ihren Reichtum und ihre Macht zusammengenommen. Dafür haben sie mich geschätzt und mir ihre Hilfe gewährt, wenn ich sie brauchte. Die Nelsons, die Marxens, die Hurowitzes, die Landows, die Engels, die Jack Snyders, Bernie Schmidt, Murray Evans, Tom Seavey und viele andere sind aus meinem Leben nicht wegzudenken – sie haben mir ermöglicht, ich selbst zu sein und meine Ziele zu erreichen. Dafür werde ich ihnen für immer dankbar sein.

Gleichermaßen wichtig sind meine loyalen Mitarbeiter und Freunde, die mir während meiner ganzen Karriere, in guten wie in schlechten Zeiten, zur Seite standen. Sie haben die Beschimpfungen und die langen Arbeitszeiten ertragen, ihr Familienleben, ihre Freizeit und ihr Privatleben geopfert und alle Schwierigkeiten hautnah miterlebt. Zu Recht haben sie aber auch die Sternstunden mit mir geteilt und den Stolz gefühlt auf das, was wir zusammen erreicht haben. Ohne sie wären wir (ich) wieder da, wo wir einmal angefangen haben.

Das Opfer, das meine Familie und meine Kinder bringen mußten, ist unvorstellbar. Allein der Gedanke daran erschreckt mich. Trotzdem waren sie stets voller Verständnis und haben meine Bemühungen unterstützt. Die monatelangen Trennungen von ihnen. Die langen Arbeitszeiten. Das Heranwachsen der Kinder, an dem ich nicht teilhaben konnte. All das war nicht leicht für uns.

Bei genauer Betrachtung sind meine Freundschaften, Geschäftspartner und meine Verbindungen mein wertvollstes Gut. Durch diese zwischenmenschlichen Beziehungen hat sich alles gelohnt. Ohne sie bin ich nichts.

Nick Bollettieri

Gute zwischenmenschliche Beziehungen pflegen

Was Sie in diesem Kapitel erwartet

In diesem Kapitel werden wir uns damit beschäftigen, wie Sie gute zwischenmenschliche Beziehungen mit anderen Personen, sowohl auf dem Tennisplatz als auch in den anderen Bereichen Ihres Lebens, aufbauen und aufrechterhalten. Zu diesen Leuten gehören Ihre Trainer, Lehrer, Mannschaftskameraden, Vertreter der Medien und andere. Diese Art von Beziehung wird auch als Interaktion zu gegenseitigem Nutzen bezeichnet. Wenn sie funktioniert, profitieren alle Beteiligten davon.
Die Entwicklung guter zwischenmenschlicher Beziehungen ist von größter Bedeutung für Sie als mental starker Tennisspieler und als Mensch. Dieser persönliche Vorzug wird Ihr Leben bereichern und Ihre Leistung – nicht nur im sportlichen Bereich – steigern.

Eine gute zwischenmenschliche Beziehung beruht auf Ihrer Fähigkeit, von einem anderen Menschen etwas anzunehmen, das für Sie nützlich und wichtig ist und diesem Menschen im Gegenzug etwas zu geben, das ihm wertvoll ist.

Weshalb gute zwischenmenschliche Beziehungen notwendig sind

Wenn Sie es im Tennis wirklich zu etwas bringen und Ihre Bestleistung erreichen wollen, benötigen Sie die Hilfe anderer. Alleine ist es nicht zu schaffen.
Um Ihre Fähigkeit zu steigern, persönliche Bestleistungen zu erbringen, sind Sie auf andere Personen angewiesen. In erster Linie sind das wahrscheinlich Ihre Trainer und Ihre Eltern. Sie brauchen diese Menschen, um sich persönlichen Rat zu holen, sich Tips geben zu lassen, wie Sie Ihr Spiel verbessern können (z. B. Spielstrategie, Schlagtechnik), um sich beraten zu lassen, wie

Eine gute zwischenmenschliche Beziehung beruht auf Respekt vor und auf Vertrauen zu einem anderen Menschen und dem echten Interesse, zu helfen.

Wenn Sie es im Tennis zu etwas bringen und Ihre persönliche Bestleistung erreichen wollen, sind Sie auf die Hilfe anderer angewiesen.

Sie einen Ausgleich zwischen Ihrem Sport und anderen Lebensbereichen schaffen können, und zu emotionaler Unterstützung.
Wenn Sie diese Möglichkeiten ungenutzt lassen, verschließen Sie sich wichtige Informationsquellen, schränken menschliche Interaktionen ein und stagnieren in Ihrer Leistung als Tennisspieler. Außerdem vermindern Sie Ihre mentale Leistungsfähigkeit als Sportler und Persönlichkeit.

Die positive Verhaltensweise gegenüber anderen

Wenn Sie sich anderen Menschen gegenüber positiv verhalten und sich, zum Beispiel, deren Ansichten anhören, ohne sie zu unterbrechen, oder sich für ihre Hilfe bedanken, werden diese Menschen Ihnen gegenüber wahrscheinlich genauso reagieren. Als Folge werden Sie vermutlich von dieser persönlichen Erfahrung profitieren – vielleicht gerade dann, wenn Sie es am wenigsten erwarten.
Während unserer langjährigen Arbeit mit Sportlern konnten wir eine bestimmte Gesetzmäßigkeit beobachten: Wenn sich ein Spieler anderen Menschen gegenüber nicht positiv verhält, erbringt er – mit großer Wahrscheinlichkeit – weder im Sport noch in anderen Bereichen des Lebens gute Leistungen.

Eine Einbahnstraße

Spieler, die häufig schlechte zwischenmenschliche Beziehungen haben, scheinen sich eine »Einbahnstraße« ganz für sich allein zu wünschen. Sie erwarten zwar etwas von anderen Menschen, sind aber nicht bereit, etwas von sich selbst zu geben. Sie erwecken den Anschein, alles sofort und ohne Verpflichtungen für sie zu wollen.
Auf dem Tennisplatz erkennt man solche Spieler oft daran, daß sie sich dauernd mit Trainern und Offiziellen anlegen, zu mogeln versuchen oder mit sich selbst

hadern, wenn sie nicht gut spielen oder ein Match verlieren. Damit geben sie die Möglichkeit auf, wirklich gutes Tennis zu spielen. Genaugenommen verlieren sie mehr als nur das Match – vielleicht sogar ihre Freunde und Anhänger.

Viele verschiedene Beziehungen

Tennis ist ein Sport, bei dem sich viele verschiedene zwischenmenschliche Beziehungen ergeben. Unabhängig davon, ob Sie Berufsspieler sind, für Ihre Universität, bei den Junioren oder für einen Club spielen, hatten Sie wahrscheinlich durch den Sport Kontakt zu vielen Leuten. Zu diesen Leuten gehören Offizielle, Fans, Freunde, Vertreter der Medien, Zuschauer, Gegner und viele andere. Gute zwischenmenschliche Beziehungen mit unterschiedlichen Menschen zu entwickeln und gleichzeitig zu wissen, mit welchen Leuten man sich besser nicht einläßt, ist ein äußerst wichtiges, aber oft vernachlässigtes, persönliches Bedürfnis, das Sie nur befriedigen können, wenn Sie mental leistungsfähig sind.

Gute zwischenmenschliche Beziehungen mit unterschiedlichen Menschen zu entwickeln und gleichzeitig zu wissen, mit welchen Leuten man sich besser nicht einläßt, ist ein äußerst wichtiges, aber oft vernachlässigtes persönliches Bedürfnis, das Sie nur befriedigen können, wenn Sie mental leistungsfähig sind.

Der persönliche Gewinn

Gute zwischenmenschliche Beziehungen anzubahnen und aufrechtzuerhalten, kann mehrere Vorteile mit sich bringen:

- Es kann von Vorteil sein, wenn Sie die Kooperation anderer Leute gewinnen, sei es von Einzelpersonen oder von Gruppen, im und über den sportlichen Bereich hinaus. Wenn eine Kooperation zwischen zwei Menschen besteht, werden sie sich in Gesellschaft des anderen positiver und sicherer fühlen. Wahrscheinlich genießen sie den Interaktionsprozeß mehr, als wenn keine oder nur geringe Kooperation zwischen ihnen bestünde. Ohne Kooperation werden Menschen, die miteinander in Beziehung stehen, unruhig, verspannt, abwesend und anfälliger dafür, in negative Stimmung

Es ist wichtig, die Kooperation anderer zu gewinnen.

zu geraten, oft, ohne es zu wissen. Folglich kann keine wertvolle Beziehung entstehen.
Wenn ein Tennisspieler zum Beispiel mit seinem Trainer kooperiert, um sein Netzspiel zu verbessern, werden sie, auch wenn sie nicht gleich die optimale Lösung finden, den Prozeß des Problemlösens genießen und irgendwann eine effektive Lösung finden. Außerdem erleben sie gleichzeitig eine gute zwischenmenschliche Beziehung.

Anderen zu helfen und sich von anderen helfen zu lassen, ist eine gegenseitig nutzbringende Erfahrung.

▶ Ein weiterer persönlicher Vorteil, der Ihnen durch die Entwicklung und Aufrechterhaltung guter zwischenmenschlicher Beziehungen entsteht, liegt in dem Gefühl, in der Lage zu sein, etwas zur Entwicklung und zum Fortschritt eines anderen beizutragen. Dieser Beitrag besteht vielleicht nur in der Zeit, die Sie mit einem anderen Menschen verbringen, den Ratschlägen oder Tips, die Sie dem anderen geben, oder darin, sich mit einem anderen – einem Mannschaftskameraden oder einem Doppelpartner – über dessen gute Leistung zu freuen.
Wenn Sie spüren, daß Sie einem anderen Menschen etwas gegeben haben, wird dieser sich Ihrer Hilfe bewußt werden. Das wird sich wahrscheinlich positiv auf Ihre Beziehung auswirken, und Sie werden sich gut fühlen.

Wenn Sie andere und gleichzeitig sich selbst respektieren, werden Sie wahrscheinlich mehr Spaß haben, Tennis zu spielen und zu trainieren.

▶ Der dritte Vorteil, den Sie aus der Aufrechterhaltung guter zwischenmenschlicher Beziehungen ziehen können, hat mit Respekt zu tun. Diese Dimension bezieht sich nicht nur auf die positiven Gefühle, die Sie entwickeln, wenn Sie andere Menschen – trotz der Situation und Ihrer Meinung von ihnen – respektieren können, sondern auch auf den zusätzlichen Nutzen, den Sie haben, wenn Sie sich selbst respektieren.
Wenn Sie andere und gleichzeitig sich selbst respektieren, werden Sie wahrscheinlich mehr Spaß haben, Tennis zu spielen und zu trainieren, als wenn Sie Schwierigkeiten haben, andere und sich selbst zu respektieren.

Problemen vorbeugen

Indem Sie gute zwischenmenschliche Beziehungen – im und über den sportlichen Bereich hinaus – aufbauen und aufrechterhalten, können Sie dem Auftreten verschiedener persönlicher Probleme vorbeugen. Dadurch leisten Sie einen wesentlichen Beitrag zur Entwicklung Ihrer mentalen Leistungsfähigkeit.

Sie können eine Lebenseinstellung, bei der Sie selbst im Mittelpunkt stehen, abschwächen oder völlig ändern.

- Erstens können Sie eine Lebenseinstellung, bei der Sie selbst im Mittelpunkt stehen, abschwächen oder völlig ändern. Auf diese Weise können Sie sich über die Selbstsüchtigkeit und Eifersucht, die beim Tennis auftreten können, hinwegsetzen.

Sie können gute zwischenmenschliche Beziehungen mit verschiedenen Menschen besser aufrechterhalten.

- Zweitens können Sie gute zwischenmenschliche Beziehungen mit verschiedenen Menschen – Eltern, Geschwister, langjährige Freunde und andere – besser aufrechterhalten.

Sie können verhindern, respektlos gegen Rechte, Bedürfnisse und Wohlergehen von Einzelpersonen und Gruppen zu sein.

- Drittens können Sie verhindern, respektlos gegen Rechte, Bedürfnisse und Wohlergehen von Einzelpersonen und Gruppen zu sein. Die Menschen ähneln sich und sind doch verschieden. Es ist befriedigend und richtig, die unterschiedlichen Kulturen und Abstammungen der Menschen, mit denen Sie wahrscheinlich zusammenkommen, anzuerkennen und zu würdigen.

Entwicklungsstufe 5
Machen Sie aus Ihren Kontakten zu anderen Menschen Erfahrungen von hoher Qualität

Machen Sie aus Ihren Kontakten zu anderen Menschen Erfahrungen von hoher Qualität.

Mit diesem Schritt maximieren Sie Ihre Chancen, gute zwischenmenschliche Beziehungen und Ihre mentale Leistungsfähigkeit zu entwickeln und aufrechtzuerhalten. So wird es wahrscheinlicher, daß Sie – im und über den sportlichen Bereich hinaus – gute Erfahrungen in dieser Hinsicht machen. Gute zwischenmenschliche Beziehungen tragen zu Ihrer mentalen Stärke beim Tennis und in anderen Lebensbereichen bei. Die folgenden Aktivitäten werden Ihnen helfen, gute zwischenmenschliche Beziehungen aufrechtzuerhalten:

1. Identifizieren Sie Ihr persönliches Netzwerk.
2. Übernehmen Sie die Initiative in Ihren Beziehungen zu anderen.
3. Nehmen Sie persönliches Feedback positiv auf.
4. Geben Sie konstruktives persönliches Feedback.
5. Gehen Sie mit zwischenmenschlichen Konflikten positiv um.

Die obengenannten Aktivitäten werden im Verlauf dieses Kapitels näher erläutert.

1. Identifizieren Sie Ihr persönliches Netzwerk

Ihr persönliches Netzwerk besteht aus all den Menschen, die Ihnen wichtig sind und mit denen Sie in Kontakt bleiben wollen.

Ihr persönliches Netzwerk besteht aus all den Menschen, die Ihnen wichtig sind und mit denen Sie in Kontakt bleiben wollen. Indem Sie Ihr persönliches Netzwerk aus Freunden, Verwandten und Kollegen identifizieren, gelangen Sie in die Lage, die Initiative zu ergreifen, um gute zwischenmenschliche Beziehungen aufrechtzuerhalten.
Im folgenden finden Sie einige Richtlinien, die es Ihnen erleichtern sollen, Ihr ganz persönliches Netzwerk zu identifizieren.

Wer gehört dazu?

Bestimmen Sie die Personen, zu denen Sie zum aktuellen Zeitpunkt gute zwischenmenschliche Beziehungen aufrechterhalten wollen. Dazu gehören möglicherweise folgende Personen:

Bestimmen Sie die Personen, zu denen Sie zum aktuellen Zeitpunkt gute zwischenmenschliche Beziehungen aufrechterhalten wollen.

- Familienmitglieder und nahestehende Personen – einschließlich Eltern, Geschwister, Verwandte, etc.
- Freunde – dazu gehören möglicherweise Mannschaftskameraden, aber auch Personen aus anderen Lebensbereichen.
- Trainer und Ausbilder – nicht nur im Tennis, sondern auch in anderen Sportarten und in allen anderen Bereichen.
- Lehrer in der Schule.
- Andere Tenniskontakte – einschließlich Gegner, ehemalige Trainer und Mannschaftskameraden, die nicht zu Ihren persönlichen Freunden gehören.

- Vertreter der Medien und der Öffentlichkeit – einschließlich Journalisten, Angehörige des DTB.
- Alle anderen Leute, die Ihnen wichtig sind.

Fassen Sie diese Personen in Kategorien zusammen und fertigen Sie ein Verzeichnis an

Notieren Sie die für Sie wichtigen Personen und legen Sie eine Art Datei an.

Nachdem Sie die Personen, die Teil Ihres persönlichen Netzwerkes sein sollen, identifiziert haben, können Sie sie in verschiedene Kategorien einteilen und eine Art Datei mit Informationen über sie anlegen. Diese Informationen sollten als Basis dafür dienen, guten Kontakt mit jeder dieser Personen zu halten. Im folgenden finden Sie einige Informationen über die einzelnen Personen, die in diesem Zusammenhang wichtig sein können:

- Name und vollständige Adresse
- Telefonnummer und (falls vorhanden) Faxnummer
- Persönliche Notizen über Geburtstage, Hochzeitstage, Musikrichtung, bevorzugte Restaurants, besondere Interessen etc.
- Weitere wichtige Informationen

Bleiben Sie in Verbindung und pflegen Sie Ihre Kontakte

Vergewissern Sie sich, nachdem Sie diese Informationen aufgezeichnet haben, daß Sie wissen, wie Sie mit den einzelnen Personen am besten in Verbindung bleiben können. Hier sind einige Überlegungen, die man in diesem Zusammenhang anstellen sollte:

- Wann kann ich eine bestimmte Person am besten erreichen (z. B. am Wochenende, werktags)?
- Auf welche Weise will ich den Kontakt mit einer bestimmten Person aufrechterhalten (z. B. durch den Austausch von Grußkarten, regelmäßige gemeinsame Abendessen, telefonisch)?
- Wie stelle ich sicher, daß ich mit diesen Personen in Kontakt bleibe (z. B. durch Notizen im Terminkalender)?

Jetzt können Sie die Antworten auf die obigen Fragen notieren und in die Tat umsetzen, um Ihre Kontakte aufrechtzuerhalten und zu pflegen.

2. Übernehmen Sie die Initiative in Ihren Beziehungen zu anderen

Die Entwicklung und Aufrechterhaltung guter zwischenmenschlicher Beziehungen kann dadurch intensiviert werden, daß Sie die Initiative ergreifen.

Die Entwicklung und Aufrechterhaltung guter zwischenmenschlicher Beziehungen kann dadurch intensiviert werden, daß *Sie* die Initiative ergreifen. Das heißt, daß Sie sich darüber klarwerden, was Sie gern von anderen bekommen würden, und, was Sie Ihnen im Austausch dafür geben können. Sie können die Initiative auf drei verschiedene – aber untereinander zusammenhängende – Arten ergreifen. Diese Aktivitäten werden im folgenden genauer beschrieben.

Machen Sie Ihre Bedürfnisse und Interessen deutlich

Machen Sie Personen, mit denen Sie gute zwischenmenschliche Beziehungen haben möchten, Ihre Bedürfnisse und Interessen deutlich.

Machen Sie Personen, mit denen Sie gute zwischenmenschliche Beziehungen haben möchten, Ihre Bedürfnisse und Interessen deutlich. Je genauer Sie das tun, desto leichter wird es Ihnen fallen, zu beurteilen, ob eine bestimmte Beziehung Ihren Erwartungen entspricht. Wenn Sie sich darüber im klaren sind, was Sie in einer positiven Beziehung vom anderen erwarten, werden Ihnen wahrscheinlich zwei Dinge bewußt:

- Sie werden verstehen, was Sie eigentlich erwarten.
- Es wird Ihnen leichter fallen, zu erkennen, ob Ihre Erwartungen erfüllt worden sind. Nur zu oft sind diffuse Erwartungshaltungen die Wurzeln zwischenmenschlicher Probleme zwischen Tennisspielern und ihren Trainern oder anderen wichtigen Personen in ihrem Leben. Deshalb können diese Probleme nicht ausgeräumt werden, und die Beziehung verschlechtert sich weiter.

Stellen und beantworten Sie bestimmte Fragen

Sie können Ihre Bedürfnisse und Interessen hinsichtlich Ihrer Beziehung zu Personen in Ihrem persönlichen

Netzwerk analysieren, indem Sie die nachfolgenden Fragen stellen und beantworten:

- Was kann mir eine bestimmte Person geben, das zu meiner Weiterentwicklung als Tennisspieler beiträgt?
- Wieso ist diese Unterstützung wichtig für mich?

Hier sind einige Beispiele, auf welche Weise Ihnen die einzelnen Personen in Ihrem Netzwerk von Nutzen sein können:

Analysieren Sie die Bedürfnisse, bei denen Ihnen Personen in Ihrem Netzwerk behilflich sein können.

- **Trainer/Ausbilder** – Ratschläge für Spielstrategie, Bewegungsablauf, zur Fehlervermeidung, für Trainingsprogramme und -zeiten, allgemeine Tips zur Verbesserung Ihres Spiels.
- **Lehrer** – wichtige Kenntnisse, unmittelbares Feedback über Schulprojekte und Aufgabenstellungen, Möglichkeit, bezüglich der Hausaufgaben Fragen zu stellen.
- **Eltern** – Liebe, Respekt, emotionale Unterstützung, Verständnis, Unterstützung, um Ihre Ziele zu erreichen.
- **Mannschaftskameraden** – Freundschaft, Tips zur Verbesserung Ihres Spiels.
- **Medien** – Gelegenheit, Sie selbst zu sein, Möglichkeit, in Interviews Fragen zu beantworten.

Wenn Sie sich mit diesen Beispielen beschäftigen, denken Sie bitte daran, daß Sie vielleicht noch andere positive und wertvolle Erwartungen an diese oder andere Personen stellen. Wenn ja, achten Sie darauf, daß Sie nicht nur verstehen, welcher Art diese Erwartungen sind, sondern auch, auf welche Weise sie zu guten zwischenmenschlichen Beziehungen mit diesen Personen beitragen können.

Werden Sie sich über die Bedürfnisse und Interessen der anderen Personen klar

Werden Sie sich über die Bedürfnisse und Interessen der Personen klar, mit denen Sie gute zwischenmenschliche Beziehungen aufrechterhalten wollen.

Werden Sie sich über die Bedürfnisse und Interessen der Personen klar, mit denen Sie gute zwischenmenschliche Beziehungen aufrechterhalten wollen. Eine gute zwischenmenschliche Beziehung erfordert wechselseitiges Geben und Nehmen der Beteiligten. In Ihrer Situation ist es außerdem wichtig, zu erkennen, auf welche Weise Sie den Personen, mit denen Sie Kontakt haben, von Nutzen sein können. Daraus ergeben sich vermutlich mehrfache positive Auswirkungen:

Indem Sie Ihre Aufmerksamkeit auf die andere Person konzentrieren, beugen Sie einer selbstzentrierten Beziehung vor.

- Erstens werden Sie Ihre volle Aufmerksamkeit auf die andere Person richten und dadurch einer selbstzentrierten Beziehung vorbeugen.

- Zweitens können Sie Ihre Aufmerksamkeit auf die andere Person konzentrieren und entscheiden, was Sie ihr geben müssen, das Ihrer Beziehung dienlich sein kann. Dadurch wird eine gute Beziehung zwischen Ihnen und anderen Personen ermöglicht.

Dieses Verhalten wirkt auf den einzelnen vielleicht zu direkt und unpersönlich – ja bedrohlich. Da sich zwischenmenschliche Beziehungen gewöhnlich auf einer eher informellen, subtilen, ja sensiblen Ebene entwickeln, können Sie versuchen, sich ein Bild davon zu machen, was die andere Person erwartet, und wie Sie diesen Erwartungen entsprechen können.

Lenken Sie die Beziehung in eine positive Richtung

Eine Möglichkeit, die Bedürfnisse und Interessen anderer hinsichtlich Ihrer Beziehung herauszufinden, besteht darin, einfach zu fragen, was sie sich von der Beziehung erwarten.

Sie können dazu beitragen, die Beziehung in eine positive Richtung zu lenken. Sie können wichtige Schlüsse aus den Informationen ziehen, die Sie in Gesprächen erhalten und aus Ihren Beobachtungen, wie sich die Beziehung entwickelt. Außerdem eröffnen Ihnen die folgenden Fragen einige neue Gesichtspunkte:

- Was kann ich diesem Menschen im Austausch dafür geben, was ich von ihm bekommen habe?
- In welcher Weise könnte das, was ich gebe, für diesen Menschen von Bedeutung sein?

Was können Sie geben?

Hier sind einige generelle Dinge, die Sie Ihren Mitmenschen geben können, und die eigentlich jeder zu schätzen weiß:

- Respekt vor der Individualität und Persönlichkeit des Menschen.
- Die Bereitwilligkeit, ohne unnötige Unterbrechungen zuzuhören.
- Hilfsbereitschaft in Zeiten der Not – im Rahmen Ihrer Möglichkeiten.
- Höflichkeit und Dank für Hilfeleistungen.

Jeder Mensch weiß es zu schätzen, wenn ihm Respekt entgegengebracht wird, er ein offenes Ohr findet, ihm Hilfe in Not gewährt wird, und, wenn man ihm mit Höflichkeit begegnet.

Obwohl diese Verhaltensweisen fast selbstverständlich sind oder sein sollten, können sie einzeln oder insgesamt wesentlich zur Entwicklung guter zwischenmenschlicher Beziehungen – im und über den sportlichen Bereich hinaus – beitragen.

Machen Sie sich ein Bild vom gegenwärtigen Stand Ihrer Beziehungen

Um Ihre zwischenmenschlichen Beziehungen zu verbessern, ist es hilfreich, ihre aktuelle Qualität kritisch zu betrachten. Möglicherweise stellt sich dabei heraus, daß es sich um eine bereits gefestigte und positive Beziehung handelt. Andererseits können Sie zu dem Schluß kommen, daß es einiger Verbesserungen bedarf.

Stellen und beantworten Sie folgende Fragen

Machen Sie sich ein Bild vom gegenwärtigen Stand Ihrer Beziehungen.

Sie können den gegenwärtigen Stand Ihrer Beziehungen einschätzen, indem Sie folgende Fragen stellen und beantworten:

- In welchem Ausmaß glaube ich, diesem Menschen etwas Wertvolles zu geben?
- Was genau gebe ich eigentlich dem anderen?
- In welchem Ausmaß bekomme ich etwas von Wert von diesem Menschen?
- Auf welche besondere Weise erhalte ich Hilfe von dem anderen?
- Was kann ich tun, um die Qualität unserer Beziehung zu verbessern?

Finden Sie heraus, was genau Sie tun müssen, um die Beziehung zu verbessern.

Indem Sie diese Fragen ehrlich und objektiv beantworten, können Sie herausfinden, was genau Sie tun müssen, um die Beziehung zu verbessern. Abhängig von Ihren Antworten auf die obenstehenden Fragen, können Sie folgende Maßnahmen ergreifen:

- Tun Sie gar nichts – die Beziehung scheint positiv und gefestigt zu sein.
- Sprechen Sie mit dem anderen darüber, auf welche Weise er Ihnen mehr geben kann.
- Fragen Sie ihn, ob Sie etwas Wichtiges und Wertvolles für ihn tun können.
- Ergreifen Sie, je nach Situation, andere Maßnahmen.

3. Nehmen Sie persönliches Feedback positiv auf

Während Sie sich als Tennisspieler weiterentwickeln und Ihre mentale Leistungsfähigkeit verbessern, werden Sie zweifellos reichlich Feedback hinsichtlich Ihres Spiels erhalten. Persönliches Feedback bedeutet, daß Sie von einer Person mündliche, schriftliche oder statistische Informationen erhalten.
Dieses persönliche Feedback kann sich auf verschiedene Bereiche beziehen: Die Qualität und Effektivität Ihrer Grundlinienschläge, Mängel beim Service, Ihre Zähigkeit, Spielaufbau, Stärken und Schwächen in Ihrem Spiel, Tips bezüglich Ihrer Einstellung zum Tennis und anderes mehr.

Feedback kommt aus vielen Quellen

Sie werden Feedback hinsichtlich Ihrer Leistung in vielen verschiedenen Formen erhalten, aus vielen verschiedenen Quellen und in vielen unterschiedlichen Situationen.

Persönliches Feedback darüber, wie gut Sie Tennis spielen, wird aus vielen verschiedenen Quellen kommen. Sie werden Feedback von Personen bekommen, die Ihre Leistungsfähigkeit und Ihr Können wahrscheinlich ziemlich gut kennen, z. B. Ihr Trainer, Ihre Manschaftskameraden und Ihre Eltern. Andererseits werden Sie auch Feedback von Personen erhalten, die Sie nicht näher kennen oder Sie nur selten haben spielen sehen. Zu diesem Personenkreis können Journalisten, Zuschauer und andere gehören.
Teilweise erhalten Sie Feedback, indem Sie direkt von Leuten angesprochen werden. Diese Form wird mündliches Feedback genannt. Wenn Ihnen Ihr Trainer zum

Beispiel mitteilt, daß Sie seiner Meinung nach mental nicht ausreichend auf das Spiel vorbereitet waren, das Sie soeben als Verlierer beendet haben, erhalten Sie mündliches Feedback über einen bestimmten Aspekt eines bestimmten Spiels.
Manchmal erhalten Sie Feedback in schriftlicher Form, z. B. Trainerberichte über Ihre Chancen auf Förderung durch offizielle Stellen oder über die Prozentquote Ihres ersten Aufschlags in einem Match im letzten Turnier.

Sie werden Feedback in mündlicher und schriftlicher Form erhalten.

Nehmen Sie Feedback offen auf

Manchmal wird Feedback, das Sie erhalten, so ausfallen, wie Sie es erwartet haben, doch ein andermal werden Sie vielleicht überrascht sein. Die Art und Weise, wie Sie persönliches Feedback von anderen Menschen aufnehmen, wird Ihre zukünftige Leistung und die Qualität Ihrer zwischenmenschlichen Beziehungen erheblich beeinflussen.
Wenn Ihnen beispielsweise Ihr Trainer sagt, daß es von Vorteil wäre, wenn Sie Ihren Fokus und Ihre Konzentration auf dem Platz verbessern könnten, können Sie dieses Feedback so nehmen, wie es gemeint ist – als die ehrliche Absicht, Ihnen zu helfen, Ihr Spiel zu verbessern. Dann können Sie persönliche Maßnahmen ergreifen, um diesen Rat in die Tat umzusetzen. Mit dieser Einstellung werden Sie wahrscheinlich weiterhin offen mit Ihrem Trainer sprechen können.
Wenn Sie allerdings aufgrund dieses Feedbacks wütend werden und sich über den Trainer und über sich selbst ärgern, besteht die Gefahr, daß keiner von Ihnen daraus Nutzen ziehen kann. Die Qualität Ihrer zwischenmenschlichen Beziehung zu Ihrem Trainer wird sich verschlechtern.

Manchmal wird Feedback, das Sie erhalten, so ausfallen, wie Sie es erwartet haben, doch ein andermal werden Sie vielleicht überrascht sein.

Die Art und Weise, wie Sie persönliches Feedback von anderen Menschen aufnehmen, wird Ihre zukünftige Leistung und die Qualität Ihrer zwischenmenschlichen Beziehungen erheblich beeinflussen.

Entwickeln Sie eine positive und respektvolle Haltung zu Feedback

Wir schlagen deshalb vor, daß Sie *jede Art* von Feedback über Ihre Person positiv aufnehmen. Auch wenn Sie die Information nicht berücksichtigen und ihr womöglich nicht einmal zustimmmen, können Sie sich

Wir schlagen vor, daß Sie *jede Art* von Feedback über Ihre Person positiv aufnehmen.

doch demjenigen gegenüber, der sie Ihnen gegeben hat, positiv und respektvoll verhalten. Abgesehen davon können Sie das Feedback, abhängig davon, von wem es kommt und was es wert ist, annehmen oder verwerfen. Auf diese Weise bleiben Sie ruhig und schaffen die Voraussetzungen für die Entwicklung und Fortsetzung einer guten Beziehung mit dem anderen.

Beispiele und positive Reaktionen auf Feedback

Nachstehend finden Sie vier Situationen, in denen Sie Feedback über Ihre Person bekommen, und Vorschläge, wie Sie positiv darauf reagieren können. Dazu gehören die beiden folgenden Voraussetzungen:

Sie können Feedback, abhängig davon, von wem es kommt und was es wert ist, annehmen oder verwerfen.

- Verständnis für die verschiedenen Arten von Feedback, die Sie erhalten können.
- Die kritische Betrachtung eines bestimmten persönlichen Feedbacks, das Sie von einer anderen Person, sei es ein Trainer, Freund oder Elternteil, erhalten, und die Entscheidung, wie Sie diese Information am besten nutzen können.

Es ist sicher hilfreich, wenn Sie vier typische Feedback-Situationen, in die Sie während Ihrer Entwicklung als Tennisspieler und auf Ihrem Weg zu größerer mentaler Leistungsfähigkeit wahrscheinlich kommen werden, genauer betrachten. Jede der Situationen enthält eine bestimmte Art von Feedback, das für Ihre nachfolgenden Handlungen von spezifischer Bedeutung ist. Hier sind die vier Situationen, deren nähere Betrachtung wir Ihnen empfehlen:

Feedback kann positiv sein und den eigenen Erwartungen entsprechen.

Situation 1

In dieser Situation erhalten Sie – in mündlicher oder schriftlicher Form – persönliches Feedback über Ihre Leistung oder Ihren Fortschritt, das Sie als positiv betrachten und in dieser Form erwartet haben. Das könnte zum Beispiel die Information von Ihrem Trainer sein, daß sich Ihr Serve-und-Volley-Spiel stark verbessert hat. Dieses Feedback bedeutet im Grunde, daß Sie auf dem richtigen Weg sind, und daß Sie weiter hart trainieren sollten, um noch stärker zu werden.

Situation 2

In dieser Situation erhalten Sie mündliches oder schriftliches Feedback über Ihre Vorstellung auf dem Platz oder über Ihre Entwicklung als Tennisspieler im allgemeinen, das positiv ist, aber unerwartet für Sie kommt. Es wäre zum Beispiel eine angenehme Überraschung, wenn Ihnen Ihr Trainer ganz unerwartet mitteilte, Sie hätten das Zeug dazu, eine Klasse höher zu spielen. Ihre Reaktion darauf könnte so aussehen, daß Sie in gewohnter Weise weitertrainieren, aber genauer wissen wollen, was der Trainer mit dieser Bemerkung letztendlich gemeint und weshalb er sie zu diesem speziellen Zeitpunkt gemacht hat.

Feedback kann positiv sein, aber unerwartet für Sie kommen.

Situation 3

In dieser Situation kann man das Feedback bestenfalls als negativ, aber erwartet betrachten. Es beinhaltet, daß Ihre Leistungen nicht den Erwartungen entsprechen – eine Tatsache, derer Sie sich voll bewußt sind. Es liegt an Ihnen, sich mit der Situation auseinanderzusetzen und sie ins Positive zu kehren.

Feedback kann negativ sein, aber Ihren Erwartungen entsprechen.

Situation 4

In dieser Situation erhalten Sie negatives Feedback, das Sie in dieser Form nicht erwartet haben. Sie sind vermutlich überrascht und enttäuscht. Sie sollten trotzdem versuchen, die Information möglichst positiv zu betrachten und sich der Situation entschlossen und in konstruktiver Weise stellen.

Feedback kann negativ sein und Ihren Erwartungen nicht entsprechen.

Verschaffen Sie sich Klarheit darüber, was eine Person mit ihrem Feedback sagen will

Unabhängig von der Art des Feedbacks, das Sie erhalten, müssen Sie sich vergewissern, daß Sie verstehen, wie es wirklich gemeint ist. Wenn Ihnen völlig klar ist, was das Feedback zu bedeuten hat, brauchen Sie natürlich nicht nachzufragen. Sind Sie sich allerdings nicht ganz sicher, was jemand mit seinem Feedback eigentlich sagen will (z. B. Sie spielen »nicht gut«), bitten Sie ihn, sich präziser auszudrücken und Ihnen anschauliche Beispiele zu geben.

Vergewissern Sie sich, daß Sie sich über die Bedeutung des Feedbacks – unabhängig davon, um welche Art es sich handelt – im klaren sind.

Hören Sie zu

Seien Sie ein guter Zuhörer.

Es ist äußerst wichtig, gut zuzuhören, wenn Sie Feedback in detaillierter Form, mit Erklärungen und Begründungen, erhalten. Bitten Sie unter Umständen um weitere Beispiele und zusätzliche Informationen. Vergessen Sie nicht, sich bei den betreffenden Personen für deren Hilfsbereitschaft und Unterstützung zu bedanken.

Setzen Sie das Feedback um

Entscheiden Sie, auf welche Weise Sie persönliches Feedback dazu nutzen können, sich als Tennisspieler zu verbessern und als Persönlichkeit weiterzuentwickeln.

4. Geben Sie konstruktives persönliches Feedback

Um gute Beziehungen aufrechtzuerhalten, ist es notwendig, anderen Menschen Feedback zu geben.

Um gute zwischenmenschliche Beziehungen aufrechtzuerhalten, ist es notwendig, anderen Menschen Feedback zu geben. Normalerweise geschieht das mündlich, kann aber auch, abhängig davon, für wen das Feedback bestimmt ist, in schriftlicher Form gegeben werden.

Die goldene Regel

Behandeln Sie andere Menschen so, wie Sie gerne von ihnen behandelt werden möchten.

Um anderen Menschen konstruktives Feedback zu geben, empfehlen wir Ihnen, die alte Regel »Behandeln Sie andere Menschen so, wie Sie gerne von ihnen behandelt werden möchten« zu befolgen. Die nachstehenden Richtlinien werden Ihnen in Ihrem Bestreben, anderen Menschen konstruktives Feedback zu geben, nützlich sein:

Tip 1
Machen Sie dem anderen klar, wieso Sie ihm Feedback geben. Sagen Sie ihm außerdem, weshalb Sie hoffen, daß ihm Ihr Feedback nützt.

Geben Sie Feedback in möglichst präziser und klarer Form.

Tip 2
Geben Sie Feedback in möglichst präziser und klarer Form. Das gilt sowohl für Formulierungen als auch für

Werturteile, die Sie möglicherweise abgeben (z. B. Feedback an Ihren Trainer, daß er Sie dauernd zu kritisieren scheint).

Tip 3
Hören Sie aufmerksam zu, wie der andere auf Ihre Aussagen reagiert. Achten Sie dabei auf nichtverbale Zeichen, wie Abwehrhaltungen (z. B. vor der Brust verschränkte Arme), die signalisieren, daß Ihre Ausführungen keinen Gefallen finden. Versuchen Sie, die Bedenken des anderen zu verstehen und so gut wie möglich auf sie einzugehen (z. B. Ihrem Trainer war es bisher vielleicht gar nicht bewußt, daß er Sie tatsächlich ziemlich häufig kritisiert hat).

Achten Sie auf nichtverbale Zeichen.

Tip 4
Geben Sie auf Wunsch zusätzliche Informationen, vorausgesetzt, sie sind vorhanden (führen Sie Beispiele an, wann und auf welche Weise Ihr Trainer Sie kritisiert hat). Wenn Informationen, die vom anderen gewünscht werden, nicht verfügbar sind, sollten Sie alle Anstrengungen unternehmen, sie herbeizuschaffen, auch wenn Sie dazu andere Quellen zu Rate ziehen müssen. In diesem Fall können Sie einen neuen Termin vereinbaren, um das Gespräch fortzusetzen. Wichtig sind Klarheit und Offenheit.

Liefern Sie dem anderen zusätzliche Informationen.

5. Gehen Sie mit zwischenmenschlichen Konflikten positiv um

Irgendwann treten in jeder zwischenmenschlichen Beziehung Konflikte auf. Das muß jedoch nichts Negatives sein. In den meisten Fällen werden Konflikte für die Beteiligten unangenehm, weil unterschiedliche Vorstellungen über ihre Ursachen herrschen und darüber, wie sie gelöst werden sollten.
Inadäquates Umgehen mit Konflikten hat häufig eine Verschlechterung der zwischenmenschlichen Beziehung zur Folge. Sie können verschiedene Überlegungen anstellen, auf welche Weise Sie mit Konflikten mit anderen Personen – Trainer, Eltern, Freunde – am besten umgehen.

Versuchen Sie, mit Konflikten, die in einer zwischenmenschlichen Beziehung auftreten, effektiv umzugehen.

Konflikte spiegeln unterschiedliche Meinungen wider

Eine Konfliktsituation spiegelt einen Meinungsunterschied zwischen zwei Personen wider. Nehmen wir als Beispiel eine Meinungsverschiedenheit zwischen Ihnen und Ihrem Trainer. Sie besteht entweder hinsichtlich der Art und Weise, wie etwas zu tun ist – etwa, wie Sie gegen einen bestimmten Gegner spielen müssen –, oder hinsichtlich von Zielsetzungen – beispielsweise, ob Sie soweit sind, an einem bestimmten Turnier teilzunehmen.

Mittel kontra Zweck

Konflikte entstehen häufig deshalb, weil sich die Beteiligten nicht bewußt sind, ob sie sich über das Mittel oder den Zweck uneins sind.

Konflikte entstehen häufig deshalb, weil sich die Beteiligten nicht bewußt sind, ob sie sich über das Mittel oder den Zweck uneins sind. Das Mittel hat zum Beispiel mit der Art und Weise zu tun, wie ein Spiel aufgezogen oder ein Training durchgeführt wird. Der Zweck bezieht sich auf den Ausgang eines Spiels oder die Qualität des Trainings.

Da die Beteiligten keine klare Vorstellung von dieser Problematik haben und da sie sich nicht einig darüber sind, was auf dem Spiel steht, ist es schwierig, den Konflikt effektiv zu lösen. Das kommt daher, daß sich keiner von ihnen die Zeit genommen hat, die wahren Ursachen des Konfliktes zu analysieren.

Am Konflikt wachsen

Eine Konfliktsituation kann für die Beteiligten zu einer positiven Erfahrung werden und eine Gelegenheit darstellen, an ihr zu wachsen.

Es ist zwar wichtig, die Ursachen eines Konfliktes zu verstehen, aber auch sehr von Vorteil, eine positive Einstellung zu zwischenmenschlichen Konflikten zu haben. Eine Konfliktsituation kann für die Beteiligten zu einer positiven Erfahrung werden und eine Gelegenheit darstellen, an ihr zu wachsen.

Wenn zwei Personen, z. B. Sie und Ihr Trainer, wirklich daran arbeiten, eine Konfliktsituation zu verstehen, und wenn Sie sich beide bemühen, sie zu lösen, können Sie in der Zukunft vielleicht effektiver zusammenarbeiten und mit künftigen zwischenmenschlichen Konflikten besser umgehen.

Konflikte treten in jedem Umfeld auf

Zwischenmenschliche Unstimmigkeiten können in jedem Umfeld auftreten – auf dem Tennisplatz, in der Schule, in der Familie, am Arbeitsplatz und anderswo. Die besten Aussichten, diese Konflikte zu lösen, bestehen dann, wenn sich beide Parteien dafür verantwortlich fühlen.

Richtlinien zur Vermeidung und Lösung von Konflikten

Nachstehend finden Sie einige Richtlinien, die dazu dienen, Konflikte zu vermeiden und zu lösen:

Zwischenmenschliche Konflikte können in jedem Umfeld auftreten.

Tip 1
Klären Sie, welche Personen in eine Meinungsverschiedenheit verwickelt sind. Das können Sie, Ihr Trainer oder andere Personen sein.

Tip 2
Als nächstes analysieren Sie die genaue Ursache des Konfliktes: Bestehen die Unstimmigkeiten beispielsweise hinsichtlich eines Mittels, wie Schlagtechnik, Spielstrategie oder körperliche Fitneß, oder geht es um den Zweck, wie zum Beispiel um Ihren Platz im Team, oder um die Erwartungen, die im Training und im Wettbewerb an Sie gestellt werden?

Tip 3
Nachdem Sie und die andere beteiligte Person (z. B. Ihr Trainer) die genaue Ursache für die Differenzen festgestellt haben, richten Sie Ihre Aufmerksamkeit ausschließlich auf den Streitpunkt (z. B. eine bestimmte Übung des Trainingsprogramms). Sprechen Sie zunächst über die Bereiche, in denen Sie übereinstimmen, danach über diejenigen, in denen Meinungsverschiedenheiten auftreten könnten (z. B. die Anzahl der Wiederholungen dieser Übung).

Sprechen Sie zunächst über die Bereiche, in denen Sie übereinstimmen, danach über diejenigen, in denen Meinungsverschiedenheiten auftreten könnten.

Sprechen Sie darüber, wie Sie zu einer Einigung kommen können, die für beide Seiten akzeptabel ist.

Tip 4
Diskutieren Sie, nachdem die Streitfrage geklärt ist, darüber, wie Sie zu einer Einigung kommen können, die für beide Seiten akzeptabel ist – einem Kompromiß (z. B. einige Probedurchläufe).

Formulieren Sie den Kompromiß als persönliche Verpflichtung.

Tip 5
Formulieren Sie den Kompromiß neu, als persönliche Verpflichtung, die einzugehen Sie gewillt sind, um Ihre Leistung zu verbessern und die Vertrauensbasis Ihrer Beziehung mit der anderen Person aufrechtzuerhalten (z. B. »Ich werde mich nach besten Kräften bemühen, die Übung gut auszuführen«).

Ziehen Sie Ihr Vorhaben konsequent durch.

Tip 6
Ziehen Sie Ihr Vorhaben mit Unterstützung der anderen Person durch. Zeichnen Sie die Ergebnisse auf und nehmen Sie die nötigen Änderungen vor.

Durch diesen vernünftigen Ansatz zur Konfliktbewältigung konzentriert sich Ihre Aufmerksamkeit auf etwas Greifbares. Die Maßnahmen, die Sie als Kompromiß oder zur Lösung der Konfliktsituation ergreifen müssen, lassen sich mittels Daten und mit der Unterstützung Dritter objektiv beurteilen. Außerdem trägt diese Vorgehensweise dazu bei, einen mental leistungsfähigeren Tennisspieler und Sportler aus Ihnen zu machen.

Zusammenfassung

In diesem Kapitel haben wir eingehend darüber gesprochen, wie wir gute zwischenmenschliche Beziehungen – im und über den sportlichen Bereich hinaus – aufbauen und aufrechterhalten. Wir sind uns über die Notwendigkeit guter zwischenmenschlicher Beziehungen beim Tennis und in anderen Bereichen des Lebens klargeworden und haben uns mit den Vorteilen, die uns daraus entstehen, beschäftigt. Außerdem haben wir festgestellt, daß wir einigen Problemen dadurch vorbeugen können, daß wir gute zwischenmenschliche Beziehungen aufrechterhalten und pflegen.

Darauf folgte Entwicklungsstufe 5 des mentalen Erfolgsprogramms: Machen Sie aus Ihren Kontakten zu anderen Menschen Erfahrungen von hoher Qualität. Im Zusammenhang damit haben wir die folgenden Aktivitäten diskutiert und erläutert:

- Identifizieren Sie Ihr persönliches Netzwerk.
- Übernehmen Sie die Initiative in Ihren Beziehungen zu anderen.
- Nehmen Sie persönliches Feedback positiv auf.
- Geben Sie konstruktives persönliches Feedback.
- Gehen Sie mit zwischenmenschlichen Konflikten positiv um.

7 Entwicklung positiven Selbstwertgefühls

Selbst das Wissen um meine eigene Fehlbarkeit kann mich nicht vor Fehlern bewahren. Nur wenn ich falle, kann ich mich wieder erheben.

Vincent van Gogh
Niederländischer Maler

Ich habe nicht versagt, sondern 1200 Materialien entdeckt, die nicht funktionieren wollten.

Thomas Edison
Amerikanischer Erfinder

Im Grunde handelt dieses Kapitel von Arthur Ashe. Es gibt nur wenige Menschen, an die ich mich erinnere – oder erinnern will –, da ich eigentlich von den Menschen an sich nicht besonders beeindruckt bin. Was mich beeindruckt, ist, was jemand erreicht hat – jemand, der seine Höchstleistung bringt, auf welchem Gebiet auch immer. Ich bin außerdem davon beeindruckt, was manche Menschen trotz ungünstigster Lebensbedingungen schaffen. Es gibt ein gern von mir verwendetes Zitat: »Ich bilde mir mein Urteil über Menschen nicht dann, wenn alles glatt läuft, sondern dann, wenn alles schiefzugehen scheint.«
Arthur Ashe ist einer der wenigen Menschen, die genau in diese Kategorie fallen. Sowohl sein Leben als auch sein Tennis waren vorbildlich. Ich kann heute noch nicht begreifen, wie er es geschafft hat – er durfte wegen seiner Hautfarbe keine Turniere spielen, nicht am Training teilnehmen, keinem Verein beitreten, ja nicht einmal deren Umkleidekabinen oder Toiletten benutzen. Das macht mir immer noch zu schaffen.
Und dann die U.S. Open zu gewinnen, die Nummer Eins der Welt, zum Vorbild aller Sportler und zum Idol der schwarzen Bevölkerung zu werden. Nicht zu fassen! Ich werde immer dafür dankbar sein, die Gelegenheit gehabt zu haben, ihn kennenzulernen und mit ihm zu arbeiten. Arthurs steile Karriere – nicht nur im Tennis – sucht ihresgleichen in der Welt des Sports, aber auch in anderen Bereichen des Lebens.
Er lebt weiter in allen Menschen, die wie er unterdrückt und entrechtet worden sind, oder denen ihre Freiheit und ihre Rechte vorenthalten werden. Ihr

Kampf war seiner – und sein Kampf war ihrer. Doch dann mußte er sich tragischerweise einem Kampf stellen, den nicht einmal er gewinnen konnte.
Arthur Ashe hat Unfairneß und Ungerechtigkeiten des Lebens nie als gegebene Tatsachen akzeptiert. Er hat sie vielmehr stets als Herausforderungen betrachtet, denen er sich in seiner ihm eigenen ruhigen, methodischen Art stellte.
Er wankte nicht, als er herausfand, daß er AIDS hatte, sondern verdoppelte seine Anstrengungen, kämpfte verbissener und fieberhafter weiter, da er wußte, daß seine Stunden gezählt waren. Für Arthur Ashe war der Tod nicht mehr als eine weitere Herausforderung des Lebens. Vielleicht war es Gottes Wille, Arthur Ashe mit seinem Namen, seiner Persönlichkeit und seinen Qualitäten als Personifizierung dieser Krankheit gegen sie einzusetzen. Er machte sich ans Werk und benutzte sein Schicksal als Waffe, um diese Plage zu bekämpfen. Durch seinen und den Einsatz einiger anderer bekannter Persönlichkeiten und durch die Tatsache, daß er sich ohne eigenes Verschulden angesteckt hatte, wurde die breite Öffentlichkeit auf den Kampf gegen AIDS aufmerksam.
Wenn ich mich ungerecht behandelt fühle, denke ich daran, wie Arthur sich in dieser Situation verhalten würde. Mein erster Impuls ist immer, heftig zu reagieren, anstatt beizugeben und nachzudenken.
Arthur war einzigartig. Seine Geschichte wird seine Person lang überleben. Er wird in den Taten seiner wunderbaren Frau, Jeanne, und im Temperament und der Lebendigkeit seiner kleinen Tochter, Camera, fortleben. Sein Name wird immer verbunden sein mit den höchsten Idealen, Humanität und Lebensmut – Eigenschaften, die heute so selten zu finden sind. Wir sagen, er war gut für den Sport, gut für das Leben. Eigennützig möchte ich noch hinzufügen, daß ich weiß, daß er gut für mich war – ein Champion weit über den Sport hinaus, der uns zusammenführte – und daß ich durch die Bekanntschaft mit ihm ein besserer Mensch bin.

Nick Bollettieri

Es ist sehr, sehr gefährlich, sein Selbstwertgefühl von seinen Erfolgen als Sportler abhängig zu machen.

Jim Courier
Tennisspieler

Ein positives Selbstwertgefühl entwickeln

Was Sie in diesem Kapitel erwartet

Unter Selbstwertgefühl versteht man, was Sie über sich selbst denken und wie Sie sich als Person beurteilen.

In diesem Kapitel beschäftigen wir uns mit Ihnen und mit Ihrem Selbstbild – mit der Wertschätzung oder Achtung, die Sie sich entgegenbringen. Außerdem schlagen wir einige Methoden vor, mit denen Sie Ihr Selbstwertgefühl im sportlichen und in anderen Bereichen des Lebens weiterentwickeln können.
Unter Selbstwertgefühl versteht man, was Sie über sich selbst denken und wie Sie sich als Person beurteilen. Es ist wichtig, daß Sie bei allem, was Sie tun, eine hohe Meinung von sich haben, und zwar unabhängig davon, wie Ihre Leistungen als Tennisspieler oder in anderen Bestrebungen aussehen.

Weshalb Selbstachtung notwendig ist

Positives Selbstwertgefühl ist für Ihre Entwicklung und Ihre mentale Leistungsfähigkeit als Tennisspieler und Persönlichkeit unbedingt notwendig. Ohne positives Selbstwertgefühl – d. h. die Fähigkeit, sich in einem guten Licht zu sehen – kann das Leben freudlos und sogar schmerzvoll sein.

Sie können entweder positiv oder negativ über sich denken.

Da jeder Mensch die Fähigkeit besitzt, über sich nachzudenken, können Sie entweder positiv oder negativ über sich denken. Wenn Sie zum Beispiel vor einem Match stolz auf Ihre zurückliegenden Trainingsleistungen sind und sich gratulieren, daß Sie so gut waren, denken Sie positiv und rücken sich in ein gutes Licht. Das ist die Situation, egal, ob Sie das Match gewinnen oder verlieren.

Wenn Sie jedoch die Niederlage in einem Tennismatch mit Ihrem Wert als Persönlichkeit gleichsetzen, fällen Sie ein negatives Urteil über sich selbst. Verhalten Sie sich so, wie in unserem ersten Beispiel beschrieben, werden Sie wahrscheinlich ein positives Selbstwertgefühl beibehalten. Im anderen Fall wird die Abhängigkeit Ihres Selbstbildes von Ihren Tennisqualitäten eher zu einem negativen Selbstwertgefühl beitragen.

Beurteilung der eigenen Persönlichkeit

Das Bedürfnis nach positiver Selbstachtung und die Fähigkeit, sie aufrechtzuerhalten, hängt mit Ihrem Denkvermögen zusammen und mit der Fähigkeit, sich selbst als wertvollen Menschen zu sehen. Diese persönliche Eigenschaft wiederum trägt zu Ihrer mentalen Stärke als Tennisspieler bei.

Es ist eine Sache, äußere Bedingungen, die das Spiel vielleicht beeinflussen – z. B. Zustand des Belags, Wind, Sonne, Einstellung des Gegners etc. – zu mögen oder nicht zu mögen. Das sind Faktoren, auf die Sie keinen Einfluß haben.

Wenn jedoch diese äußeren Faktoren Ihre Beurteilung der eigenen Person beeinflussen und Sie sich deshalb in irgendeiner Weise geringschätzen (z. B. Ihren Wert als Persönlichkeit), schaffen Sie die Grundlage für Unzufriedenheit, verletzte Gefühle und persönliche Hilflosigkeit. Das verursacht beträchtliche emotionale Schmerzen und schränkt Ihre Fähigkeit und Bereitschaft ein, Spaß am Tennisspielen zu haben, und daran, mit anderen Leuten zusammenzukommen und das Leben zu genießen. Es ist mit entscheidend dafür, ob Sie glücklich sind oder nicht.

Wenn Sie sich aufgrund von Umständen beurteilen, die Sie nicht beeinflussen können, schaffen Sie eine negative Situation für sich selbst.

Jeder Mensch ist einmalig

Im Zusammenhang mit Ihrer Selbstachtung müssen Sie wissen und glauben, daß Sie als Mensch einmalig sind. Dabei ist es sehr wichtig, darauf zu achten, daß Sie

Sie müssen wissen und glauben, daß Sie als Mensch einzigartig sind.

Ihren Wert als Mensch nicht von Ihrer Leistung auf dem Tennisplatz abhängig machen.
Ein negatives Selbstbild kann dazu führen, daß Sie weitere negative Gedanken, Urteile und schmerzliche Gefühle sich selbst gegenüber entwickeln. Das führt unter Umständen zu einem negativen Verhalten, das schließlich die sich selbst erfüllende Prophezeiung geringer Selbstachtung zur Folge hat.

Der persönliche Gewinn

Es ergeben sich einige Vorteile für Sie, wenn Sie positive Selbstachtung entwickeln und aufrechterhalten:

Sie werden in der Lage sein, Ihr Leistungsniveau von Ihrem grundsätzlichen Wert als Mensch zu trennen.

- Sie erhöhen Ihre Lebensqualität, wenn Sie die bewußte Entscheidung treffen, sich selbst Respekt, Achtung und Vertrauen entgegenzubringen. Außerdem können Sie dadurch Ihre Leistungen, die von Tag zu Tag unterschiedlich sind, von Ihrem grundsätzlichen Wert als Mensch trennen. Wenn Sie also einen schlechten Tag auf dem Platz haben, werden Sie daraus nicht schließen, daß Sie ein minderwertiger Mensch sind.

- Ein weiterer Vorteil liegt darin, daß Sie mehr Achtung vor sich selbst entwickeln und empfinden werden. Das wird Sie befähigen, alle Aspekte Ihres Lebens als positive Ereignisse, Lernprozesse und persönliche Herausforderungen anzusehen. Dadurch wird Ihr Blick geschärft für Gelegenheiten zu persönlichem Wachstum und Entwicklung. Sie werden sich nicht mehr fürchten, in irgendeiner Weise zu versagen, denn bei einer bestimmten Aufgabe zu versagen heißt nicht, daß Sie ein minderwertiger Mensch sind.

Problemen vorbeugen

Mit positiver Selbstachtung ausgestattet, werden Sie in der Lage sein, zu verhindern, daß sich Selbstzweifel und negative Gefühle entwickeln. Dadurch werden Sie mental leistungsfähiger.

▶ Sie werden dazu fähig sein, der Tendenz entgegenzuwirken, alles, was Sie tun, negativ zu beurteilen, und diese Haltung völlig aufgeben. Wenn Sie zum Beispiel ein Match gegen einen Gegner verlieren, gegen den Sie Ihrer Meinung nach gewinnen hätten müssen, können Sie sich auf die Ursachen Ihrer mangelnden Leistung – Sie waren nicht ausreichend vorbereitet, ließen sich während des Matches von anderen Dingen ablenken usw. – konzentrieren. Aus diesen Erfahrungen können Sie viel für Ihr zukünftiges Wettkampfverhalten lernen.

Sie werden dazu fähig sein, der Tendenz entgegenzuwirken, alles, was Sie tun, negativ zu beurteilen, und diese Haltung völlig aufgeben.

▶ Außerdem können Sie der Gefahr begegnen, eine schlechte Meinung über sich selbst zu entwickeln – sich selbst als Persönlichkeit abzuwerten. Es hat sich herausgestellt, daß diese Einstellung Gefühle der Hoffnungslosigkeit hervorruft. Das gilt für den Bereich des Sports, wenn die Leistung nicht stimmt, aber auch für alle anderen Bereiche des Alltags, wenn keine Lebensqualität vorhanden ist.

Sie können der Gefahr begegnen, eine schlechte Meinung über sich selbst zu entwickeln – sich selbst als Persönlichkeit abzuwerten.

Entwicklungsstufe 6
Betrachten Sie sich als eine einmalige Persönlichkeit

Es gibt verschiedene Verhaltensweisen, die Ihnen helfen können, sich als eine einmalige und positive Persönlichkeit zu behandeln. Diese nachfolgend aufgelisteten Aktivitäten tragen dazu bei, positive Selbstachtung aufzubauen:

Machen Sie sich Verhaltensweisen zu eigen, die Ihre Selbstachtung entwickeln und aufrechterhalten.

1. Nehmen Sie über den sportlichen Bereich hinaus Einfluß auf Ihr Leben.
2. Erkennen und lösen Sie sich von irrationalen Überzeugungen.
3. Achten Sie darauf, daß der Inhalt Ihrer Selbstgespräche positiv ist.
4. Setzen Sie sich mit Ihren Fehlern auseinander.
5. Akzeptieren Sie sich als wertvolle Persönlichkeit.

Diese Aktivitäten werden im Rest des Kapitels genauer behandelt.

1. Nehmen Sie über den sportlichen Bereich hinaus Einfluß auf Ihr Leben

Der wahre Wert Ihrer Persönlichkeit hängt nicht von Ihrem Tennisspiel ab.

Der wahre Wert Ihrer Persönlichkeit hängt nicht von Ihrem Tennisspiel ab. Ihr Wert als einmalige Persönlichkeit kommt vielmehr von innen, aus Ihnen selbst heraus, nicht von sportlichen oder anderen Aktivitäten. Wenn Sie Ihre Selbstachtung entwickeln und verstärken wollen, sollten Sie vor allem sich selbst objektiv, realistisch und von allen Seiten unter die Lupe nehmen. Das beinhaltet auch, daß es im Hier und Jetzt geschieht, nicht in der Vergangenheit und nicht in der Zukunft. Es folgen einige Anregungen, wie Sie über den sportlichen Bereich hinaus Einfluß auf Ihr Leben nehmen können.

Nehmen Sie eine realistische und positive Einschätzung Ihrer selbst vor

Fassen Sie den Entschluß, sich selbst realistisch und mit einer positiven Einstellung einzuschätzen.

Fassen Sie den Entschluß, sich selbst realistisch und mit einer positiven Einstellung einzuschätzen. Es ist äußerst wichtig, daß Sie sich Ihrer Stärken, Ihrer Grenzen und der Bereiche, in denen Sie sich weiterentwickeln müssen, bewußt sind. Kapitel 2 beschäftigt sich im einzelnen mit diesem Thema und damit, wie Sie sich wirklich selbst erkennen können. Auch in diesem Kapitel möchten wir betonen, daß persönliche Bewußtheit eine Grundbedingung dafür ist, aus Erfahrung zu lernen, zu bestimmen, wer man eigentlich ist, und sicherzustellen, daß man mehr als nur ein Tennisspieler ist.

Es ist wichtig, eine klare Vorstellung von den eigenen Fähigkeiten zu haben.

Es ist wichtig, eine klare Vorstellung von den eigenen Fähigkeiten zu haben. Verpflichten Sie sich zu einer positiven Grundeinstellung und halten Sie nach Möglichkeiten Ausschau, sich weiter zu verbessern. Gehen Sie sicher, daß diese positive Einstellung ausgeglichen und realistisch ist – d. h. nicht zu weit außerhalb Ihrer Fähigkeiten zu einem bestimmten Zeitpunkt.

Seien Sie in Ihren Zielsetzungen realistisch

Seien Sie realistisch in dem, was Sie in Angriff nehmen. Manchmal werden Sie enttäuscht sein – auf dem Tennisplatz oder außerhalb –, und Sie werden damit reagieren, daß Sie versuchen, zu viele Dinge auf einmal zu ändern. Meistens funktioniert das aber nicht und kann sogar dazu führen, daß Sie weiterhin frustriert und verärgert sind und am Ende sogar alles hinschmeißen. Der Versuch, zu viel in zu kurzer Zeit zu erreichen, kann zur Folge haben, daß Sie negative Gefühle gegen sich selbst entwickeln und Ihre Selbstachtung sinkt.

Seien Sie in Ihren Zielsetzungen realistisch.

Natürlich sollten wir alle stets bemüht sein, unser Tennisspiel, unsere schulischen Leistungen und andere Dinge, die wir tun, weiter zu verbessern. Dabei müssen wir jedoch realistisch sein und langsam und schrittweise vorgehen.

Genießen Sie positive Interaktionen mit anderen Menschen

Gewöhnlich wird die Meinung, die wir von uns selbst haben, von dem beeinflußt, was andere über uns sagen. Zu dieser Gruppe gehören Trainer, Eltern, Lehrer, Gegner beim Tennis, Freunde und andere Personen.

Gewöhnlich wird die Meinung, die wir von uns selbst haben, von dem beeinflußt, was andere über uns sagen.

Es ist für jeden, auch für Sie, schwierig, eine objektive Vorstellung von der eigenen Erscheinung oder gar von Charakterzügen und persönlichen Fähigkeiten zu haben. Wenn wir positives Feedback erwarten, müssen wir anderen positives Feedback geben. Wie wir in dem Kapitel über die Entwicklung positiver zwischenmenschlicher Beziehungen festgestellt haben, ist das Motto »Verhalte dich anderen gegenüber so, wie du möchtest, daß sie sich dir gegenüber verhalten« eine Möglichkeit, Ihre Selbstachtung weiterzuentwickeln und zu stärken, und außerdem ein mental leistungsstarker Tennisspieler und Mensch zu bleiben.

Gehen Sie vielen verschiedenen Beschäftigungen nach

Es ist wichtig, daß Sie sich außer mit Tennis noch mit vielen anderen Dingen beschäftigen. Dadurch wird verhindert, daß ein negatives Erlebnis in einem Bereich Ihr Selbstbild oder Ihre Selbstachtung in einem anderen Bereich verzerrt.

Es ist wichtig, daß Sie sich außer mit Tennis noch mit vielen anderen Dingen beschäftigen.

Wenn Sie fähig sind, die verschiedenen Bereiche Ihres Lebens – wie Schule, Gemeinde oder Familie – getrennt zu sehen, brauchen Sie keine Bedenken zu haben, daß es sich auf andere Bereiche auswirken könnte, wenn es in einem Bereich Schwierigkeiten gibt.
Es wird immer so sein, daß Sie in einigen Bereichen Erfolg haben und deshalb nie eindimensional, besonders nicht bezüglich Tennis, sein werden.

Schauen Sie nicht auf andere

Es ist wichtig, daß Sie sich selbst, nicht andere, zur Basis für Vergleiche machen.

Sie müssen in allem, was Sie anpacken, mit bescheidenen Fortschritten und Verbesserungen zufrieden sein.

Sie müssen darauf achten, keine Neidgefühle zu entwickeln. Bei Ihren Bemühungen, sich im Tennis und in anderen Bereichen des Lebens weiterzuentwickeln, ist es wichtig, daß Sie sich selbst, nicht andere, zur Basis von Vergleichen machen.
Sie müssen in allem, was Sie anpacken, mit bescheidenen Fortschritten und Verbesserungen zufrieden sein. Trachten Sie nicht nach dem einfachen, schnellen Erfolg. Den gibt es nicht. Ihnen wird nichts geschenkt, sondern Sie müssen sich alles erarbeiten.
Obwohl Vorbilder im Tennis und im beruflichen Bereich wichtig sind – dieses Thema wird in Kapitel 8 über fortwährende Leistungsentwicklung genauer behandelt –, sollten Sie sich keine Vorbilder wählen, die mehr Geld, bessere Fertigkeiten und Möglichkeiten als Sie haben. Statt dessen sollten Sie sich auf sich selbst und auf die Herausforderung konzentrieren, Zeuge zu sein, wie Sie Tag für Tag besser werden.

Seien Sie Sie selbst

Seien Sie Sie selbst und vertrauen Sie Ihren Instinkten und Neigungen.

2. Erkennen und lösen Sie sich von irrationalen Überzeugungen

Sie laufen Gefahr, Ihre Selbstachtung zu mindern, wenn Sie sich bestimmte Meinungen über sich selbst bilden, die irrational sind.

Sie laufen Gefahr, Ihre Selbstachtung zu mindern, wenn Sie sich bestimmte Meinungen über sich selbst bilden und beibehalten, die irrational sind. Wenn Sie beispielsweise glauben, daß alle Leute, die Sie durch den Tennissport kennenlernen, Sie mögen müssen, dann setzen Sie sich dem Risiko aus, daß Ihre Selbstachtung einen Dämpfer bekommt. Das kommt daher, daß diese Erwartung im Grunde irrational ist – sie kann sich unmöglich immer erfüllen.

Erwartungen an sich selbst, bezüglich des Tennisspiels und anderer Bereiche des Lebens, die irrational sind, weil sie unmöglich verwirklicht werden können, wekken Selbstzweifel, die an der Selbstachtung nagen. Sie müssen sie aus Ihrem Kopf verbannen. (Wie das geht, wird gleich erklärt.)

Verbannen Sie Selbstzweifel aus Ihrem Kopf.

Irrationale Überzeugungen

Alle irrationalen Überzeugungen, einschließlich der nachfolgend beschriebenen, enthalten zwei Wörter: »sollte« und »muß«. Diese beiden Wörter bilden die Grundlage irrationaler Überzeugungen, da sie die Botschaft vermitteln, daß Forderungen gestellt werden, wonach es in einer Situation nur eine Möglichkeit gibt und keine Alternativen bestehen.

Nachfolgend finden Sie einige dieser Überzeugungen zusammen mit Anmerkungen darüber, wieso sie irrational sind und wie sie Ihre Selbstachtung beeinträchtigen.

Technisch perfekt sein

»Ich muß als Tennisspieler technisch perfekt sein und darf keine Fehler machen.« Niemand kann eine Sache perfekt beherrschen, besonders nicht einen so komplexen, handlungsorientierten Sport wie Tennis. Es geht nicht, daß Sie von sich verlangen, hinsichtlich aller Aspekte des Tennisspiels und anderer Bereiche des Lebens stets fehlerfrei zu agieren. Sie können davon überzeugt sein, zu guten Leistungen fähig zu sein, und trotzdem erkennen, daß Ihr Spiel nie perfekt sein wird. In Kapitel 4, in dem das Thema »Selbstvertrauen« behandelt wird, ist beschrieben, wie Sie dieses rationale Gleichgewicht bewahren können.

Sie können davon überzeugt sein, zu guten Leistungen fähig zu sein, und trotzdem erkennen, daß Ihr Spiel niemals perfekt sein wird.

Alles wissen und voraussehen
»Ich muß alles wissen und voraussehen.« Im Tennis sind schnelle Anpassungen und taktische Änderungen während des Spielverlaufs unvermeidlich. Tatsache jedoch ist, daß niemand – auch nicht Sie oder Ihr Trainer – vorhersehen kann, was während des Spiels passieren wird. Sie können unmöglich vorhersagen, wie Sie spielen werden, und es ist unsinnig, zu glauben, man wüßte immer genau über seinen eigenen Leistungsstand (Tagesform) Bescheid. Also streichen Sie diesen irrationalen Gedanken am besten aus Ihrem Repertoire. Genießen Sie statt dessen das Spiel und die Herausforderung, mit jedem Training und jedem Match besser zu werden.

Es ist wichtig, daß Sie Ihre Angst erkennen, akzeptieren, und Schritte unternehmen, sie abzubauen.

Nie Angst haben
»Ich darf niemals Angst haben.« Angst vor dem Unbekannten ist normal. Lampenfieber vor dem Match und Nervosität während der Spiele sind zu erwarten. Zu glauben, daß Angst und Nervosität ausbleiben, ist unrealistisch. Es ist wichtig, daß Sie Ihre Angst erkennen, akzeptieren und Schritte unternehmen, sie mit Methoden wie positive Vorstellungen (Visualisierung), gepaart mit Entspannung, abzubauen. Diese Methoden sind im einzelnen in Kapitel 3 (Selbstmotivation) und Kapitel 5 (Selbstdisziplin) beschrieben.

Ohne Unterstützung auskommen
»Ich brauche von niemandem Unterstützung. Ich schaff' das allein.« Diese Einstellung ist selbstzerstörerisch und schadet der Selbstachtung, da jeder Mensch Unterstützung von verschiedener Seite braucht, um erfolgreich zu sein und eine gesunde Selbstachtung zu bewahren.

Vorgehensweisen, um mit irrationalen Gedanken fertig zu werden

Stellen Sie irrationale Gedanken in Frage und verwerfen Sie sie.

Wichtig ist, daß Sie sich von dieser Art Gedanken nicht beeinflussen lassen, sondern sie in Frage stellen und verwerfen. Nachstehend finden Sie einige dieser Vorgehensweisen.

Identifizieren Sie irrationale Ansichten

Identifizieren Sie alle irrationalen Ansichten – z. B. die weiter oben beschriebenen –, die Ihre Leistungen auf dem Tennisplatz und Ihre allgemeine Entwicklung beeinträchtigt haben könnten. Gehen Sie dabei möglichst genau nach folgenden Punkten vor:

Erkennen Sie irrationale Gedanken.

- Wann irrationale Gedanken auftreten (z. B. beim Aufwärmen vor einem Match, zwischen den Aufschlägen, zu Hause).
- Welche Gefühle Sie bei diesen Gedanken haben (z. B. Angst, Bedenken, Zweifel, Niedergeschlagenheit).
- Wie sich diese irrationalen Gedanken und Gefühle auf Ihr unmittelbares Verhalten auswirken (z. B. Sie lassen sich ablenken oder verlieren das Interesse am Training).

Diese systematische Vorgehensweise ist nötig, damit Sie sich Ihrer Gedanken, Gefühle und Reaktionen hinsichtlich jeder dieser irrationalen Ideen bewußt werden. Eine solche Bewußtmachung kann Ihnen helfen, diese Ideen aus dem Kopf zu vertreiben.

Analysieren Sie jeden einzelnen Ihrer irrationalen Gedanken

Nachdem Sie jeden Ihrer irrationalen Gedanken identifiziert, beschrieben und sich bewußtgemacht haben, können Sie darangehen, ihn zu analysieren. Gehen Sie dabei folgendermaßen vor:

Die persönliche Bewußtheit irrationaler Gedanken kann Ihnen helfen, sie aus dem Kopf zu vertreiben.

- Sprechen Sie sich den Gedanken vor, oder lesen Sie ihn, falls Sie ihn notiert haben.
- Überprüfen Sie, ob der Gedanke in dieser Form stimmt und möglich ist. Fragen Sie sich, welcher Umstand ihn hervorruft.
- Betrachten Sie den Gedanken unter dem Aspekt Ihrer Zielsetzungen – fragen Sie sich, ob er Ihre Leistung auf dem Tennisplatz beeinträchtigen und auf lange Sicht Ihrer Weiterentwicklung als Tennisspieler im Weg stehen wird.
- Ermutigen Sie sich jetzt, sich über den irrationalen Gedanken hinwegzusetzen, indem Sie ihn als das erkennen, was er ist, nämlich falsch.

Ersetzen Sie jeden irrationalen Gedanken, den Sie analysiert haben, durch passendere Gedanken und Perspektiven.

Ersetzen Sie irrationale Gedanken durch rationale
Ersetzen Sie jeden irrationalen Gedanken, den Sie analysiert haben, durch passendere Gedanken und Perspektiven. Schaffen Sie bessere Konzepte und Perspektiven und achten Sie darauf, daß Sie sie einhalten. Diese ständige Überprüfung trägt dazu bei, Rückfälle zu vermeiden.

3. Achten Sie darauf, daß der Inhalt Ihrer Selbstgespräche positiv ist

Negative Selbstgespräche führen gewöhnlich zu verminderter Selbstachtung.

Alle Menschen, nicht nur Tennisspieler, sprechen mit sich selbst. Dabei beeinflußt allerdings der Inhalt dieses Selbstgesprächs ihre Selbstachtung. Das heißt, daß positive Selbstgespräche Ihre Selbstachtung steigen lassen. Andererseits führen negative Selbstgespräche gewöhnlich zu verminderter Selbstachtung. Auch wenn Sie über etwas nachdenken, z. B. wohin Ihr nächster Aufschlag kommen soll, sprechen Sie in gewisser Weise mit sich selbst.

Sie glauben gewöhnlich, was Sie hören

Unter positiven Selbstgesprächen verstehen wir Aussagen, die Sie in ein günstiges Licht setzen.

Wenn Sie sich angewöhnen, nur positive Selbstgespräche zu führen, werden Sie wahrscheinlich eine positive Einstellung sich selbst gegenüber hervorrufen, und Ihre Selbstachtung wird steigen.

Oft sind diese negativen Aussagen sehr subtil, und Sie sind sich ihrer nicht bewußt. Wenn Sie sie tatsächlich hören, werden Sie auf sie aufmerksam – und glauben wahrscheinlich, was Sie zu sich selbst sagen.
Unter positiven Selbstgesprächen verstehen wir Aussagen, die Sie in ein günstiges Licht setzen. Dadurch entsteht Selbstachtung. Wenn Sie zum Beispiel sagen: »Konzentrier' dich auf den Punkt, der gerade ausgespielt wird – entspanne dich und spiel' einfach den Ball«, dann machen Sie eine positive Aussage. Wenn Sie hingegen sagen: »Gegen den werde ich nie gewinnen – was werden die anderen jetzt denken?«, machen Sie eine negative Aussage.
Wenn Sie sich angewöhnen, nur positive Selbstgespräche zu führen, werden Sie wahrscheinlich eine positive Einstellung sich selbst gegenüber hervorrufen, und Ihre Selbstachtung wird steigen. Wenn Sie allerdings bei Ihren Selbstgesprächen nur Negatives von sich geben, schaden Sie Ihrer Selbstachtung.

Glücklicherweise sind Sie in der Lage, positive Inhalte zu verstärken, denn Sie haben die Kontrolle darüber, was Sie sagen, wie und wann Sie es sagen, und Sie können negative Aussagen in positive umwandeln. Dazu ist es unbedingt erforderlich, daß Sie darauf achten, wie Sie in verschiedenen Situationen, die mit Tennis oder anderen Bereichen Ihres Lebens zu tun haben, zu sich sprechen.

Vorschläge für positive Selbstgespräche

Im folgenden finden Sie einige Handlungsvorschläge, wie Sie sich positive Selbstgespräche angewöhnen können.

Wie sprechen Sie mit sich selbst?
Fertigen Sie eine Liste der Situationen an, die Sie auf den Inhalt Ihrer Gespräche mit sich selbst untersuchen wollen. Beim Tennis könnten das vielleicht Situationen sein wie die Vorbereitung auf das Match, das Einspielen, das Match selbst, Seitenwechsel u. a. Benutzen Sie dazu den Arbeitsbogen 16a auf Seite 184.

Erstellen Sie eine Liste der Situationen, die Sie auf den Inhalt Ihrer Gespräche mit sich selbst untersuchen wollen.

Notieren Sie typische Selbstaussagen
Notieren Sie für jede Situation auf Ihrer Liste die für diese Situation typische Selbstaussage. Ignorieren Sie die Situationen, für die Sie keine typische Aussage finden können. Konzentrieren Sie sich lieber auf Situationen, die eine bestimmte oder ähnliche verbale Reaktion bei Ihnen hervorrufen.

Notieren Sie für jede Situation auf Ihrer Liste die für diese Situation typische Selbstaussage.

Unterscheiden Sie positive und negative Aussagen
Betrachten Sie jede Selbstaussage auf Ihrem Arbeitsbogen. Vermerken Sie in der dafür vorgesehenen Spalte, ob die Aussage (a) positiv oder (b) negativ ist. Diese Methode verschafft Ihnen einen guten Überblick über die positiven Selbstaussagen, die Sie in den entsprechenden Situationen beibehalten wollen. Außerdem können Sie jetzt entscheiden, durch welche positiven Aussagen Sie die negativen ersetzen können. Sie können diese als »Handlung« in den Arbeitsbogen eintragen.

Programm 16a: Bewertungstabelle für Selbstgespräche

Name: **Datum:**

Situation	**Aussage**	**Bewertung (+/–)**	**Handlung**
Vorbereitung auf das Match ● zu Hause ● auf dem Platz			
Aufwärmen			
Spielverlauf ● bei Führung ● bei Rückstand			
Seitenwechsel			
Nach dem Match			
Training			
Anderes			

Programm 16b: Bewertungstabelle für Selbstgespräche (Muster)

Name: Robert Konradi **Datum:** 15. 6.

Situation	**Aussage**	**Bewertung (+/–)**	**Handlung**
Vorbereitung auf das Match ● zu Hause ● auf dem Platz	Ich bin wirklich gern auf diesem Turnier – ich mag die Menschen und die Herausforderung.	+	Erinnere mich an das Gefühl, wenn ich mich selbst fertigmache.
Aufwärmen			
Spielverlauf ● bei Führung ● bei Rückstand	Bei diesem Gegner werde ich mich mit meinem Spiel nie durchsetzen – er ist wirklich gut.	–	Stoppe diesen Gedanken mit einem »Nein«. Dann konzentriere ich mich auf meinen nächsten Punkt.
Seitenwechsel			
Nach dem Match			
Training	Ich bin müde. Es ist Zeit, aufzuhören.	–	Sage zu mir: »Ich konzentriere mich auf die jeweilige Übung.« »Ich gebe jedesmal mein Bestes.«
Anderes			

Eliminieren Sie negative und verstärken Sie positive Selbstaussagen
Notieren Sie in der entsprechenden Spalte alle persönlichen Maßnahmen, die Sie ergreifen können, um negative Selbstaussagen zu eliminieren und positive zu verstärken. Beim Training oder im Match können Sie zum Beispiel positive Selbstaussagen verstärken, indem Sie negative durch positive Aussagen ersetzen.

Beim Training oder im Match können Sie positive Selbstaussagen verstärken, indem Sie negative durch positive Aussagen ersetzen.

Wenn Sie sich bei negativen Selbstaussagen ertappen, können Sie tief durchatmen, sich entspannen, und sich sofort auf einen positiven Gedanken konzentrieren. Drängt sich derselbe negative Gedanke erneut auf, können Sie eine altbewährte Methode anwenden, um ihn wieder loszuwerden. Diese besteht darin, das Wort »Nein« wiederholt auszusprechen, um den negativen Gedanken zu verscheuchen. Atmen Sie gleich darauf tief durch, entspannen Sie sich, und fokussieren Sie einen entsprechenden positiven Gedanken.
Seite 185 zeigt ein anschauliches Beispiel für einen ausgefüllten Arbeitsbogen »Selbstgespräche«.

4. Setzen Sie sich mit Ihren Fehlern auseinander

Es kommt immer wieder vor, daß man etwas tut, was man später bereut. Jeder macht Fehler. Es kann mit der eigenen Person zu tun haben oder mit einem anderen Menschen. Es kann auf dem Tennisplatz passieren oder in einem anderen Umfeld. Oft leidet man darunter und fühlt sich elend. Man quält sich mit Vorwürfen und macht sich selbst schlecht. Das hat natürlich Auswirkungen auf die Selbstachtung.

Selbstachtung beinhaltet, daß Sie sich vorbehaltlos akzeptieren, auch wenn Sie überzeugt sind, einen Fehler gemacht zu haben.

Doch Selbstachtung ist kein Gefühl, das vor oder nach der Situation auftritt, in der Sie etwas falsch gemacht haben. Selbstachtung beinhaltet vielmehr, daß Sie sich vorbehaltlos akzeptieren, auch wenn Sie überzeugt sind, einen Fehler gemacht zu haben.

Beugen Sie geringer Selbstachtung vor

Durch die nachstehenden Verhaltensweisen können Sie diesem Zustand emotionaler Verwirrung und geringer Selbstachtung vorbeugen.

Betrachten Sie den Fehler aus einem anderen Blickwinkel
Sehen Sie den Fehler aus einer anderen Perspektive. Anstatt den Vorfall als schrecklich oder problematisch anzusehen, können Sie ihn als positiven Lernprozeß für sich selbst einstufen. Das trifft nicht nur für den Sport zu, sondern für alle anderen Lebensbereiche auch. Versuchen Sie, sich darüber klarzuwerden, was Sie aus diesem Fehler gelernt haben, dessen Sie sich vorher nicht bewußt waren, und was diese neue Erkenntnis für Ihr künftiges persönliches Verhalten bedeutet.

Betrachten Sie den Fehler aus einem anderen Blickwinkel.

Fehler sind Warnsignale
Betrachten Sie einen Fehler als ein Warnsignal, d. h. ein Signal, auf den Boden der Tatsachen zurückzukehren und sich so zu verhalten, wie Sie wissen, daß es richtig ist. Anstatt zum Beispiel die Tatsache, daß Sie gegen einen Gegner verloren haben, der Ihnen technisch weit unterlegen ist, als Fehler anzusehen, können Sie den Vorfall als Warnsignal dafür betrachten, daß Sie sich überschätzen, zu lässig, gleichgültig oder überheblich sind.

Betrachten Sie Fehler als Warnsignale.

Fehler passieren
Jeder Mensch macht immer wieder Fehler – das gehört zum Leben. Akzeptieren Sie die Tatsache, daß Fehler passieren. Manchmal gelingt es, die Fehler, die man macht, zu tolerieren. Wichtig ist, besonders auf dem Tennisplatz, nicht zuzulassen, daß Sie aus Angst, Fehler zu machen, nicht mehr spontan spielen, sondern zögernd und unsicher werden.

Jeder Mensch macht immer wieder Fehler – das gehört zum Leben.

Gehen Sie bewußter mit Fehlern um
Gehen Sie bewußter mit Fehlern um, indem Sie die nachstehenden Punkte in Ihre Überlegungen einbeziehen:

- Akzeptieren Sie die Tatsache, daß jeder Mensch Fehler macht.
- Werden Sie sich darüber klar, daß auch Sie Fehler machen und wahrscheinlich auch in Zukunft machen werden.

- Verzeihen Sie sich Ihre Fehler, egal wie schmerzlich sie gewesen sein mögen.
- Denken Sie daran, daß sich Fehler in der Vergangenheit ereignet haben. Sie können sie nicht ungeschehen machen, wie sehr Sie sie auch bereuen.

Lernen Sie aus jedem Fehler und schauen Sie nach vorn.

- Durch die Tatsache, daß Sie einen Fehler gemacht haben und durch Ihre Reaktion darauf haben Sie bereits für ihn bezahlt. Lernen Sie aus Fehlern und schauen Sie nach vorn.

5. Akzeptieren Sie sich als wertvolle Persönlichkeit

Wenn Sie Ihre Vorzüge erkennen, ohne Perfektion von sich zu erwarten, sind Sie auf dem richtigen Weg, um positive Selbstachtung zu entwickeln und ein mental leistungsfähiger Tennisspieler zu werden.

Um sich selbst akzeptieren zu können, müssen Sie – ganz unabhängig von sportlichen Erfolgen – erstens sich als einmalige Persönlichkeit betrachten, zweitens Ihre Stärken erkennen und drittens die Bereiche festlegen, in denen Sie sich verbessern müssen.

Sie müssen sich selbst ohne Vorbehalte akzeptieren.

Dann legen Sie voller Begeisterung los, indem Sie Ihre Stärken in den Vordergrund stellen und Ihre Schwächen als Sprungbrett für positive persönliche Aktionen benutzen. Entscheidend ist, daß Sie sich selbst ohne Vorbehalte akzeptieren, ein positives Bild von sich schaffen und positive Selbstaussagen fördern.

Zusammenfassung

Wir haben uns in diesem Kapitel mit dem Thema beschäftigt, wie Sie lernen können, sich als wertvolle Persönlichkeit zu sehen und positive Selbstachtung aufzubauen und beizubehalten. Wir haben über den persönlichen Gewinn gesprochen, der Ihnen daraus erwächst, und über Probleme, die Sie dadurch vermeiden können.

In der Entwicklungsstufe 6 unseres mentalen Erfolgsprogramms – Betrachten Sie sich als eine einmalige Persönlichkeit – haben wir die nachstehenden Punkte angesprochen und erläutert:

- Nehmen Sie über den sportlichen Bereich hinaus Einfluß auf Ihr Leben.
- Erkennen und lösen Sie sich von irrationalen Überzeugungen.
- Achten Sie darauf, daß der Inhalt Ihrer Selbstgespräche positiv ist.
- Setzen Sie sich mit Ihren Fehlern auseinander.
- Akzeptieren Sie sich als wertvolle Persönlichkeit.

Im folgenden Kapitel werden wir uns einer weiteren wichtigen persönlichen Eigenschaft widmen – der Fähigkeit, sich der fortwährenden Leistungsentwicklung zu verpflichten.

8 Lernen ist ein lebenslanger Prozeß

Es ist nicht vorbei, bevor es vorbei ist.

Yogi Berra
Baseballspieler

Versuchen Sie, aus Ihren Fehlern zu lernen. Es ist dumm, so zu tun, als wären sie nicht passiert. Es werden erst dann wirkliche Fehler, wenn Sie keine Lehren aus ihnen ziehen.

Jim Abbott
Pitcher der
New York Yankees

Die Monica-Seles-Story hat seit einiger Zeit das Interesse der Öffentlichkeit erregt und wird es wohl noch viele Jahre tun. Ich sehe sie noch als das kleine Mädchen aus Jugoslawien vor mir, mit einem Schläger, größer als sie selbst, und ausgestattet mit unermüdlichem Kampfgeist. Sie schlagen sie zu Boden – und schon steht sie wieder. Sie schlagen sie erneut, doch sie kämpft sich weiter an Sie heran. Sie ist ein Rocky Marciano. Sie will, daß Sie weiterschlagen, denn sie lebt dafür, den entscheidenden Schlag zu landen.
Ich wußte – und ich hätte alles darauf gewettet –, daß dieses Mädchen kämpfen und die Kraft haben würde, die schlimmsten Bedingungen, denen ein Sportler ausgesetzt sein kann, zu überwinden. Die Frage, die sich heute stellt, ist, ob sie das, was kaum einem anderen Sportler widerfahren ist, verwinden kann. Sie sagt, sie sei noch nicht soweit.
Nur wenige Sportler mußten die Erfahrung eines lebensbedrohenden körperlichen Angriffs machen und sich danach durchringen, wieder zu spielen. Will Monica Seles wieder spielen? Ist sie verunsichert? Ist die Verletzung ein Vorwand dafür, sich aus dem Sport zurückzuziehen? Hat sie – sportlich und finanziell – so viel erreicht, daß sie damit zufrieden ist?
Es fällt mir schwer, das zu glauben, denn ich war in den prägenden Jahren – von ihrem zwölften bis zu ihrem sechzehnten Lebensjahr – mit ihr zusammen. Ich bin überzeugt, wenn es jemand schafft, diesen Schock zu verwinden, dann Monica Seles. Ob sie es will, ist eine andere Frage. Das macht uns die Tragik und den Schaden bewußt, der durch einen einzigen sinnlosen Vorfall verursacht werden kann.

Wenn sie weitermacht, muß sie vor allem die Angst überwinden. Sie hat den Nachteil der langen Wettkampfpause, das ist nicht einfach. Sie muß sich bedingungslos einsetzen, um körperlich wieder in Form zu kommen und ihren Kampfgeist wiederzufinden.
Ersteres wird ihr nicht schwerfallen – sie ist engagierter als die meisten Sportler, mit denen wir je trainiert haben. Das zweite wird, trotz ihres furchteinflößenden Kampfeswillens, aufgrund der Ereignisse ungleich schwieriger sein. Außerdem kommt, wie ich Monica kenne, eine Rückkehr für sie nur in Frage, wenn sie wieder auf dem Spielniveau und mit dem Erfolg von früher einsteigen kann.
Das bedeutet alles in allem, daß sich Monica ein weiteres Mal steigern muß. Es geht mir nahe, was sie alles durchmachen mußte, und ich hoffe sehr, daß sie die Entscheidung, die sie schließlich treffen wird, akzeptieren und mit ihr leben kann.
Doch wie ich bereits eingangs gesagt habe, wenn es jemand schaffen kann und die Kraft und den Willen hat, dann Monica Seles. Ich wünsche ihr Glück.

Nick Bollettieri

Wenn ein Bogenschütze das Ziel verfehlt, sucht er den Fehler bei sich selbst. Die Zielscheibe kann nichts dafür, wenn Sie nicht ins Schwarze treffen. Sie wollen Ihre Zielgenauigkeit verbessern? – Verbessern Sie sich als Mensch.

Gilbert Arland

Sich der stetigen Leistungs-entwicklung verpflichten

Was Sie in diesem Kapitel erwartet

In diesem Kapitel beschäftigen wir uns mit einem wichtigen, doch häufig vernachlässigten Aspekt positiver Selbstentwicklung und mentaler Leistungsfähigkeit: Ihre fortwährende und stetige Leistungsentwicklung als Tennisspieler und Persönlichkeit.

Ständige Weiterentwicklung bedeutet, daß Sie sich persönlich in die Pflicht nehmen, Informationen über Ihre Fortschritte und Leistung als Tennisspieler und in anderen Lebensbereichen umzusetzen.

Ständige Weiterentwicklung bedeutet, daß Sie sich persönlich in die Pflicht nehmen, Informationen über Ihre Fortschritte und Ihre Leistung als Tennisspieler und in anderen Lebensbereichen umzusetzen. Diese Informationen dienen als Sprungbrett oder Katalysator für Ihre Weiterentwicklung im allgemeinen.

Dieses Wachstum und diese Entwicklung haben mit vielen Faktoren zu tun, wie sich seiner selbst bewußt zu sein, Selbstmotivation, Selbstvertrauen, Selbstdisziplin, gute zwischenmenschliche Beziehungen und Selbstwertgefühl. Nicht von ungefähr sind dies die Titel der vorhergehenden Kapitel, und, wichtiger noch, die grundlegenden Merkmale positiver Selbstentwicklung und Ihres Programms zu mentaler Leistungsfähigkeit.

Weshalb fortwährende Leistungsentwicklung nötig ist

Es gibt ein wohlbekanntes physikalisches Prinzip, das unserer Meinung nach sehr gut auf Ihre positive Selbstentwicklung und mentale Leistungsfähigkeit zutrifft.

Dieses Prinzip sagt aus, daß ein Objekt, das sich in Bewegung befindet, so lange in Bewegung bleibt, bis eine Kraft von außen auf es einwirkt. Befindet sich ein Objekt im Ruhezustand, verharrt es in diesem Zustand, bis es in Bewegung versetzt wird.
Es ist interessant, dieses Prinzip auf Ihr Tennisspiel und andere Bereiche Ihres Lebens anzuwenden, denn der Wunsch, in Aktion zu bleiben und in seinem Wachstum und seiner Entwicklung vorwärtszukommen, ist eine natürliche Tendenz des Menschen.

Wenn Ihr persönliches Wachstum in Gang ist, wird es dabei bleiben, bis eine Kraft von außen darauf einwirkt. Wenn es sich im Ruhezustand befindet, wird es in diesem Zustand verharren, bis eine Einwirkung von außen erfolgt.

Aktivität kontra Selbstzufriedenheit

Unglücklicherweise jedoch geraten manche Menschen in ein Stadium, das von Gewohnheiten und Selbstzufriedenheit bestimmt wird. Sie sehen keine Notwendigkeit, sich geistig, emotional oder körperlich weiterzuentwickeln. Folglich versinken sie in Selbstzufriedenheit und folgen Tag für Tag der gleichen Routine. Dadurch laufen sie Gefahr, geistig, emotional und physisch zu stagnieren.

Wenn jemand nicht systematisch versucht, sich weiterzuentwickeln, wird er wahrscheinlich geistig, emotional und physisch stagnieren.

Wer rastet, der rostet

Das Sprichwort »Wer rastet, der rostet« erinnert uns daran, daß jemand, der sich nicht systematisch weiterentwickeln will, wahrscheinlich mental, emotional und physisch »einrostet«. Natürlich gibt es andere Menschen – Sie eingeschlossen –, die sich steigern und weiterentwickeln wollen.
Unsere Untersuchungen und Beobachtungen, wie diese Art von Menschen nach fortwährender Leistungsentwicklung streben, haben ergeben, daß sie über ein hohes Maß an Selbstmotivation und einen grundlegenden Anreiz verfügen, der sie auf positive Weise zukunftsorientiert sein läßt. Dieser Anreiz sind Informationen, die sie über ihre Fortschritte und Leistungen gesammelt und systematisch umgesetzt haben.

Wie Sie sich der Aufgabe stellen

Ihre fortwährende Leistungsentwicklung als Tennisspieler und Mensch verlangt, daß Sie die Aufgabe planmäßig und systematisch in Angriff nehmen.

Ihre fortwährende Leistungsentwicklung als Tennisspieler und Mensch verlangt, daß Sie die Aufgabe planmäßig und systematisch angehen. Dazu müssen Sie sich darauf festlegen, gute Leistungen zu erbringen und die Herausforderung anzunehmen, im Training und im Wettkampf Ihr Möglichstes zu geben.
Außerdem werden Sie die Erfahrung machen, daß es sehr wertvoll und spannend sein kann, neue Kenntnisse, Fertigkeiten und Denkweisen zu erwerben – und sei es nur aus dem Grund, daß diese Aktivitäten Spaß machen und dazu beitragen können, Sie selbst und andere weiterzubringen.

Durch die fortwährende Leistungsentwicklung Ihrer mentalen, emotionalen und physischen Fertigkeiten werden Sie geistig reger, produktiver und wettkampfstärker.

Durch die fortwährende Leistungsentwicklung Ihrer mentalen, emotionalen und physischen Fertigkeiten werden Sie geistig reger, produktiver und wettkampfstärker. Das Wichtigste ist jedoch, daß Sie einfach mehr Spaß haben werden, wenn Sie Ihre mentale Leistungsfähigkeit weiterentwickeln und verbessern.

Der persönliche Gewinn

Es bringt eine Reihe von Vorteilen mit sich, sich der fortwährenden Leistungsentwicklung zu verpflichten:

- Erstens werden Sie Interesse und Ehrgeiz entwickeln, sich aktiv einzusetzen, um Fortschritte zu machen, anstatt sich einfach zurückzulehnen und abzuwarten, was passiert. Sie wollen gezielt vorwärtskommen – in Ihrer Entwicklung als Tennisspieler und als Persönlichkeit. Der Anreiz dazu wird von Ihnen selbst ausgehen, indem Sie Feedback, das Sie erhalten, umsetzen. (Auf diesen Punkt werden wir im Rahmen dieses Kapitels noch genauer eingehen.)

- Ein weiterer Vorteil für Sie besteht in den Veränderungen, die Sie als Persönlichkeit und Mensch durchlaufen werden. Diese Veränderungen machen sich dadurch bemerkbar, daß Sie (a) lernen, Ihre Fähigkeiten, logisch zu denken und Probleme zu lösen – und zwar in bezug auf den Sport, die Schule, die Familie und das Leben in der Gemeinschaft – zu verfeinern, daß Sie (b) lernen, besser mit Ihren Emotionen umzugehen, und daß Sie (c) Ihre physischen Fertigkeiten verbessern.

Problemen vorbeugen

Wenn Sie sich der fortwährenden Leistungsentwicklung verpflichten, wird es Ihnen auch leichter fallen, der Entwicklung verschiedener persönlicher Probleme Vorschub zu leisten:

Wenn Sie sich der fortwährenden Leistungsentwicklung verpflichten, wird es Ihnen leichter fallen, Selbstzufriedenheit und psychologischer Hilflosigkeit Vorschub zu leisten.

- Eines dieser Probleme besteht darin, selbstzufrieden zu sein, d. h. daß Sie sich mit Ihrem gegenwärtigen Leistungs- und Entwicklungsstand zufriedengeben, und glauben, es bedürfe keiner Verbesserungen und Fortschritte. Wenn Sie beschließen, auf Ihrem Niveau zu verharren, besteht die Gefahr, daß Sie in Ihrer Entwicklung rückwärts gehen. Das passiert deshalb, weil Sie nichts unternehmen, um vorhandene Fertigkeiten weiterzuentwickeln oder neue aufzubauen.

- Ein weiteres Problem, dem Vorschub geleistet werden kann, ist psychologische Hilflosigkeit. In diesem Zustand glauben die Menschen, daß sie so weit hinter ihren Zielen herhinken, so sehr auf der Stelle treten und so inaktiv sind, daß sie ihre Situation aus eigener Kraft nicht mehr ändern können. Diese Menschen ergeben sich in ihr Schicksal und machen keine Versuche, ihre Entwicklung zu beeinflussen. Dadurch werden viele von ihnen unglücklich und verbittert.

Entwicklungsstufe 7
Verpflichten Sie sich der fortwährenden Leistungsentwicklung

Es gibt verschiedene Maßnahmen, die es Ihnen erleichtern werden, sich der fortwährenden Leistungsentwicklung zu verpflichten. Sie sollten jedoch nicht starr und unveränderbar sein, sondern müssen vielmehr dynamisch sein, d. h. den jeweiligen Situationen und Verhältnissen angepaßt werden. Nachfolgend finden Sie eine Liste dieser Maßnahmen:

1. Verschaffen Sie sich Feedback.
2. Nehmen Sie sich regelmäßig Zeit zur Reflexion über Ihre Leistungsentwicklung.
3. Ergreifen Sie persönlich die Initiative.

1. Verschaffen Sie sich Feedback

Feedback über Fortschritte besteht aus Informationen, die Aufschluß über Ihre Fortschritte in einem oder mehreren Bereichen über einen bestimmten Zeitraum geben.

Es ist notwendig, daß Sie sich als Basis für Ihre fortwährende Leistungsentwicklung zwei Arten von Feedback verschaffen, nämlich »Feedback über Fortschritte« und »Feedback über die Leistung«:
Wie der Ausdruck bereits verrät, geht es beim **Feedback über Fortschritte** darum, Informationen darüber zu sammeln, in welchem Ausmaß Sie Fortschritte machen oder die persönlichen Ziele erreichen, die im Kapitel über Selbstmotivation besprochen worden sind.
Feedback über die Leistung umfaßt Daten, die Aufschluß über die Ergebnisse Ihres Spiels geben, sowohl im Training als auch im Wettkampf.

Feedback über die Leistung umfaßt Daten, die Aufschluß über die Ergebnisse Ihres Spiels geben.

Wie Sie sich Feedback verschaffen können

Sie können sich Feedback über Ihre Fortschritte und über Ihre Leistung verschaffen, indem Sie das nachfolgend beschriebene System benutzen:

Werten Sie die Beurteilungen Ihrer Fortschritte hinsichtlich Ihrer persönlichen Ziele aus
Es empfiehlt sich, die Beurteilungen auszuwerten, die Sie und Ihr Trainer über Ihre Fortschritte hinsichtlich Ihrer persönlichen Ziele abgegeben haben. Auf diese Weise können Sie sich ein Urteil über Ihre Fortschritte bilden. Das Arbeitsblatt für persönliche Ziele in Kapitel 3 (Seite 63) ist für diese Aufgabe sehr nützlich.

Werten Sie die Beurteilungen Ihrer Fortschritte in Kapitel 3 aus.

Bewerten Sie Ihre Fortschritte in verschiedenen anderen Bereichen
Sie sollten außerdem Ihre Fortschritte in verschiedenen anderen Bereichen bewerten. So können Sie beispiels-

weise Informationen über das Ausmaß Ihrer Fortschritte hinsichtlich Ihres Selbstvertrauens während des Wettkampfes sammeln. Sie können dieses Feedback erhalten, indem Sie sich selbst mit Hilfe der folgenden Skala einstufen:

1 = ausgezeichnet
2 = gut
3 = durchschnittlich
4 = mäßig
5 = schwach

Nehmen Sie diese Beurteilungen wöchentlich vor. Sie können außerdem Ihren Trainer um seine Meinung darüber bitten, wie Sie bezüglich Ihres Selbstvertrauens im Wettkampf vorankommen. Besprechen Sie die Ergebnisse mit Ihrem Trainer. Versuchen Sie, die Gründe für etwaige Abweichungen zwischen seiner und Ihrer Beurteilung zu finden, und sprechen Sie mit ihm über Änderungen, die Sie vornehmen wollen. Es ist durchaus möglich, daß beide von Ihnen den Begriff Selbstvertrauen unterschiedlich interpretieren.

Bitten Sie Ihren Trainer um seine Meinung darüber, wie Sie bezüglich Ihres Selbstvertrauens im Wettkampf vorankommen.

Fortschritte im Bereich Selbstdisziplin
Um Informationen über Ihre Fortschritte im Bereich Selbstdisziplin zu erhalten, können Sie die gleiche Vorgehensweise und die oben beschriebene Beurteilungsskala anwenden.

Fortschritte in Ihrer Leistung
Um Feedback über Fortschritte in Ihrer Leistung zu erhalten, können Sie Daten über Wettkampf- und Trainingsergebnisse auswerten. Diese Daten können von jemandem erstellt werden, der Sie in Ihrer Zielsetzung unterstützt und/oder von Ihrem Trainer.
Nachfolgend finden Sie einige Beispiele für die Arten von Daten und Ergebnisse, die Sie für die Beurteilung Ihrer Leistung heranziehen können:

- Gelungene erste/zweite Aufschläge, Quote erfolgreicher Returns
- Quote der Punkte, die Sie bei »Vorteil« gewonnen/verloren haben

- Quote der gewonnenen/verlorenen Breakpunkte
- Doppelfehler
- Quote der gewonnenen Netzpunkte
- Vorhand Passierbälle versucht/erfolgreich ausgeführt
- Rückhand Passierbälle versucht/erfolgreich ausgeführt
- Anzahl der gewonnenen ersten Punkte

Durch den Vergleich von Videoaufzeichnungen mit früheren Bändern können Sie Ihren gegenwärtigen Leistungsstand beurteilen.

Zeichnen Sie Ihr Spiel auf Video auf
Durch den Vergleich einer Videoaufzeichnung mit einem früheren Band können Sie sich ein Urteil über Ihre Fortschritte in verschiedenen Bereichen bilden und Ihren gegenwärtigen Leistungsstand sehr genau selbst beurteilen.
Sie können die Aufzeichnungen alleine oder gemeinsam mit Ihrem Trainer betrachten. Letzteres bietet Ihnen die Gelegenheit, Ihre Fortschritte und Ihre Leistung mit Ihrem Trainer zu diskutieren. Hier sind einige Beispiele dafür, worauf Sie beim Betrachten der Aufzeichnungen achten sollten:

- Qualität Ihrer Schläge, Mechanik
- Technik und Ausführung
- Haltung, Gleichgewicht und Gesamterscheinung
- Emotionale Verfassung
- Anderes

2. Nehmen Sie sich regelmäßig Zeit zur Reflexion über Ihre Leistungsentwicklung

Setzen Sie in wöchentlichen Abständen einen bestimmten Tag und eine bestimmte Zeit fest, an dem Sie etwa 20 Minuten allein und in Ruhe über das Feedback, das Sie über Ihre Fortschritte und Ihre Leistung gesammelt haben, nachdenken.
Diese »Besprechung mit sich selbst« sollte an einem Ort stattfinden, an dem Sie es bequem haben und vor Störungen geschützt sind. Ihre Wohnung ist wahrscheinlich am besten dafür geeignet. Zu diesem Anlaß können verschiedene Punkte auf der Tagesordnung stehen. Nachfolgend finden Sie einige Beispiele.

Punkt 1
Stellen Sie Ihre eigenen Überlegungen an, in welchen Bereichen Sie gut sind oder Fortschritte machen. Richten Sie Ihr besonderes Augenmerk darauf, wie Sie auf den folgenden Gebieten vorankommen:

- Fortschritte hinsichtlich Ihrer persönlichen Ziele
- Selbstmotivation
- Selbstdisziplin
- Qualität und Effektivität Ihres Spiels im Wettkampf
- Zwischenmenschliche Beziehungen
- Selbstachtung

Stellen Sie Ihre eigenen Überlegungen an, in welchen Bereichen Sie gut sind oder Fortschritte machen.

Bei der Analyse Ihrer Stärken sollten Sie sich Notizen machen, für welche Bereiche Sie die Meinung Ihres Trainers oder einer anderen Person aus Ihrem Netzwerk hören möchten. Dadurch erhalten Sie eine Liste der Punkte, die Sie mit anderen besprechen wollen.

Machen Sie Notizen, für welche Bereiche Sie die Meinung Ihres Trainers oder einer anderen Person aus Ihrem Netzwerk hören möchten.

Punkt 2
Analysieren Sie die Punkte, in denen Sie sich verbessern müssen. Zu diesem Zweck können Sie beurteilen, inwieweit Ihre Fortschritte Ihre Erwartungen erfüllt haben. Beachten Sie bei diesen Überlegungen folgendes:

- Bestimmte Ziele, bei denen Sie nicht die erwarteten Fortschritte gemacht haben.
- Selbstmotivation – Sie haben nicht den Drang gespürt, auf ein oder mehrere Ziele hinzuarbeiten.
- Selbstvertrauen – Sie haben möglicherweise bestimmte Aspekte Ihres Spiels entdeckt, bei denen es Ihnen an Selbstvertrauen mangelt.
- Selbstdisziplin – Sie haben gemerkt, daß Sie einige Ihrer Vorhaben nicht durchgezogen haben (z. B. Vorbereitung auf das Match).
- Technische oder strategische Aspekte Ihres Spiels.
- Qualität Ihrer zwischenmenschlichen Beziehungen.
- Selbstachtung – mäßige Leistungen beim Tennis haben sich manchmal negativ auf Ihre Meinung über sich als Gesamtpersönlichkeit ausgewirkt.

Analysieren Sie die Punkte, in denen Sie sich verbessern müssen.

Punkt 3
Machen Sie eine Liste der Themen, über die Sie nachgedacht haben und mit Ihrem Trainer sprechen wollen.

Machen Sie eine Liste der Themen, über die Sie nachgedacht haben und mit Ihrem Trainer sprechen wollen.

Wenn Sie Ihre Gedanken über Ihre Leistung, Ihre mentalen oder physischen Fertigkeiten aufschreiben, können Sie wahrscheinlich produktiver und besser mit Ihrem Trainer darüber reden.

Fertigen Sie nach jeder Ihrer wöchentlichen Bestandsaufnahmen eine Zusammenfassung Ihrer Eindrücke und Gedanken an.

Punkt 4

Fertigen Sie nach jeder Ihrer wöchentlichen Bestandsaufnahmen eine Zusammenfassung Ihrer Gedanken und Eindrücke an. Nachfolgend finden Sie einige Anregungen, wie Sie dabei vorgehen können:

- Sind Sie bei Ihren Überlegungen über sich auf Überraschungen gestoßen?
- Haben Sie Bereiche gefunden, in denen Sie besser sind, als Sie gedacht haben?
- Sind Sie auf Bereiche gestoßen, in denen Sie schlechter als erwartet sind?
- Sind Sie zu neuen Erkenntnissen gelangt, die Sie nicht richtig einordnen können und deshalb mit Ihrem Trainer klären wollen?
- Auf welchen Gebieten müssen Sie sich stärker engagieren?
- Welchen Gesamteindruck haben Sie von sich selbst?

Planen Sie einen weiteren Termin »mit sich selbst« für eine persönliche Standortbestimmung.

Punkt 5

Machen Sie es sich zur Gewohnheit, sich in regelmäßigen Abständen Zeit zu nehmen, um in Ruhe über Ihre Fortschritte und Ihre Weiterentwicklung nachzudenken.

3. Ergreifen Sie persönlich die Initiative

Sie können die Erkenntnisse, auf die Sie bei Ihren Überlegungen gestoßen sind, als Ausgangsbasis für persönliche Initiativen für Ihre fortwährende Weiterentwicklung benutzen.

Sie können die Erkenntnisse, auf die Sie bei Ihren Überlegungen gestoßen sind, als Ausgangsbasis für persönliche Initiativen für Ihre fortwährende Weiterentwicklung benutzen. Diese Weiterentwicklung bezieht sich in erster Linie auf den Tennissport, kann sich selbstverständlich aber auch in anderen Bereichen Ihres Lebens bemerkbar machen.

Die Antworten auf die nachstehenden Fragen sollen Ihnen als Grundlage für Maßnahmen dienen, die Ihre Weiterentwicklung vorantreiben können:

- Was muß ich tun, um meine persönliche Bewußtheit weiterzuentwickeln?
- Was kann ich tun, um sicherzustellen, daß meine Selbstmotivation weiter zunimmt?
- Wie kann ich mein Selbstbewußtsein weiterhin stärken?
- Auf welchem Gebiet muß ich mich hinsichtlich Selbstdisziplin verbessern?
- Durch welche Maßnahmen kann ich die Qualität meiner zwischenmenschlichen Beziehungen weiter erhöhen?
- Wie kann ich positive Selbstachtung aufrechterhalten?

Besprechen Sie die Antworten mit Ihrem Trainer

Sie können die obenstehenden Fragen mit Hilfe der Feedbackinformation, die Sie über sich haben, beantworten. Außerdem sollten Sie die Antworten mit Ihrem Trainer besprechen. Dadurch haben Sie die Möglichkeit, geeignete Maßnahmen zu ergreifen, die Ihre fortwährende Leistungsentwicklung fördern.

Sie können die obenstehenden Fragen mit Hilfe der Feedbackinformation, die Sie über sich haben, beantworten. Außerdem sollten Sie die Antworten mit Ihrem Trainer besprechen.

Allgemeine Maßnahmen zur fortwährenden Leistungsentwicklung

Neben sehr spezifischen Maßnahmen, die Sie ergreifen können, gibt es auch einige allgemeine, die Ihnen unter Umständen von Nutzen sein können. Hier sind einige davon:

- Machen Sie weiter wie bisher. Verfolgen Sie aufmerksam, auf welche Weise Ihre Handlungen Ihre Fortschritte und Ihre Leistung beeinflussen.
- Eignen Sie sich neue physische oder mentale Fertigkeiten an, die Ihrem Spiel zugute kommen.
- Setzen Sie sich persönliche Ziele, die spezifisch, meßbar, realistisch und wichtig sind, und legen Sie einen Zeitraum fest, innerhalb dessen Sie diese Ziele verwirklichen wollen.
- Ziehen Sie Ihre Pläne konsequenter und sorgfältiger durch.

Eignen Sie sich neue physische oder mentale Fertigkeiten an, die Ihrem Spiel zugute kommen.

Bringen Sie anderen Menschen gegenüber mehr Respekt und Geduld auf.

Lassen Sie sich in Ihrem Glauben an sich selbst durch nichts erschüttern.

- Bringen Sie anderen Menschen gegenüber mehr Respekt und Geduld auf.
- Betrachten Sie sich als einmalige Persönlichkeit, deren Wert nicht von Ihrer sportlichen Tagesleistung abhängig ist.
- Lassen Sie sich in Ihrem Glauben an sich selbst durch nichts erschüttern.
- Nutzen Sie jede Gelegenheit, dazuzulernen.

Ein Wort der Ermutigung

Wir möchten Sie ermutigen, je nach Bedarf immer wieder auf die anderen Kapitel dieses Buches zurückzugreifen, da Ihnen dadurch Ihr persönlicher Weg zu fortwährender Weiterentwicklung erleichtert wird. Außerdem empfehlen wir Ihnen, das Buch in regelmäßigen Abständen – vielleicht jedes Jahr – wieder zu lesen. Dadurch werden Ihnen die in diesem Buch enthaltenen Richtlinien zur zweiten Natur, und es wird Ihnen leichter fallen, mit dem Material umzugehen.

Sie können die Programme natürlich Ihrem persönlichen Stil anpassen. Außerdem werden Sie aus den vorhandenen Komponenten eine eigene Strategie zu positiver Weiterentwicklung und mentaler Leistungsfähigkeit entwickeln. Genaueres darüber ist Gegenstand des nächsten Kapitels.

Zusammenfassung

In diesem Kapitel haben wir uns damit beschäftigt, wie Sie sich Ihrer fortwährenden Leistungsentwicklung verpflichten und sich dadurch in positiver Richtung entwickeln sowie Ihre mentale Leistungsfähigkeit erhöhen können. Im einzelnen haben wir drei Aktivitäten behandelt, durch die Sie dieses Ziel erreichen können:

- Verschaffen Sie sich Feedback.
- Nehmen Sie sich regelmäßig Zeit zur Reflexion über Ihre Leistungsentwicklung.
- Ergreifen Sie persönlich die Initiative.

Vorteile der persönlichen Leistungsfähigkeit

9

Obwohl ich nie mit Chris Evert gearbeitet habe, sind wir gute Freunde, und sie weiß, wie sehr ich sie respektiere. Für mich wird sie stets die große Dame des Tennissports bleiben. Chris Evert hat, wie Arthur Ashe, durch ihre Klasse dem Tennissport zu hohem Ansehen verholfen. Wie keine andere Spielerin verkörpert sie mentale Leistungsfähigkeit. Als Teil ihrer Erziehung hat sie mentale Stärke auf ihren Sport und auf andere Lebensbereiche übertragen.

Das soll nicht heißen, daß Chris Evert keine Emotionen und keine private Seite hat. Ganz im Gegenteil, aber sie weiß, wie sie sich in der Öffentlichkeit geben muß und wie sie besser als jeder andere mit kritischen Situationen fertig wird. Damit meinen wir weit mehr als die Fähigkeit, sich bei Matchball für die Gegnerin noch einmal aufzubäumen und das Spiel vielleicht noch zu kippen oder eine Fehlentscheidung in einer entscheidenden Phase des Spiels wegzustecken. Chris Everts Verhalten auf dem Platz war stets ein Musterbeispiel für Disziplin und Selbstkontrolle. Dafür verdient sie für immer unseren Respekt und unsere Bewunderung. Auf dem Gebiet des Sports ist sie die Personifizierung von Klasse. Sie ist ein Vorbild für alle jungen Spieler, die in den letzten zwanzig Jahren einen Tennisschläger in die Hand genommen haben, und wird es auch für zukünftige Generationen sein.

Lassen Sie uns diesen Gedanken etwas weiterführen. Ihr Vater, Jimmy Evert, war ihr erster und wichtigster Trainer. Er hat ihr die Grundlagen vermittelt, die nötig sind, um das Spiel zu spielen und um zu gewinnen – im sportlichen wie in anderen Bereichen des Lebens. Er hat ihr die Werte der Familie bewußtgemacht, und

Man spielt eigentlich nie gegen seinen Gegner, sondern gegen sich selbst, und versucht, seinen höchsten Leistungsstand zu erreichen. Der Spaß beginnt erst richtig, wenn man an seine Grenzen gelangt.

Arthur Ashe
Tennisspieler

Man kann immer noch ein wenig besser spielen.

Sandy Koufax
Baseballspieler

Aller Ruhm entsteht aus dem Mut, zu beginnen.

Eugene F. Ware
Amerikanischer Jurist und Dichter

das war entscheidend. Er war Vater, Lehrer und, vor allem, ein Freund.

War Chris Evert eine herausragende Spielerin? Eigentlich nicht. War ihre Beinarbeit bemerkenswert? Nein, eher durchschnittlich. Verfügte sie über ein großes Schlagrepertoire, war ihr Aufschlag besonders gut, ihr Netzspiel von besonderer Klasse? Immer die gleiche Antwort: eigentlich nicht. Alles in allem muß man sich fragen, was so besonders an ihr war.

Es war vor allem die Tatsache, daß sie im Training, im Spiel, bei öffentlichen Auftritten, bei Pressekonferenzen, nach Sieg oder Niederlage, in Fachartikeln, immer 110 Prozent gegeben hat – also ihr absolut Bestes. Man wußte es und man konnte es spüren. Wenn sie auf dem Platz stand, war keine Verzagtheit, kein Stirnrunzeln, kein Kopfhängenlassen zu bemerken, sondern nur die Konzentration und der Siegeswille, die einen Champion ausmachen. Darin war sie die Beste. Nicht eine der Besten, sondern die absolut Beste.

Sie hatte sich zu jeder Zeit unter Kontrolle. Natürlich hatte sie, wie jeder andere, Emotionen und Zweifel und wollte manchmal aufgeben, hat es aber nie getan und es sich vor allem nie anmerken lassen, daß sie überhaupt daran dachte. Sie hatte immer eine positive Einstellung sich und dem Sport gegenüber. Alle, die mit ihr zu tun hatten, ihre Familie, ihre Gemeinde, ihre Freunde und Bekannten, die Turnierveranstalter, die Sponsoren und ihre Fans wußten, daß sie sich darauf verlassen konnten, daß Chris Evert zu jeder Zeit und in jeder Beziehung ihr Bestes geben würde. Ist das eine Ausnahme? Nennen Sie mir nur einen anderen aktiven Sportler, auf den das alles auch zutrifft.

Jimmy Evert hat seiner Tochter eine solide Basis nicht nur für den Sport, sondern fürs Leben mitgegeben. Diese Grundlagen waren Bestandteil des Trainings, des Wettbewerbs, ihrer Ausbildung und aller Aspekte ihrer Erziehung. Ihre Einstellung und Haltung war nicht einfach naturgegeben, sondern ist genauso eingeübt und perfektioniert worden wie ihre Vor- und Rückhand. Mentale Leistungsfähigkeit war Bestandteil ihrer täglichen Erziehung und wurde dadurch Teil ihres Lebens und ihrer Persönlichkeit.

Ich kann mir vorstellen, daß es so verlaufen ist . . . Jimmy hat Chris jeden Tag etwas zugeflüstert, und sie hat sehr aufmerksam zugehört. »Du wirst einen Ball mehr übers Netz bringen als deine Gegnerin. Du wirst den Ball dahin spielen, wo deine Gegnerin nicht steht. Du wirst deine Stärken ausspielen und dich an deine Schwächen erinnern. Du wirst immer fair sein und die Regeln beachten – oder du wirst gar nicht spielen. Du wirst deine Gegenspielerinnen – egal, wie sie heißen, oder wie die äußeren Bedingungen sind – immer respektvoll behandeln. Für dich wie für jeden anderen ist es kein Recht, sondern ein Privileg, Tennis zu spielen. Du wirst immer dein Bestes geben. Du wirst Spaß daran haben. Und, Chris, wenn du das alles befolgst und hart arbeitest, wirst du die Nummer Eins in der Welt und von allen bewundert werden. Du wirst zum Symbol werden für alle, die selbst Tennis spielen und glauben, daß sie auch einmal Champion werden können. Das ist deine Philosophie, im Spiel und im Leben.«

Nick Bollettieri

Die Vorteile der mentalen Leistungsfähigkeit nutzen

Was Sie in diesem Kapitel erwartet

Sie sollten sofort damit beginnen, sich die Vorteile der mentalen Leistungsfähigkeit zunutze zu machen.

Im Schlußkapitel wollen wir Sie auffordern und ermutigen, sich das Programm zu mentaler Leistungsfähigkeit zunutze zu machen. Nutzen Sie beständig die Informationen dieses Buches, um ein mental leistungsfähiger Tennisspieler und eine ebenso starke Persönlichkeit zu werden. Dadurch ziehen Sie einen persönlichen Gewinn aus diesem Programm und machen einen gewaltigen Schritt nach vorn in Richtung positiver Selbstentwicklung in Tennis, Sport und Leben.

Persönliche Herausforderung, persönliche Verpflichtung

Das Programm zur mentalen Leistungsfähigkeit, das in diesem Buch vorgestellt wurde, ist auf Sie persönlich zugeschnitten. Sie setzen es selbst um und bewerten Ihre Fortschritte selbst. Das Programm ist dynamisch – es kann veränderten Bedürfnissen und einem gestiegenen Leistungsniveau angepaßt werden. Vor allem jedoch nützt es Ihnen nicht nur im Sport, sondern in allen Bereichen des Lebens!
Sie haben inzwischen dieses Buch zwar gelesen und mit dem Training zur mentalen Leistungsentwicklung begonnen, dürfen aber nicht versäumen, weiterhin Ihre Vorteile aus diesem Programm zu ziehen, indem Sie es zum festen Bestandteil Ihres täglichen Lebens machen.

Selbstgenügsamkeit und die Weiterentwicklung Ihrer Fähigkeiten und Ihres Selbstvertrauens auf das höchstmögliche Niveau sind Ziele, die auf Ihrer Liste ganz oben stehen sollten. Schieben Sie sie nicht auf. Machen Sie sich die Vorteile mentaler Leistungsfähigkeit zunutze!

Die einzelnen Schritte dieses Programms sind am wirkungsvollsten, wenn Sie sie zu festen Bestandteilen Ihrer täglichen Gewohnheiten machen. Dazu müssen Sie sich verpflichten, mehr über diese Schritte zu lernen. Dadurch werden Sie mentale Leistungsfähigkeit wirkungsvoll auf Ihr Tennistraining und andere Aspekte Ihres Lebens anwenden.

Das Programm zur mentalen Leistungsfähigkeit ist am wirkungsvollsten, wenn Sie es zum festen Bestandteil Ihres täglichen Lebens machen.

Sie haben bereits damit begonnen, Vorteile aus diesem Programm zu ziehen. Wenn Sie jetzt die vorhergehenden acht Kapitel dieses Buches noch einmal durchlesen, werden Sie sich der mentalen Leistungsfähigkeit stärker verpflichten, Ihre Kenntnisse darüber vertiefen und die Auswirkungen des Programms verstärken.

Der ganz persönliche Plan

Sie sollten für Ihre erneute intensive Beschäftigung mit den einzelnen Kapiteln einen verbindlichen Zeitplan erstellen. Sie können zum Beispiel acht Tage lang jeden Tag ein Kapitel durcharbeiten, oder sich jeden zweiten Tag ein Kapitel vornehmen oder irgendeinen anderen Rhythmus festlegen, der am besten für Sie geeignet ist. Der Hauptzweck dieser rigorosen Zeitplanung liegt darin, daß Sie sich wirklich konsequent und voller Überzeugung Ihrem Fortschritt und Ihrer Leistungsverbesserung widmen.

Legen Sie einen Zeitplan für die Wiederholung und Vertiefung des in diesem Buch enthaltenen Materials fest.

Vergewissern Sie sich nach jedem Kapitel, daß Sie das behandelte Material gut verstanden haben. Je besser Sie die einzelnen Schritte und Aktivitäten des Programms verstehen, desto wirkungsvoller wird es für Sie sein und desto schneller werden Sie die Resultate erreichen können, die Sie sich zum Ziel gesteckt haben.

Richtlinien für Lernpläne

Nachfolgend finden Sie einige Vorschläge, wie Sie schnell und effektiv lernen können und wie Sie möglichst viel Spaß auf Ihrem Weg, ein mental starker Tennisspieler und Mensch zu werden, haben können:

- Legen Sie Block und Bleistift oder Markierstift bereit, bevor Sie mit einem Kapitel beginnen. Machen Sie sich Notizen oder markieren Sie Punkte, die Ihnen wichtig erscheinen. Schreiben Sie außerdem Ihre eigenen Gedanken und Kommentare auf.
  Vergessen Sie nicht, daß das Programm dynamisch ist, und daß, je nach persönlichem Fortschritt, bestimmte Aspekte wichtiger oder weniger wichtig für Sie werden. Deshalb wird es immer wieder nötig sein, neue Abschnitte zu markieren.
- Füllen Sie alle in diesem Buch enthaltenen Arbeitsbogen vollständig aus – wenn Sie es nicht schon getan haben. Nutzen Sie die Information für Ihre persönliche Weiterentwicklung. Ein Tip: Fotokopieren Sie die leeren Arbeitsbogen, so daß Sie sie nach den verschiedenen Entwicklungsstufen zur eigenen Überprüfung erneut ausfüllen können.
- Sprechen Sie mit Ihrem Trainer, Ihren Eltern und anderen, die an Ihrer Weiterentwicklung zum bestmöglichen Tennisspieler und Mensch generell interessiert sind, über das Material, mit dem Sie sich gerade beschäftigen.
- Sammeln Sie Meinungen, Kommentare und konstruktive Kritik dieser Ihnen nahestehenden Personen über die einzelnen Punkte dieses Buches. Denken Sie daran, daß dieses Programm nicht nur Ihnen, sondern auch all denen nützt, die Sie unterstützen.

Holen Sie die Meinungen Ihres Trainers, Ihrer Eltern und anderer ein, die an Ihrer Weiterentwicklung interessiert sind.

Mentale Leistungsfähigkeit: Die Gruppenperspektive

In erster Linie beschäftigt sich dieses Buch mit mentaler Leistungsfähigkeit und mit Ihnen als individuellem Tennisspieler und Mensch. Im ersten Kapitel wird detailliert

beschrieben, wie sich solch eine persönliche Perspektive auf Ihre mentale Leistungsfähigkeit, Wettkampfstärke und Weiterentwicklung auswirkt.
Mentale Leistungsfähigkeit kann allerdings auch aus der Gruppenperspektive betrachtet werden. Obwohl mentale Leistungsfähigkeit auf Gruppenebene genaugenommen Gegenstand eines eigenen Buches ist, möchten wir hier einige allgemeine Informationen und Kommentare zu diesem Thema liefern.

Mentale Leistungsfähigkeit kann auch aus der Gruppenperspektive betrachtet werden.

Was ist eine Gruppe?

Laut Definition besteht eine Gruppe aus zwei oder mehr Personen, die zu einem gemeinsamen Zweck zusammenkommen. Beim Tennis sind Sie dann Teil einer Gruppe, wenn Sie Doppel spielen, Mitglied einer Mannschaft oder eines Vereins sind. Auch eine Schüler-Lehrer-Beziehung ist eine Gruppe.
Unabhängig von der Größe der Gruppe wird von ihren Mitgliedern erwartet, daß sie ihre physischen Anstrengungen, ihre gemeinsamen Emotionen, ihre Ziele und ihre mentalen Fertigkeiten koordinieren, um als Gruppe erfolgreich sein zu können. Dadurch eröffnen sich den Mitgliedern die besten Möglichkeiten, ihre Fertigkeiten in vollem Umfang einzusetzen, Spiele zu gewinnen, ihre Fähigkeiten zu verbessern, in der Rangliste und in Turnieren weiter nach vorn zu kommen sowie ihren Sport und ihre Leistungsfortschritte zu genießen. Wäre das nicht der Fall, wäre die Gruppe weniger effektiv.
Die Bemühungen einer Gruppe lassen sich mit einem gut laufenden Motor vergleichen. Wenn alle Teile sorgfältig eingestellt und aufeinander abgestimmt sind, laufen sie ruhig und sind leistungsfähig. Wenn hingegen ein Teil nicht hundertprozentig funktioniert, kann der Motor keine Höchstleistung erreichen.

Unabhängig von der Größe der Gruppe wird von ihren Mitgliedern erwartet, daß sie ihre physischen Anstrengungen, ihre gemeinsamen Emotionen, ihre Ziele und ihre mentalen Fertigkeiten koordinieren, um als Gruppe erfolgreich sein zu können.

Was betrifft die Gruppe?

Über die mentale Leistungsfähigkeit einer Gruppe – ob es sich um Doppelpartner handelt oder um eine Mannschaft – läßt sich Ähnliches sagen wie über die von Einzelspielern. Ein Unterschied besteht jedoch in der Per-

spektive, unter der man eine bestimmte Aufgabe angeht oder bestimmte Ziele festlegt. Bei einer Gruppe sieht die Perspektive so aus, daß eine Ansammlung von Einzelpersonen gemeinsame – nicht individuelle – Interessen und Aufgaben verfolgt.
Folgende Punkte sind hinsichtlich der mentalen Leistungsfähigkeit einer Gruppe in Tennis, Sport und im Leben von Bedeutung:

- Bewußtheit der Gruppenmitglieder (z. B. Doppelpartner beim Tennis, Trainer/Schüler) bezüglich ihrer kollektiven Stärken, Schwächen und Bedürfnisse.
- Motivation aller, als Einheit zusammenzuarbeiten, um gemeinsame Ziele zu erreichen.
- Selbstvertrauen der Gruppenmitglieder hinsichtlich ihrer Wettkampfstärke als Team.
- Disziplin, als Einheit zusammenzuarbeiten, um zielstrebig und ausdauernd gemeinsame Pläne in die Tat umzusetzen.
- Gute zwischenmenschliche Beziehungen der Gruppenmitglieder zueinander und zu Personen außerhalb der Gruppe.
- Anerkennung und Respekt für jedes der Mitglieder der Gruppe – als Person und als Teamkamerad – ungeachtet ihrer jeweiligen Fähigkeiten im Tennis.
- Fortwährende Leistungssteigerung der Doppelpartner oder des Tennisteams.

Eine mental leistungsfähige Tennisgruppe kann ihre kollektiven Stärken, Grenzen und Bereiche, in denen sie sich verbessern muß, erkennen.

Bewußtheit der Gruppe

Dieser Punkt beschreibt das Ausmaß, in dem sich eine Gruppe als kollektive Einheit sieht und funktioniert. Auf den Tennissport bezogen heißt das, daß eine mental leistungsfähige Gruppe ihre kollektiven Stärken, sportliche Grenzen und Bereiche, an denen noch gearbeitet werden muß, besser erkennen kann. Nehmen wir ein Tennisteam als Beispiel, dessen Spieler für ihr aggressives Serve-und-Volley-Spiel und ihren Trainingsfleiß bekannt sind:
Nehmen wir an, daß dieses Team nach drei Niederlagen in Folge sein Selbstvertrauen in diese Spielstrategie verloren hat. Aus Angst, erneut zu verlieren, rücken

die Spieler nur zögernd ans Netz vor. Jetzt wäre es an der Zeit (a) zu überlegen, wie das Team sein Selbstvertrauen kurzfristig zurückgewinnen könnte, und (b) flexiblere Spielstrategien in Erwägung zu ziehen, um auf lange Sicht die Fähigkeiten der Spieler zu verbessern, ihr Spiel den Umständen entsprechend umzustellen. Wenn die Gruppe so reagieren kann, beweist sie ein hohes Maß an mentaler Leistungsfähigkeit.

Gruppenmotivation

Eine Gruppe muß sich, um gute Leistungen zu erbringen, verpflichten, ihre gemeinsamen Ziele mit vollem Einsatz zu verfolgen.

Eine Gruppe muß sich, um gute Leistungen zu erbringen, verpflichten, ihre gemeinsamen Ziele mit vollem Einsatz zu verfolgen. Dazu muß jedes Mitglied der Gruppe als Teil einer Einheit – nicht einfach als Einzelperson – motiviert sein.

Alle Mitglieder der Gruppe müssen untereinander über die Zielsetzung der Gruppe diskutieren.

Das heißt, daß alle Mitglieder der Gruppe untereinander über die Zielsetzung der Gruppe diskutieren müssen. Diese Ziele sind individuellen Zielen sehr ähnlich. Dazu gehört zum Beispiel, beim Training gut zusammenzuarbeiten und gezielte Strategien und Taktiken gegen einzelne gegnerische Doppelpaarungen zu entwickeln. Die Gruppe muß außerdem dafür sorgen, daß offen über diese Ziele gesprochen wird und ständig alle Mitglieder der Gruppe in die Diskussion einbezogen werden. Eine Gruppe, die all das zusammen durchzieht, ist mental leistungsfähig.

Selbstvertrauen der Gruppe

Die Einzelspieler, die eine Gruppe (Doppelpaarungen, Clubmannschaft) bilden, glauben fest daran, daß sie als Einheit gute Leistungen erbringen und die gesetzten Ziele der Gruppe erreichen können.

Die Einzelspieler, die eine Gruppe (Doppelpaarungen, Clubmannschaft) bilden, glauben fest daran, daß sie als Einheit gute Leistungen erbringen und die gesetzten Ziele der Gruppe erreichen können.
Auch wenn ein Tennisteam beispielsweise nie vorher die Finalrunde eines regionalen Turniers erreichen konnte, wissen die Mitglieder der Gruppe doch, daß sie sich optimal auf die kommenden Spiele vorbereitet haben und vertrauen, unabhängig davon, wie ihre Chancen stehen, auf ihre Fähigkeiten. Das Team glaubt an seine Siegeschance und ist in bezug auf das Selbstvertrauen der Gruppe mental leistungsfähig.

Gruppendisziplin

Gruppendisziplin zeigt sich in dem Ausmaß, in dem die Gruppe in der Lage ist, eine über individuelle Strategien hinausgehende, alle Mitglieder einbeziehende Gesamtstrategie zu entwerfen und im Wettkampf durchzuziehen.

Sie zeigt sich in dem Ausmaß, in dem die Gruppe in der Lage ist, eine über individuelle Strategien hinausgehende, alle Mitglieder einbeziehende Gesamtstrategie zu entwerfen und im Wettkampf durchzuziehen.
Gruppendisziplin als Zeichen mentaler Leistungsfähigkeit hat außerdem mit der Bereitschaft der Mitglieder zu tun, sich im Training zu schinden, so daß sie konditionell und technisch gut auf den Wettkampf und die Umsetzung der Gruppenstrategie vorbereitet sind. So kann es die Strategie eines Teams sein, sämtliche Doppel zu gewinnen, um einen sicheren Punktevorsprung herauszuarbeiten und von Anfang an den Eindruck unerschütterlichen Selbstvertrauens zu erwecken. *(Anmerkung:* In Amerika wird dem Doppel eine größere Bedeutung beigemessen als hierzulande; dort werden alle Mannschaftswettbewerbe mit dem Doppel begonnen.)

Beziehungen der Gruppenmitglieder zur Gruppe, untereinander und zu Personen außerhalb der Gruppe

Eine mental leistungsfähige Gruppe ist in der Lage, gute zwischenmenschliche Beziehungen innerhalb der Gruppe und, als Gruppe, zu Personen außerhalb der Gruppe zu pflegen.

Eine mental leistungsfähige Gruppe ist in der Lage, gute zwischenmenschliche Beziehungen innerhalb der Gruppe und, als Gruppe, zu Personen außerhalb der Gruppe zu pflegen. Das gilt für kleine Gruppen – Doppelpaarungen – genauso wie für größere, z. B. Clubmannschaften.
Es ist natürlich äußerst wichtig, daß sich die einzelnen Mitglieder der Gruppe auf dem Platz und auch außerhalb gegenseitig unterstützen. Das heißt mit anderen Worten, daß sie sich auf strategischer, technischer und emotionaler Ebene helfen. Die Mitglieder einer Gruppe müssen es außerdem verstehen, sich zu einer Einheit zu formen und mit anderen Personen, die nicht zu der Gruppe gehören, gute Beziehungen zu unterhalten.

Anerkennung innerhalb der Gruppe

Diese Dimension einer mental leistungsfähigen Gruppe besteht aus der Fähigkeit der Gruppenmitglieder, sich

selbst als einmalige Persönlichkeiten innerhalb der Gruppe zu betrachten. Dazu gehört auch, daß die Gruppe jedes Mitglied als Persönlichkeit anerkennt, die über der Gruppe steht.
Wenn die Leistung der Gruppe hinter den Erwartungen zurückbleibt – z. B. wenn sie ein Spiel verliert, das sie eigentlich hätte gewinnen müssen –, dürfen die Gruppenmitglieder sich nicht gegenseitig die Schuld dafür zuschieben oder bestimmte Mitspieler zu Sündenböcken machen. Sie sollten sich statt dessen als eine effektiv funktionierende Einheit sehen und als eine Gemeinschaft, die in der Lage ist, zusammen als Team in den Wettbewerb zu gehen, ohne den gegenseitigen Respekt voreinander zu verlieren.
Sie müssen sich jeder Situation – ob Sieg oder Niederlage – gemeinsam stellen und dabei höchste Anerkennung und Respekt gegenüber sich selbst, der Gruppe und den Mitspielern bewahren.

Leistungssteigerung als Gruppe

Für eine mental starke Gruppe ist die fortwährende Leistungssteigerung als Einheit von größter Bedeutung. Die Mitglieder der Gruppe nutzen Feedback aus ihrer Leistung, um Maßnahmen zu ihrer eigenen Weiterentwicklung zu ergreifen, die dann auf kontinuierlicher Basis allen Mitspielern zugute kommt.

Die Mitglieder der Gruppe nutzen Feedback aus ihrer Leistung, um Maßnahmen zu ihrer eigenen Weiterentwicklung zu ergreifen, die dann allen Mitspielern zugute kommt.

Die Gruppe sollte sich Zeit nehmen, die besten Strategien und Taktiken zu entwerfen, um ihr bestmögliches Leistungsniveau zu erreichen. Dadurch können Doppelpartner und Tennisteams ihre Leistung als Gruppe steigern und gemeinsam entscheiden, durch welche Schritte eine dauerhafte Leistungssteigerung am besten erreicht werden kann.
Mentale Leistungsfähigkeit ist nicht nur bei Sportarten wichtig, die – wie Tennis – auf individueller Basis oder in Kleingruppen (Doppel) innerhalb eines Teams oder Clubs gespielt werden, sondern auch bei reinen Mannschaftssportarten wie Basketball oder Fußball.
Wie wir in diesem kurzen Abschnitt über mentale Leistungsfähigkeit von Gruppen gesehen haben, ist dieses Konzept für Mannschafts- und Individualsport gleicher-

maßen gültig. Im Grunde bestehen hinsichtlich der Punkte, die es zu beachten gilt, und der Maßnahmen, die zu ergreifen sind, um die Vorteile voll ausschöpfen zu können, die dieses Konzept mit sich bringt, keine wesentlichen Unterschiede zwischen Mannschafts- und Individualsportarten.

Wie man mentale Leistungsfähigkeit erreicht

Wenn Sie das mentale Erfolgsprogramm konsequent anwenden, werden Sie die positiven Ergebnisse bald selbst bemerken.

Mentale Leistungsfähigkeit ist kein Konzept, das außerhalb Ihrer Reichweite liegt, sie ist allerdings auch kein Wundermittel, das man in der Apotheke kaufen kann, um über Nacht alle Sorgen los zu sein. Das Programm, das Sie in diesem Buch kennengelernt haben, wirkt und ermöglicht Ihnen, in allen Bereichen Ihres Lebens eine mental starke Persönlichkeit zu werden.
Ohne Fleiß kein Preis – diese Binsenweisheit trifft auch auf dieses Programm zu. Wenn Sie also konsequent dabeibleiben, werden Sie sich von den positiven Auswirkungen überzeugen können. Das heißt, daß Sie Ihre Fähigkeiten verbessern werden und die Qualität Ihres Tennisspiels und Ihres Lebens zunimmt. Mentale Leistungsfähigkeit ist die Belohnung für all die Anstrengungen, die Sie auf sich genommen haben, um das hier beschriebene Programm durchzuziehen.
Denken Sie daran, daß Sie als mental leistungsfähiger Mensch Kontrolle über Ihre Gedanken, Emotionen und physischen Handlungen haben. Sie lernen, Ihre Zeit und Ihre Kraft optimal zu nutzen. Sie lernen, Ziele zu setzen, zu planen und weiterzukommen sowie Veränderungen vorzunehmen, die zum Erreichen Ihrer Ziele und Ihrer Bestleistungen notwendig sind. Sie werden Ihre Zeit und Energie optimal zu nutzen wissen. Das Ergebnis besteht darin, daß Sie auf dem Platz und außerhalb eine positive und sinnvolle Richtung einschlagen und diesen Weg auch noch genießen.

Der Weg zur Bestleistung – als Tennisspieler und Persönlichkeit – ist weit weniger beschwerlich, wenn Sie mental leistungsfähig sind. Viel Glück!

Nachwort

Ich bin jetzt seit 37 Jahren beim Tennis, praktisch auf jedem Leistungsniveau. In dieser Zeit hat sich das Spiel sehr stark verändert. Meine Zielsetzung war einfach: Ich wollte jungen Spielern die Möglichkeit bieten, so gut zu werden, wie sie nur können, ohne dabei ihre schulische Ausbildung zu vernachlässigen. Rückblikkend bin ich wirklich stolz auf alles, was wir zu erreichen imstande waren.

Ich kann ohne Übertreibung behaupten, alles gesehen und erlebt zu haben – Gutes wie Schlechtes – und bei meinen Versuchen, etwas zu erreichen, von dem viele geglaubt haben, daß ich es nie erreichen würde, jeden erdenklichen Fehler gemacht zu haben.

Ich verstand eigentlich gar nicht so viel vom Tennis. Ich habe nie als Profi gespielt. Ich wußte nichts über Ernährung, körperliche Fitneß, Sportpsychologie – damit hat sich eigentlich niemand ernsthaft beschäftigt, als ich angefangen habe. Ich habe mich in erster Linie auf meine Nase verlassen und darauf vertraut, daß etwas, das man wirklich will und auf das man mit aller Kraft hinarbeitet, tatsächlich eintritt.

Ich habe außerdem gelernt, mich mit Leuten zu umgeben, die klüger waren als ich, und meinen Instinkt mit ihrem Verstand und ihrem Können zu kombinieren. Das hat sich königlich für mich ausgezahlt.

Das mentale Erfolgsprogramm enthält das Beste aus Bollettieri-Erfahrungen und gesundem Menschenverstand, gepaart mit dem akademischen Fachwissen meines Freundes Charles Maher, der ohne Zweifel zu den Besten seiner Zunft gehört. Das mentale Erfolgsprogramm ist sowohl instinktiv als auch erlernt. Es vereint die Erfahrung eines ausgebildeten Sportpsychologen mit den praktischen und technischen Fähigkeiten eines Tennistrainers.

Das Programm ist nicht kompliziert, denn das entspricht mir nicht. Es ist erfolgreich, denn das ist meine Art. Wenn es neuen Erkenntnissen oder einer veränder-

Die Kraft des Menschen kommt von innen. Gehen Sie weise damit um.

Nick Bollettieri

ten Spielweise angepaßt werden muß, dann tun wir das, denn es handelt sich hier um ein dynamisches Programm, bei dem Sie Ihre Fortschritte und Weiterentwicklung selbst steuern. Im gleichen Ausmaß, in dem sich Ihr Topspin-Aufschlag verbessert, wächst auch Ihre Fähigkeit, ihn unter Druck immer öfter sicher ins Feld zu bringen. Sie werden durch das selbe Trainingsprogramm sowohl physisch als auch mental stärker.

Was Sie im Sport lernen, nehmen Sie mit ins Leben. So einfach ist das. Das Programm stattet Sie mit der Fähigkeit aus, immer Ihre Bestleistung zu erbringen – im Sport und in anderen Bereichen des Lebens –, und dient Ihnen als Instrument dafür, Ihren Fortschritt und Ihre Entwicklung selbst zu steuern. Es ist auf alle Sportarten anwendbar, ob Einzel- oder Mannschaftssport, und hilft Ihnen dabei, Ihre Ziele schneller und leichter zu erreichen, indem Sie – ähnlich wie beim Erlernen der Vorhand – das Programm Schritt für Schritt befolgen.

Ich habe mich mein ganzes Leben an mentaler Leistungsfähigkeit orientiert, aber es hat bis heute gedauert, dieses Konzept zu Papier zu bringen. Das habe ich zum großen Teil meinen Mitarbeitern und Charles Maher zu verdanken. Ich habe mit einigen der besten Sportpsychologen zusammengearbeitet und viele verschiedene Techniken zur Unterstützung des Lernprozesses kennengelernt. Alle sind ein bißchen anders und alle haben ihre Vorteile und Stärken. Keine von ihnen verfügt jedoch über die Forschungsbasis und die programmierten Vorteile für den Schüler wie die vorliegende. Dieses Programm hat bei jedem, der es konsequent anwendet, positive Auswirkungen, die über den Bereich des Sports weit hinausgehen.

Ich hoffe, daß Sie dieses Buch oft benützen. Es wird Ihnen dabei helfen, Ihre Ziele zu erreichen, so wie mir dieses Programm in meinem ganzen Leben geholfen hat, meine zu erreichen.

Nick Bollettieri
September 1994

Anhang

Zusammenfassung

Beschreibung des Prozesses der Entwicklung, Umsetzung und Auswertung des mentalen Erfolgsprogramms

Der nachfolgend beschriebene Prozeß lief über einen Zeitraum von etwa 18 Monaten ab und setzt sich auch nach Erscheinen dieses Buches fort. Die Basis dafür bilden unsere beruflichen Erfahrungen, eigene Forschungen und die Erkenntnisse aus den in der Bibliographie aufgeführten Forschungsberichten.
Die Beschreibung des Prozesses, dessen wir uns bedient haben, um das Programm zu mentaler Leistungsfähigkeit zu entwickeln, umzusetzen und auszuwerten, ist als fachliche und technische Dokumentation gedacht. Auf der Basis unserer Forschungsergebnisse, Programmauswertungen und unserer fachlichen Erfahrungen setzen wir an der *Nick Bollettieri Tennis Academy (NBTA)* unsere Bemühungen fort, das Programm weiterzuentwickeln und zu verbessern.

▶ Wir haben mentale Leistungsfähigkeit aus einer psychologischen Perspektive definiert und beschrieben. So gesehen ist mentale Leistungsfähigkeit die Fähigkeit eines Menschen (Tennisspielers), seine Gedanken und Emotionen so einzusetzen, daß er seine Leistungsmöglichkeiten – ob auf dem Tennisplatz, im Klassenzimmer, im Beruf oder auf anderen Gebieten – voll ausschöpfen kann.
Das Konzept mentaler Leistungsfähigkeit hat uns besonders deshalb so zugesagt, weil alle Anstrengungen auf das Wesentliche ausgerichtet sind. So ist es zum Beispiel nicht effizient, wenn man im Match Energie auf negative Gedanken und Emotionen verschwendet. Außerdem war der Zusammenhang zwischen dem Begriff mentale Leistungsfähigkeit und dem Ziel, zu

verhindern, daß positive Energie nutzlos verschwendet wird, offensichtlich. Ein mental leistungsfähiger und starker Mensch kann bestimmten persönlichen Problemen vorbeugen und vielfältigen Nutzen aus seiner Fähigkeit ziehen.
Unsere Trainingsarbeit mit Tennisspielern und anderen Sportlern hat außerdem gezeigt, daß mentale Leistungsfähigkeit für alle Athleten, ja für alle Menschen aus allen Bereichen des Lebens erstrebenswert ist. Dazu kommt, daß wir gemerkt haben, daß dieser Begriff von Tennisspielern, Trainern und anderen Sportlern an der NBTA und überall auf der Welt akzeptiert und als nützlich angesehen wurde.
Am wichtigsten ist jedoch der Beitrag, den Bill Rompf dadurch geleistet hat, daß er uns geholfen hat, zu definieren und zu beschreiben, was das Programm hinsichtlich des Begriffes mentale Leistungsfähigkeit und anderer ähnlicher Konzepte bedeutet.

▶ Wir begannen mit der Entwicklung dieses Programmes unter dem Gesichtspunkt, daß es nicht nur für erwachsene Tennisspieler, sondern auch für junge Spieler, Trainer und Eltern von großem Nutzen sein sollte. Mit dieser Zielsetzung haben wir mit Hilfe unseres Fachwissens, unseren Forschungsergebnissen über Programmplanung und -auswertung zehn Kriterien festgelegt, die das Programm erfüllen mußte, bevor wir damit an die Öffentlichkeit treten konnten. Nachfolgend sind diese Kriterien genauer beschrieben:

1. Bedürfnisbezogen

Das Programm mußte auf reale menschliche Bedürfnisse – kognitive, gefühlsmäßige und psychomotorische – von Tennisspielern eingehen. Das heißt, daß, wenn bestimmte Bedürfnisse befriedigt werden, die Teilnehmer an diesem Programm im Rahmen ihres Talents, ihrer Interessen und ihrer vorhandenen physischen Fertigkeiten bessere Tennisspieler und Persönlichkeiten werden würden. Kurz gesagt, der Teilnehmer sollte durch dieses Programm als Tennisspieler und Mensch mental leistungsfähiger werden.

2. Entwicklungsfördernd

Das Programm sollte solche Elemente und Konzepte aus der kognitiven, der pädagogischen und der Entwicklungspsychologie beinhalten, in denen der Programmteilnehmer (Tennisspieler) als fähig erachtet wird, sich selbst – auf und außerhalb des Platzes – in positiver Richtung konstant weiterzuentwickeln. Diese entwicklungspsychologischen Prinzipien stellen einen wichtigen Teil dieses Programmes dar.

3. Erzieherisch

Das Programm sollte so aufgebaut sein, daß jeder Teilnehmer sich selbst ausbilden und ausgebildet werden kann, für sein Lernen, seine Leistung und seine Weiterentwicklung selbst verantwortlich zu sein.

4. Problemvermeidend

Das Programm sollte jedem Teilnehmer ermöglichen, zu lernen, die Entwicklung von Problemen – mental wie physisch – von Anfang an zu verhindern, anstatt erst dann zu reagieren und Abhilfe zu schaffen, wenn sie sich bereits entwickelt haben.

5. Anwendbar

Das Programm mußte so beschaffen sein, daß es an der NBTA und anderswo eingesetzt werden konnte, ohne den täglichen Trainingsablauf zu stören. Es mußte ihn vielmehr ergänzen und dadurch Bestandteil des Lehr- und Trainingsprogrammes werden.

6. Nützlich

Das Programm sollte von den Teilnehmern als Hilfe und Unterstützung angesehen werden, wichtige Ziele hinsichtlich ihrer sportlichen Leistungen und ihrer Lebensqualität zu erreichen.

7. Extensiv

Das Programm sollte Lernprinzipien folgen, die verteiltes Lernen massierter Übung vorziehen. Auf diese Weise können die Teilnehmer (Tennisspieler) durch wiederholtes Üben ihrer mentalen und physischen Fertigkeiten in regelmäßigen Intervallen persönliche Qualitäten und Fähigkeiten weiterentwickeln.

8. Multimethodisch

Das Programm sollte jeden Teilnehmer aktiv in den Lernprozeß einbeziehen, als Tennisspieler und Mensch mental leistungsfähig zu werden. Dieser Ansatz bedeutet, daß sowohl audiovisuelle Aspekte (z. B. Lesen, Auswertung von Videoaufnahmen, Gruppendiskussionen, Vorträge, Audiokassetten) als auch gezieltes Training (z. B. Visualisierung und ihre praktische Umsetzung) enthalten sein müssen.

9. Ethisch

Das Programm sollte so konzipiert sein, daß nur Methoden und Techniken zur Anwendung kommen, die den gesetzlichen Einschränkungen und ethischen Maßstäben bezüglich Training, Erziehung und Unterricht entsprechen.

10. Empirisch fundiert

Das Programm sollte nicht nur auf unseren Erfahrungen basieren, sondern auch auf unseren Forschungsergebnissen und außerdem auf wichtigen empirischen Erkenntnissen der Sport-, kognitiven, Entwicklungs-, pädagogischen Psychologie und verwandter Disziplinen.

▶ Wir haben uns intensiv mit empirischen Forschungen auf den Gebieten mentale Leistungsfähigkeit, Mentaltraining, Leistungssteigerung, Persönlichkeitsentwicklung und anderes mehr beschäftigt. Obwohl unser besonderes Augenmerk natürlich dem Tennissport galt,

haben wir uns auch relevanten Untersuchungen aus allen anderen Sportarten (Mannschaft und Einzel) gewidmet. Bei unserer Suche nach Forschungsartikeln und Dokumenten (veröffentlicht und unveröffentlicht) stützten wir uns auf verschiedene Quellen: PSYCLIT (Psychological Abstracts), SPORT (SIRC), ERIC (Educational Resources Information Center) und unsere eigenen Untersuchungen und Ergebnisse.
Wir hofften, daß wir durch die Hinzuziehung dieser Informationsquellen zur Abrundung unserer eigenen Arbeit die Gefahr der Betriebsblindheit bei der Entwicklung dieses Programmes weitestgehend einschränken und unsere Chancen erhöhen könnten, die geeignetsten Methoden für unser Programm zu finden. Die Forschungsberichte und andere Quellen, auf die wir uns bei der Entwicklung dieses Programmes gestützt haben, sind im vorhergehenden Abschnitt aufgeführt.

▶ Aus den oben beschriebenen Überlegungen heraus haben sich sieben wesentliche Aspekte mentaler Leistungsfähigkeit ergeben, die die Hauptdimensionen unseres Programmes bilden sollten. Diese Punkte und die damit verbundenen Fähigkeiten wurden von Expertengremien aus den Bereichen Psychologie, Erziehung, Tennis und Management auf begriffliche Klarheit, Bedeutung und Genauigkeit geprüft und beurteilt. Diese sieben Punkte waren:

- Persönliche Bewußtheit
- Selbstmotivation
- Selbstvertrauen
- Selbstdisziplin
- Pflege guter zwischenmenschlicher Beziehungen
- Entwicklung positiven Selbstwertgefühls
- Verpflichtung zur fortwährenden Leistungsentwicklung

▶ Auf diesen Punkten aufbauend, verbunden mit Forschungsergebnissen und beruflicher Erfahrung, haben wir einen ersten Programmentwurf erstellt. Er beschreibt das Programm zu mentaler Leistungsfähigkeit hinsichtlich der folgenden Aspekte:

- Zielgruppe (z. B. jugendliche, erwachsene und Vereinsspieler)
- Kognitive, emotionale und psychomotorische Bedürfnisse der Zielgruppe
- Zielsetzung
- Methoden und Techniken
- Reihenfolge und zeitlicher Ablauf der einzelnen Schritte und Programmkomponenten
- Mitarbeiter (Qualifikation, Funktion und Verantwortungsbereich)
- Programmauswertung (wer? wie? mit welchem Ergebnis?)

▶ Danach haben wir diesen Entwurf Trainern der NBTA, Schülern und anderen Personen zur kritischen Prüfung vorgelegt und ihn in Pilotprojekten getestet.

▶ Wir haben einen verbesserten und erweiterten Programmentwurf entwickelt, der an der NBTA eingesetzt und ausgewertet wurde. Bei der Auswertung haben wir uns eines Forschungsansatzes bedient, der die Ergebnisse des einzelnen anstatt statistische Mittelwerte in den Vordergrund der Analyse stellt. Dazu wurden besonders qualitative Methoden und Einzeluntersuchungen herangezogen (siehe Literaturverzeichnis: VANDER AVWEELE et al., 1993).

▶ Wir haben dieses Buch zu dem Zweck entwickelt, Tennisspieler, ihre Eltern und Trainer mit Informationen über das Programm zu mentaler Leistungsfähigkeit zu versorgen. So gesehen soll dieses Buch der Weiterbildung dienen. Deshalb enthält es Richtlinien, Methoden und praktische Hinweise. Das Buch sollte jedoch nicht als detaillierter Lehrplan oder Leitfaden für ein Trainingsprogramm für Tennisclubs oder -mannschaften mißverstanden werden. Wie dieses Programm mit Gruppen angewendet werden kann, finden Interessenten im *Curriculum Guide For Implementation and Evaluation of the Mental Efficiency Program.* Telefonische Information erhalten Sie von der NBTA in den USA, Abteilung für mentale Leistungsfähigkeit oder dem Pro Shop, unter der Telefonnummer (0 01) 813-755-1000.

Danksagung

Wir möchten uns gern bei all jenen bedanken, die bei der Entwicklung und der Veröffentlichung dieses Buches maßgeblich beteiligt waren.

An erster Stelle gilt unser Dank Bill Rompf, der von Anbeginn dieses Projekts die treibende Kraft war und uns als Fachredakteur und technischer Berater zur Seite stand.

Gleichermaßen gilt unsere Anerkennung Ted Meekma für dessen tatkräftige Unterstützung während aller Phasen der Buchproduktion und der Veröffentlichung, ebenso Tracy Wildey für seine Arbeiten an diesem Buch.

Das gleiche gilt für Claudia Cuddy, der wir für ihre Beratung in allen redaktionellen und herstellerischen Fragen danken, des weiteren Judy Harch, die unser Manuskript so sorgfältig bearbeitete.

Besonderer Dank gilt Jose Lambert und Martha Cobo, die tatkräftig an der Entwicklung, der Durchführung und der Auswertung des mentalen Erfolgsprogramms bei der NBTA mitgewirkt haben.

Großer Dank gilt Nick Bollettieris gutem Freund Gene Winger für seinen professionellen Rat während der entscheidenden Stadien der Buchproduktion.

Schließlich danken wir all den hervorragenden Tennisprofis und Studenten der NBTA und anderswo, die uns aktuelles und wichtiges Feedback bezüglich ihrer Entwicklung in ihrem Tennisspiel übermittelt, uns mit ihren direkten Fragen und praktischen Vorschlägen stets gefordert und die uns dabei geholfen haben, mehr über mentale Leistungsfähigkeit und positive Persönlichkeitsentwicklung im Tennis, im Sport und im Leben ganz allgemein zu lernen.

Literatur

Die hier aufgelisteten Forschungsarbeiten sowie die akademischen und technischen Quellenangaben dienen sowohl als empirische wie technische Unterstützung für das in diesem Buch präsentierte Material, ebenso für das mentale Erfolgsprogramm. Für Buchinhalt und Programm allgemein geltendes Quellenmaterial wird zu Anfang genannt, gefolgt von Literaturempfehlungen zum jeweiligen Kapitel.

Allgemein

BANDURA, H. (1986): *Social foundations of thought and action: A social cognitive theory.* Englewood Cliffs, NJ: Prentice-Hall.

BARLOW, D.N./M. Hersen (1984): *Single care experimental designs: Strategies for studying behavior charge.* New York: Pergamon.

BRYAN, A.J. (1987): Single subject designs for the evaluation of sport psychological interventions. *The Sport Psychologist,* 1, 283–292.

BUTL, D. (1987): *Psychology of sport: The behavior, motivations, personality, and performance of athletes.* New York: Von Nostrand Reinhold.

COX, R.H. (1990): *Sport psychology: Concepts and applications.* Dubuque, IA: William C. Brown.

CSIKSZEHTMIHALYHI, M. (1990): *Flow: The psychology of optimal experience.* New York: Harper & Row.

DONAHUE, J.A./J.H. Gillis/K. King (1980): Behavior modification in sport and physical education: A review. *Journal of Sport Psychology.* 2, 311–328.

DRUCKMAN, D./R.A. BJORK (Eds.) (1991): *In the mind's eye. Enhancing human performance.* Washington, DC: National Academy Press.

DRUCKMAN, D./J.A. SWETS (Eds.) (1988): Enhancing human performance: Issues, theories and techniques. Washington, DC: National Academy Press.

ELIAS, M.J. (1993): *Social decision making and lifeskills development: Guidelines for educators.* Gaithersburg, MD: Aspen.

FORMAN, S.G. (1992): *Coping skills interventions with children and adolescents.* San Francisco: Jossey-Bass.

GALLWEY, W.T. (1974): *The inner game of tennis.* New York: Random House.

LOCKE, E.A./G.P. LATHOM (1990): *A theory of goal setting and task performance.* Englewood Cliffs, NJ: Prentice Hall.

MAHER, C.A. (1986): *Professional self-management.* Baltimore, MD: Brookes.

MAHER, C.A./R.E. BENNETT (1984): *Planning and evaluating special education services.* Englewood Cliffs, NJ: Prentice Hall.

MARTENS, R. (1991): *Coaches guide to sport psychology.* Champaign, IL: Human Kinetics Publishers.

MASLOW, A. (1962): *Toward a psychology of being.* New York: Von Nostrand Reinhold.

MEICHENBAUM, D. (1977): *Cognitive behavior modification.* New York: Plenum Press.

MILLER, G.A./E.H. GALANTER/K. PRIBRAM (1960): *Plans and the structure of human behavior.* New York: Holt.

PERVIN, L. (1984): Personality: *Theory and research.* New York: Wiley.

SINGER, R.N./M. MURPHEY/L.K. TENNANT (Eds.) (1993): *Handbook of research on sport psychology.* New York: Macmillan.

SUINN, R.M. (Ed.) (1980): *Psychology in sports: Methods and applications.* Minneapolis: Burgess.

VANDER AVWEELE, Y./B. DE CUYPER/V. VON MELE/ R. RZEWNICKI (1993): Elite performance and personality: From description and prediction to diagnosis and intervention. In R. N. SINGER/M. MURPHEY/L. K. TENNANT (Eds.): *Handbook of research on sport psychology* (pp. 257–289). New York: Macmillan.

VON BERTALANFFY, C. (1968): *General systems theory: Foundations, development and applications.* New York: G. Braziller

Kapitel 1: Entwicklung einer persönlichen Perspektive

BRUSTAD, R.J. (1993): Youth in sports: Psychological considerations. In R.N. SINGER/M. MURPHEY/L.K. TENNANT (Eds.): *Handbook of research on sports psychology.* New York: Macmillan.

CHI, M.T.H./E.T. REES (1983): A learning framework for development. In M.T.H. CHI (Ed.): *Contributions in human development, Vol. 9* (pp. 71–107). Basel, Switzerland: Korgen.

CSIKSZEHMIHALYHI, M./K. RATHUNDE (1989): The psychology of wisdom: An evolutionary interpretation. In R.J. STERNBERG (Ed.): *The Psychology of wisdom.* New York: Cambridge University Press.

GENDLIN, E.T. (1981): *Focusing.* New York: Bantam.

KOBASSA, S.C./S.P. MADDI/S. KAHN (1982): Hardiness and health: A prospective study. *Journal of Personality and Social Psychology, 42,* 168–177.

SINGER, R.N. (1988): Psychological testing: What value to coaches and athletes. *International Journal of Sport Psychology, 19,* 87–106.

SMITH, R.E. (1988): The logic and design of case study research. *The Sport Psychologist, 2,* 1–12.

VEALEY, R.S. (1989): Sport personology: A paradigmatic and methodological analysis. *Journal of Sport and Exercise Psychology, 11,* 216–235.

Kapitel 2: Erkennen der eigenen Fähigkeiten und Fertigkeiten

DAMON, W./D. HART (1982): The development of self-understanding from infancy through adolescence. *Child Development, 53,* 831–857.

DIENER, E. (1979): Deindividualization, self-awareness, and disinhibition. *Journal of Personality and Social Psychology, 37,* 1160–1171.

GLENCROSS, D. (1993): Human skill: Ideas, concepts, and models. In R.N. SINGER/M. MURPHEY/L.K. TENNANT (Eds.): *Handbook of research on sport psychology* (pp. 242–253). New York: Macmillan.

JOHNSON, D.W. (1981): *Reaching out: Interpersonal effectiveness and self-actualization (2nd ed).* Englewood Cliffs, NJ: Prentice Hall.

MARTENS, R. (1975): *Social psychology and physical activity.* New York: Harper & Row.

MISCHEL, W. (1986): *Introduction to personality.* New York: Holt, Rhinehart & Winston.

NIDEFFER, R.M. (1980): Attentional focus – Self-assessment. In R.M. SUINN (Ed.): *Psychology in sports: Methods and applications.* Minneapolis: Burgess.

NORMON, D.A. (1976): *Memory and attention. An introduction to human information processing.* New York: John Wiley & Sons.

Kapitel 3: Verstärkung der Selbstmotivation

ACKES, H.R./J.P. GARSKE (1982): *Psychological theories of motivation (2nd ed).* Monterey, CA: Brooks/Cole.

BANDURA, A./D. CERVONE (1982): Self-evaluative and self-efficacy mechanisms governing the motivational effects of goal systems. *Journal of Personality and Social Psychology, 45,* 1017–1028.

CSIKSZENTMIHALYI, M./J. NAKOMURA (1989): The dynamics of intrinsic motivation. In R. AMES/C. AMES (Eds.): *Handbook of motivation theory and research. Vol. 3* (pp. 45–71). New York: Academic Press.

DECHARMS, R. (1976): *Enhancing motivation.* New York: Irvington.

DECI, E.L./R.M. RYON (1985): *Intrinsic motivation and self determination in human behavior.* New York: Plenum Press.

EYSENCK, H. (1982): *Attention and arousal.* Berlin: Springer-Verlag.

GOULD, D. (1983): Developing psychological skills in young athletes. In L. WOOD (Ed.): *Coaching science update.* Ottawa, Ontario: Coaching Association of Canada.

HARTER, S. (1978): Effectance motivation reconsidered: Towards a developmental model. *Human Development, 21,* 34–64.

KLINT, K.A./M.R. WEISS (1987): Perceived competence and motives for participating in youth sports: A test of Harter's competence motivation theory. *Journal of Sport Psychology, 9,* 55–65.

LOCKE, E.A./G.P. LATHAM (1985): The application of goal setting in sports. *Journal of Sport Psychology, 7,* 205–222.

MCCLELLAND, D.C./J.W. ATKINSON/R.W. CLARK/E.L. LOWELL (1953): *The achievement motive.* New York: Appleton-Century-Crofts.

ROBERTS, G.C. (1982): Achievement motivation in sports. In R. TEYUNG (Ed.): *Exercise and sports science reviews. Vol. 10.* Philadelphia: Franklin Institute Press.

ROBERTS, G. (1993): Motivation in sports: Understanding and enhancing the motivation and achievement of children. In R.N. SINGER/M. MURPHEY/L.K. TENNART (Eds.): *Handbook of research on sports psychology* (pp. 405–420). New York: Macmillan.

Kapitel 4: Aufbau und Stabilisierung von Selbstvertrauen

BANDURA, A. (1982): Self-efficacy mechanisms in human agency. *American Psychologist, 37,* 122–147.

BANDURA, A. (1977). Self-efficacy: Toward a unifying theory of behavior change. *Psychological Review, 84,* 191–215.

EASTERBROOK, J.A. (1959): The effect of emotion on reevaluation and the organization of behavior. *Psychological Review, 66,* 183–201.

FENZ, W.D. (1975): Coping mechanisms and performance under stress. In D.M. LANDERS (Ed.): *Psychology of sport and motor behavior.* Penn State HPER Series No.10. University Park, PA: Pennsylvania State University Press.

GUYTON, A.C. (1976): *Structure and function of the nervous system.* Philadelphia: Saunders.

KARTEROLISTIS, C./D.L. GILL (1987): Temporal changes in psychological and physiological components of state anxiety. *Journal of Sport Psychology, 9,* 261–274.

SAGE, G.H. (1984): *Motor learning and control: Neuropsychological approach.* Dubuque, IA: Wm. C. Brown.

SELYE, H. (1975): *Stress without distress.* New York: New American Library.

VEALY, R.S. (1986): Conceptualization of sports – Confidence and competitive orientation. Preliminary investigation and instrument development. *Journal of Physical Education, Recreation and Dance, 53*(3), 27–38.

WEINBERG, R.S. (1985): Relationship between self-efficacy and cognitive strategies in enhancing endurance performance. *International Journal of Sport Psychology, 17,* 135–155.

Kapitel 5: Erarbeitung und Erhalt von Selbstdisziplin

BENSON, H./J.F. BEORY/M.P. CAROL (1974): The relaxation response. *Psychiatry, 37,* 37–46.

BOUTCHER, S.H./R.J. ROTELLA (1987): A psychological skills education program for class & skill performance enhancement. *The Sport Psychologist, 1,* 127–137.

CREWS, P.J. (1993): Self-regulation strategies in sport and exercise. In R.N. SINGER/M. MURPHEY/L.K. TENNANT (Eds.): *Handbook of research on sport psychology* (pp. 537–563). New York: Macmillan.

FELTZ, D.L./D.M. LANDERS (1983): The effects of mental practice on motor skills learning: A meta analysis. *Journal of Sport Psychology, 5,* 25–57.

JACOBSON, E.J. (1938, 1976): *Progressive relaxation.* Chicago: University of Chicago Press.

MAHONEY, M.J./T.J. GABRIEL/T.S. PERKINS (1987): Psychological skills and effective athletic performance. *The Sport Psychologist, 1,* 181–199.

NOEL, R.C. (1980): The effects of visual-motor behavior rehearsal on tennis performance. *Journal of Sport Psychology, 2,* 221–226.

SMITH, D. (1987): Conditions that facilitate the development of sport imagery training. *The Sport Psychologist,* 1, 237–297.

SUINN, R.M. (1972): Removing emotional obstacles to learning and performance by visuo-motor behavior rehearsal. *Behavior Therapy, 31*, 308–310.

Kapitel 6:
Qualität zwischenmenschlicher Beziehungen

BENNIS, W./B. NAUS (1985): *Leaders. The strategies for taking charge.* New York: Harper & Row.

BREDEMEIER, B.J. (1983): Athletic aggression: A moral concern. In J.H. GOLDSTEIN (Ed.): *Sports violence.* New York: Springer-Verlag.

CARRON, A.V. (1982): Cohesiveness in sport groups: Interpretations and considerations. *Journal of Sport Psychology, 4,* 123–138.

COAKLEY, J. (1993): Socialization and sports. In R.N. SINGER/M. MURPHEY/L.K. TENNANT (Eds.): *Handbook of research on sport psychology* (pp. 571–586). New York: Macmillan.

GILL, D.L. (1978): Cohesiveness and performance in sport groups. In R.S. HUTTON (Ed.): *Exercise and sport science reviews, 5,* 131–155.

JOHNSON, D.W./G. MARVYOMA/R.T. JOHNSON/D. NELSEN/L. SKON (1981): Effects of cooperative, competitive, and individualistic goal structures on achievement: A meta analysis. *Psychological Bulletin, 89,* 47–62.

KNAPP, M.L. (1978): *Nonverbal/communication in human interaction (2nd ed.).* New York: Holt, Rinehart, & Winston.

LIFEBVRE, L.M./L.L. LEITH/B.B. BREDEMEIER (1980): Modes for aggression, assessment, and control. *International Journal of Sport Psychology, 11,* 11–21.

MCKAY, M./M. DAVIS/P. FANNING (1983): *Messages. The communication book.* Oakland, CA: New Harkinger.

SILVER, J.M. IV. (1980): Assertive and aggressive behavior in sports. A definitional clarification. In C.H. NADEAU (Ed.): *Psychology of motor behavior and sport.* Champaign, IL: Human Kinetics Publishers.

Kapitel 7: Entwicklung positiven Selbstwertgefühls

BRANDON, N. (1983): *Honoring the self: The psychology of confidence and respect.* New York: Bantam.

DECI, E.L. (1980): *The psychology of self-determination.* Lexington, MA: Lexington Book.

DWECK, C.S. (1980): Learned helplessness in sports. In C.H. NATEAU/W.R. HOLLAWELL/K.M. NEWELL/G.C. ROBERTS (Eds.), *Psychology of motor behavior and sport.* Champaign, IL: Human Kinetics Publishers.

MALTZ,M. (1969): *Psychocybernetics.* Englewood Cliffs, NJ: Prentice-Hall.

REYESKI, W.L./L.R. BRAWLEY (1983): Attribution theory in sport. Current status and new perspectives. *Journal of Sport Psychology, 5,* 77–99.

WANKEL, L.M./S.J.P. KREISEL (1985): Factors underlying enjoyment of youth sports: Sport and age group comparisons. *Journal of Sport Psychology, 7,* 51–64.

WEINER, B. (1985): An attributional theory of achievement motivation and emotion. *Psychological Review, 92,* 548–573.

Kapitel 8: Lernen ist ein lebenslanger Prozeß

CALLAHAN, E.J./S.G. ZIEGLER (1980): The application of within-subject design methodology to sports psychology. *Journal of Sport Behavior, 3,* 174–183.

DORWICK, P.W. (1991): *Practical guide to using videos in the behavioral sciences.* New York: Wiley.

DORWICK, P.W. (1983): Self-modeling. In P.W. DORWICK/S.J. BRIGGS (Eds.): *Using video: Psychological and social applications* (pp. 105–124). New York: Wiley.

GROSS, R. (Ed.) (1982): *Invitation to life-long learning.* New York: Fowlett.

MCCULLOGH, P. (1993): Modeling, learning, developmental, and social psychological considerations. In R.N. SINGER/M. MURPHEY/L.K. TENNANT (Eds.): *Handbook of research on sport psychology* (pp. 106–126). New York: Macmillan.

PRIVETTE, G. (1983): Peak experience, peak performance, and flow: A comparative analysis of positive human experience. *Journal of Personality and Social Psychology, 83*(45), 1361–1368.

SELIGMAN, M.P. (1975): *Helplessness: On depression, development and death.* San Franciso: Freeman.

STARKER, J.L./J. DEAKIN (1984): Perception in sports: A cognitive approach to skilled performance. In W.F. STRAUB/J.M. WILLIAMS (Eds.): *Cognitive sports psychology* (pp. 115–128). Lansing, NY: Sport Success Associates.

THOMAS, J.R./K.E. FRENCH/K.T. THOMAS/J.D. GALLAGHER (1988): Children's knowledge development and sport performance. In F.L. SMALL/R.A. MAGILL/ M.J. ASCH (Eds.): *Children in sports (3rd ed.)* (pp. 179–202). Champaign, IL: Human Kinetics.

Kapitel 9: Vorteile der persönlichen Leistungsfähigkeit

ARGYLE, M./A. FURNHAM/J.A. GRAHAM (1981): *Social situations.* Cambridge, U.K.: Cambridge University Press.

CARRON, A.V. (1980): *Social psychology of sport.* Ithaca, NY: Movement.

GILL, D.L. (1984): Individual and group performance in sport. In J.M. SILVER/R.S. WEINBERG (Eds.): *Psychological foundations of sport* (pp. 315–328). Champaign, IL: Human Kinetics.

HANRAHAN, S./C. GALLOIS (1993): Social interactions. In R.N. SINGER/M. MURPHEY/L. K. TENNANT (Eds.): *Handbook of research on sport psychology* (pp. 623–646). New York: Macmillan.

ZANDER, A. (1982): *Making groups effective.* San Francisco: Jossey-Bass.

Register